Hansjörg Weitbrecht (Hrsg.)

Das Michael-Ende-Lesebuch

DER AUTOR

Michael Ende (12.11.1929 – 28.08.1995), Sohn des surrealistischen Malers Edgar Ende, erhielt für sein literarisches Werk zahlreiche deutsche und internationale Literaturpreise. Seine wichtigsten Werke sind *Jim Knopf* (1960), *Momo* (1973), *Die unendliche Geschichte* (1979), *Das Gauklermärchen* (1982), *Der Spiegel im Spiegel* (1984), *Der satanarchäolügenialkohöllische Wunschpunsch* (1988) und *Das Gefängnis der Freiheit* (1992). Michael Endes Werke sind in mehr als dreißig Sprachen übersetzt.

Von Michael Ende ist bei
OMNIBUS erschienen:

Norbert Nackendick (26001)
**Vom Wunsch aller Wünsche
und andere Geschichten** (20451)
**Der seltsame Tausch
und andere Geschichten** (26017)

Hansjörg Weitbrecht (Hrsg.)

Das Michael-Ende-Lesebuch

THIENEMANN TASCHENBUCH

THIENEMANN TASCHENBUCH BEI OMNIBUS

Band 26015

Umwelthinweis:
Dieses Buch wurde auf chlorfrei gebleichtem
Papier gedruckt.

Erstmals als Thienemann Taschenbuch
bei OMNIBUS Oktober 1999
OMNIBUS ist der Taschenbuchverlag
für Kinder und Jugendliche von Bertelsmann
Gesetzt nach den Regeln der Rechtschreibreform
In dieser Zusammenstellung einmalige Sonderausgabe
anlässlich des 70. Geburtstags des Autors
© 1999 K. Thienemanns Verlag
in Stuttgart – Wien – Bern
Alle Rechte an dieser Ausgabe bei
C. Bertelsmann Jugendbuch Verlag, München
in der Verlagsgruppe Bertelsmann GmbH
Umschlagbild: Michaela Helms
Umschlagkonzeption: Klaus Renner
bm · Herstellung: Stefan Hansen
Satz: Uhl + Massopust, Aalen
Druck: Presse-Druck Augsburg
ISBN 3-570-26015-1
Printed in Germany

10 9 8 7 6 5 4 3 2 1

Inhalt

Vorbemerkung 7

Raubritter Rodrigo Raubein und Knirps, sein Knappe . . 9
Erstes Kapitel · Zweites Kapitel · Drittes Kapitel

Ein Zauberspruch, um eine verlorene Sache
wieder zu finden 43

Die unendliche Geschichte 45
VIII. Im Gelichterland · IX. Spukstadt

Jim Knopf und die Wilde 13 83
*Dreizehntes Kapitel · Vierzehntes Kapitel · Fünfzehntes
Kapitel · Sechzehntes Kapitel*

Ein Schnurps will nicht schön »Guten Tag« sagen 119

Die unendliche Geschichte 121
XXIV. Dame Aiuóla · XXV. Das Bergwerk der Bilder

Ein Schnurps grübelt 161

Momo 163
Zwölftes Kapitel

Die Rüpelschule 191

Das Michael-Ende-Lesebuch

Der satanarchäolügenialkohöllische Wunschpunsch . . . 195

Schnurpsenklage 221

Jim Knopf und Lukas der Lokomotivführer 223
*Sechzehntes Kapitel · Siebzehntes Kapitel · Achtzehntes
Kapitel · Neunzehntes Kapitel*

Nieselpriem und Naselküss 263

Der Schnurps ist beleidigt 279

Die unendliche Geschichte 281
*XVI. Die Silberstadt Amargánth · XVII. Ein Drache für
Held Hynreck*

Der Mumpf 331

Der satanarchäolügenialkohöllische Wunschpunsch . . . 333

Momo 349
Erstes Kapitel · Zweites Kapitel · Drittes Kapitel

Gawa Gawa Usedump 381

Vorbemerkung

Jim Knopf, Momo, Bastian Balthasar Bux aus »Die unendliche Geschichte« – wer hat von den berühmten Figuren Michael Endes noch nichts gehört?

Aber erinnern wir uns noch an alle Details, an den Geschmack dieser Erzählungen, an die unnachahmliche Art, wie Michael Ende seine Leser an die Hand nimmt und mit ihnen und seinen Helden phantastische Abenteuer erlebt?

In diesem Lesebuch sind Ausschnitte aus den berühmtesten Büchern Michael Endes zusammengestellt. Zudem einige Gedichte aus seiner vielschichtigen Lyrik und ein Fragment eines unveröffentlichten Kinderbuches, an dem Michael Ende noch bis zu seinem Tod 1995 gearbeitet hat. Ein Romanbeginn, bei dem wir ahnen können, was für ein großartiges Werk geplant war.

Lust zum Wiederlesen soll dieser Band machen und für all diejenigen, die Michael Ende noch nicht kennen, soll es eine Entdeckungsreise in wundersame Welten sein. Abenteuerlich, phantastisch und spannend sind die Bücher Michael Endes. Bewusst hat er sie so geschrieben, dass seine Geschichten den Leser ganz gefangen nehmen und ihn in fremde Welten entführen. So, dass man als Leser nicht aufhören kann weiterzulesen und mit den Helden im Buch zu leben. So, wie es Bas-

Das Michael-Ende-Lesebuch

tian Balthasar Bux in »Die unendliche Geschichte« ergeht, in der wir lesen können:

»Wer niemals ganze Nachmittage lang mit glühenden Ohren und verstrubbeltem Haar über einem Buch saß und las und las und die Welt um sich her vergaß, nicht mehr merkte, dass er hungrig wurde und fror –

Wer niemals heimlich beim Schein einer Taschenlampe unter der Bettdecke gelesen hat, weil Vater oder Mutter oder sonst irgendeine besorgte Person einem das Licht ausknipste mit der gut gemeinten Begründung, man müsse jetzt schlafen, da man doch morgen so früh aus den Federn sollte –

Wer niemals offen oder im Geheimen bitterliche Tränen vergossen hat, weil eine wunderbare Geschichte zu Ende ging und man Abschied nehmen musste von den Gestalten, mit denen man gemeinsam so viele Abenteuer erlebt hatte, die man liebte und bewunderte, um die man gebangt und für die man gehofft hatte und ohne deren Gesellschaft einem das Leben leer und sinnlos schien –

Wer nichts von alledem aus eigener Erfahrung kennt, nun, der wird wahrscheinlich nicht begreifen können, was Bastian jetzt tat.«

Für alle die, die noch so lesen können, ist dieses Buch gedacht.

Hansjörg Weitbrecht
Stuttgart, im Oktober 1999

Raubritter Rodrigo Raubein und Knirps, sein Knappe

Fragment eines Romans

ERSTES KAPITEL,
*in welchem die Hauptperson fehlt –
und zwar plötzlich*

Mitten im finsteren Mittelalter, an einem Mittwoch und obendrein noch um Mitternacht, rumpelte und holperte ein hoher, kastenförmiger Wagen, der von drei Eseln gezogen wurde, über eine Landstraße voller Schlaglöcher und Pfützen. Ein schreckliches Gewitter tobte, Blitze und Donner folgten einander so schnell, dass man nicht mehr feststellen konnte, welcher Donner zu welchem Blitz gehörte. Es regnete wie aus Gießkannen und der Sturmwind pfiff.

Wenn man sagt »im finsteren Mittelalter«, so bedeutet das eine Zeit, in der das elektrische Licht noch nicht erfunden war, das heißt also, bevor eure Großeltern kleine Kinder waren. Und das ist unvorstellbar lange her. Damals gab es weder Glühbirnen noch Autoscheinwerfer, noch Taschenlampen

Das Michael-Ende-Lesebuch

und natürlich erst recht keine Straßenbeleuchtung. Man kann sich leicht vorstellen, wie kohlpechrabenschwarz es auf jener Landstraße mitten in der Nacht war.

Hätte es zu dieser Stunde ein Wanderer gewagt, auf der Landstraße zu gehen, und wäre er dabei dem Wagen begegnet, so hätte er allerdings schon von weitem durch das Donnergetöse das Klingen von Glöckchen gehört, die am Zaumzeug und an den Zügeln der drei Esel hingen. Und im Schein der Blitze hätte er gesehen, dass der Wagen aussah wie ein kleines Haus auf vier Rädern, dessen Wände über und über mit lustigen Figuren bemalt waren. Aus dem spitzen Dach ragte ein blecherner Schornstein heraus, links und rechts an den Seiten waren Fenster mit Geranienkästen und an der Rückseite gab es eine Haustür mit einem kleinen Extradach darüber. Über den Fenstern zu beiden Seiten stand in großen geschnörkelten Buchstaben:

PAPA DICKS PUPPENTHEATER

Der Herr Direktor, ein rundlicher kleiner Mann, saß, in einen riesigen, regenfesten Mantel eingemummelt, auf dem Kutschbock. Das Wasser troff von seinem breitkrempigen Hut, sein Kopf wackelte im Takt der rumpelnden Räder hin und her, sein rosiges, rundes Gesicht sah ungemein friedlich und freundlich aus. Er war nämlich eingeschlafen und schnarchte geruhsam vor sich hin. Die Donnerschläge schienen ihn dabei kein bisschen zu stören. Ebenso unbekümmert zockelten die drei Esel fürbass. Sie waren offenbar daran gewöhnt, sich ihre Straße allein zu suchen.

Das Innere des Wagens war nur durch das schwache Licht einer kleinen Ölfunzel erleuchtet, die an einer kurzen Kette von der Decke baumelte. In einer Ecke gab es einen Herd, an der Wand dahinter hingen allerhand Pfannen, Töpfe und Kochlöffel. Gleich daneben befand sich eine Essnische mit einem Tischchen, einer Bank und zwei Stühlen, alles sehr praktisch und klein. In der anderen Ecke war ein Etagenbettgestell eingebaut, unten ein breites Ehebett, obendrüber, gleich unter der Decke und nur durch eine Leiter erreichbar, ein schmaleres, kleineres.

Der ganze übrige Raum war angefüllt mit Marionettenpuppen, die an ihren Fäden von der Decke oder von Gestellen herabbaumelten. Da gab es Prinzessinnen und Könige, Bürger, Bauern und Hexen, Zauberer, Tod und Teufel, Hanswurste, Türken, Pferde und Drachen und viele, viele Ritter. Auf dem Boden stapelten sich Kisten und Körbe, in denen die Kulissen aufbewahrt wurden und all die kleinen Sachen, die im Puppenspiel vorkamen, die Säbelchen und Schilde, die Königszepter und Tellerchen und Stühlchen und Bäumchen und Schiffchen und vieles andere mehr.

Die Puppen sahen in diesem flackernden Licht seltsam lebendig aus, wie sie so hin und her schaukelten, als ob sie miteinander tanzten.

Auf der Gardinenstange über dem Esstisch saß ein kleiner, sehr bunter Papagei, der den Kopf unter den Flügel gesteckt hatte und schlief. In dem breiten, unteren Bett lag Mama Dick unter einem rot karierten Plumeau und schnarchte ebenso hingebungsvoll wie ihr Mann draußen auf dem Kutschbock, nur viel zierlicher und melodischer.

Das obere, kleine Bett war leer. Und die Haustür in der Rückwand des Wagens schlug vom Winde bewegt auf und zu, auf und zu und immer wieder auf und zu.

Offenbar hatte jemand vergessen, sie ordentlich zu schließen.

Plötzlich gab es einen mächtigen Rums, als ob die Räder des Wagens gegen einen großen Stein gefahren wären, das ganze Gefährt neigte sich und kippte auf die Seite. Alles fiel scheppernd und polternd durcheinander. Auch Mama Dick purzelte aus dem Bett. Der Papagei konnte sich gerade noch mit seinen Krallen an der Gardinenstange festhalten, aber er hing kopfunter.

»Oh, Schreck, lass nach!«, kreischte er. »Was war denn das?«

Mama Dick arbeitete sich unter einem Haufen Puppen hervor und rief laut: »He, Papa Dick, was ist denn passiert?«

Von draußen hörte sie ihres Mannes Stimme durch das Windsausen: »Dolly, Willy und Ully haben wohl wieder mal ein bisschen im Laufen gedöst und sind in den Straßengraben gefahren.«

»Ephraim Emanuel Dick«, antwortete seine Frau wütend, »schäm dich was! Du schiebst es auf die drei unschuldigen Esel, dabei hast du wahrscheinlich selbst geschlafen. Wie kann man nur so verantwortungslos sein!«

Wenn sie ihn bei seinem ganzen ausführlichen Namen

nannte, so war das immer ein alarmierendes Zeichen für Papa Dick. Er guckte zur Wagentür herein und machte ein äußerst besorgtes Gesicht.

»Hast du dir etwa wehgetan, lieber Schatz?«

»Nicht der Rede wert«, antwortete der Papagei. »Sokrates hat sich bloß 'ne Schwanzfeder geknickt.«

»Halt du jetzt mal den Schnabel, Sokrates«, sagte Papa Dick, »dich habe ich nicht gemeint. Wie geht es, liebe Frau? Ist alles in Ordnung?«

Mama Dick zwängte sich aus der klemmenden Wagentür heraus. Sie war ebenso rosig und rundlich wie ihr Mann und nur mit einem Nachthemd und einem Schlafhäubchen bekleidet. Nachdem sie ihrem Mann einen versöhnlichen Kuss gegeben hatte, besah sie sich seufzend den umgestürzten Wagen.

»Glaubst du«, fragte sie dann, »wir können ihn wieder auf die Räder stellen?«

»Wir müssen's versuchen. In dieser gottverlassenen Gegend werden wir keine fremde Hilfe finden. Zum Glück scheint nichts kaputt zu sein. Zu dritt werden wir's schon schaffen. Knirps muss auch helfen. Wo steckt er denn? Ist er noch drin?«

»Ich glaube nicht«, antwortete Mama Dick beunruhigt, »ich dachte, er war die ganze Zeit bei dir vorn.«

»Nein, bei mir war er nicht«, sagte Papa Dick.

Sie wechselten einen erschrockenen Blick, dann riefen sie gleichzeitig ins Innere des Wagens hinein: »Hallo, Knirps! Junge! Kind! Bist du da drin? Ist dir was geschehen? Sag doch was, Söhnchen! Lebst du noch? Knirps, antworte uns bitte!«

»Hier drin ist niemand«, schnarrte der Papagei, »außer bloß Sokrates.«

»Um Himmels willen«, rief Mama Dick und schlug die Hände zusammen, »wo ist er dann? Wo ist mein armes Kind? Wir haben ihn unterwegs verloren, aber wann und wo? Was ist ihm geschehen?«

Und dann rannten beide eine Weile in der Dunkelheit herum und schrien, so laut sie konnten, nach allen Seiten in den Sturmwind: »Knirpschen! Junge! Bübchen! Antworte uns doch, wenn du uns hörst! Wo steckst du denn? Komm zurück, Söhnchen!«

Aber die einzige Antwort war das Sausen des Windes und das Grollen des Donners.

Eigentlich hieß der Junge natürlich nicht Knirps. Getauft war er auf die Namen Hastrubel Anaximander Chrysostomos. Diese Namen stammten aus einem uralten Geschichtenbuch, aus dem Papa Dick die Stoffe für seine Theaterstücke entnahm. Aber solche komplizierten Namen konnte kein Mensch aussprechen und noch weniger behalten, nicht mal die Eltern selbst. Deshalb nannten sie ihn zeit seines Lebens einfach nur Knirps, und das werden wir in der ganzen folgenden Geschichte auch so halten. Man kann diese Namen also getrost wieder vergessen.

Mama Dick begann zu weinen. »Er ist ein so unerschrockener kleiner Kerl«, schluchzte sie, »hoffentlich hat er nicht irgendwas auf eigene Faust unternommen ...«

»Nun«, meinte Papa Dick, »sagen wir's ehrlich. Er ist der störrischste und unverständigste Sohn, den wir je hatten.«

»Aber wir haben doch gar keinen anderen ...«, jammerte Mama Dick.

Papa Dick nahm sie beruhigend in die Arme und streichelte ihr übers Haar, wobei er das Nachthäubchen in Unordnung brachte. »Beruhige dich, mein altes Mädchen«, murmelte er, »er taucht bestimmt bald wieder auf. So einem wie ihm passiert schon nichts. Wir finden ihn gewiss wieder und dann werde ich ihm doch endlich mal den Hosenboden ordentlich stramm ziehen.«

»Das wirst du nicht tun!«, heulte Mama Dick. »Du bist ein Rabenvater. Und überhaupt – was ist, wenn er nun von Räubern entführt worden ist?«

»Ach was«, sagte Papa Dick, »wir sind doch extra bei dunkler Nacht gefahren, damit uns niemand sieht. Und außerdem, bei diesem verdammten Wetter legt sich doch kein Räuber auf die Lauer.«

»Das glaubst du doch selbst nicht«, rief Mama Dick immer verzweifelter. »Es wimmelt in dieser Gegend nur so von Galgenvögeln.«

»Na gut, aber warum sollten sie so was tun?«, wandte Papa Dick, nun selbst schon ziemlich unsicher, ein. »Wir sind doch nur arme Puppenspieler. Wir können doch überhaupt kein Lösegeld zahlen. Warum sollte jemand unsern Knirps entführen?«

Mama Dick entzog sich der Umarmung ihres Mannes und trat einen Schritt zurück. Sie war sehr blass geworden. »Hier

Das Michael-Ende-Lesebuch

irgendwo in den Wäldern«, brachte sie mit Mühe hervor, »haust doch Rodrigo Raubein und das ist der schlimmste und grausamste aller Raubritter. Das ist ein vollkommen herzloser Mensch. Er tut Böses, weil es ihm Spaß macht, Böses zu tun. Er will gar nichts dafür. Und wenn er unseren Knirps …«

Sie konnte nicht weitersprechen. Und nun fing auch Papa Dick zu weinen an. Sie hielten sich gegenseitig in den Armen und der Regen rann ihnen über die Gesichter.

»Oh, Schreck, lass nach!«, krächzte Sokrates aus dem Inneren des Wagens, »das wär' eine schöne Bescherung. Aber ihr solltet nicht gleich den Kopf verlieren. Vielleicht ist Knirps nur mal eben ausgestiegen, um Pipi zu machen oder so was.«

»In solchen Fällen«, antwortete Papa Dick, von Schluchzern unterbrochen, »pflegt er aber zu rufen, damit man anhält und auf ihn wartet.«

»Aber wenn du doch geschlafen hast, du Schlafmütze«, fuhr Mama Dick ihren Mann an und schüttelte ihn, »dann hast du überhaupt nichts gehört. Und das arme Kind irrt nun in der Nacht herum.«

»Du hast ja auch geschlafen«, erwiderte Papa Dick kleinlaut, »sonst hättest du's gemerkt, wenn er aussteigt.«

»Zum Kuckuck!«, kreischte der Papagei erbost. »Würde vielleicht jemand so freundlich sein und den Wagen wieder auf die Räder stellen! Sokrates hängt hier noch immer kopfunter an der Gardinenstange und sehen kann er auch nichts, weil die Funzel ausgegangen ist, und überhaupt. Wir bleiben eben hier und morgen früh, wenn die Sonne aufgeht, wird Sokrates in der ganzen Gegend herumfliegen und Knirps suchen. Und ihr könnt dasselbe zu Fuß machen. Aber jetzt können wir alle miteinander gar nichts tun als warten, ob er von selbst kommt. Also, stellt jetzt gefälligst den Wagen wieder auf, damit Sokrates wenigstens vernünftig nachdenken kann.«

Dieser Papagei war, wie man sieht, ein außerordentlich nüchtern veranlagter Vogel und nicht leicht aus der Fassung zu bringen. Er gehört einer Rasse an, die besonders klein und besonders bunt war, er sah aus wie ein Clown – was er allerdings nicht sehr gern hörte. Außerdem war er, wie das bei Papageien öfter vorkommt, erstaunlich alt, schon fast hundert Jahre, also ungemein lebenserfahren. Dass er so perfekt zu sprechen verstand, lässt sich einleuchtend erklären: Er war nicht nur mit Papa Dick und Mama Dick, sondern schon mit Großvater Dick und Großmutter Dick, die ebenfalls Puppenspieler waren, durch die Lande gezogen und hatte alle Theaterstücke hunderte und hunderte von Malen gehört, bis er sie fehlerlos nachsprechen konnte. Und da er ein außerordentlich gescheiter Vogel war, weshalb er übrigens auch den Namen eines berühmten griechischen Philosophen trug, konnte er inzwischen mit diesem enormen Wortschatz ebenso gut umgehen wie irgendein Professor.

Papa Dick fand einen starken langen Ast, den er als Hebel benutzte. Mama Dick packte ordentlich mit zu und stemmte sich unter den Wagen. Willy, Ully und Dolly, die drei Esel, legten sich mit aller Kraft ins Geschirr – und nach einigen Versuchen gelang es, den Wagen wieder auf die Räder zu stellen. Die Seite, die unten gelegen hatte, war ziemlich schmutzig, aber das wusch der Regen bald ab. Sonst war nichts beschädigt.

Das Ehepaar stieg hinein und zündete die Funzel wieder an. Dann räumten sie die durcheinander gefallenen Sachen auf und verstauten alles sorgfältig. Als das getan war, setzten sie sich einander gegenüber an den kleinen Tisch in der Essecke, hielten sich bei den Händen und blickten sich gegenseitig bekümmert an. Keiner von beiden hatte Lust, sich schlafen zu legen.

Mama Dick seufzte ab und zu und sagte immer wieder: »Was können wir nur tun, Papa Dick?«

Und Papa Dick antwortete jedes Mal: »Ich weiß es nicht.«

Schließlich schüttelte Sokrates sein Gefieder und plusterte sich. »Abwarten und Tee trinken!«, schnarrte er.

Und das taten sie dann auch, denn etwas Sinnvolleres gab es in der Tat vorerst nicht zu tun.

Vor dem Wagen draußen standen Ully, Dolly und Willy im Regen und Sturm. Das störte sie nicht, sie waren es gewohnt. Aber diesmal ließen sie die Köpfe und die Ohren hängen.

ZWEITES KAPITEL

Während weit, weit fort auf der Landstraße Papa und Mama Dick in ihrem Wagen saßen, Tee tranken und sich um ihr Kind sorgten, bahnte sich Knirps einen Weg durch das dichteste Dickicht des Waldes. Zu jener Zeit gab es auch bei uns zu

Lande noch richtige Urwälder mit tausendjährigen Baumriesen, mit Schluchten, die noch keines Menschen Fuß je betreten hatte, mit Schlingpflanzen und Sümpfen, in denen Irrlichter auf und nieder tanzten. Und der riesige Wald, um den es sich in dieser Geschichte handelt, hieß der Bangewald, denn er war ganz besonders unheimlich. Es hieß, dass es dort nicht nur Bären und Riesenschlangen gäbe, sondern auch Waldgeister, schlimme Kobolde und alle möglichen anderen Ungeheuer. Vor allem aber lebte hier, irgendwo in seiner unnahbaren Burg versteckt, jener gefürchtetste aller Raubritter, den Mama Dick schon mit solcher Ängstlichkeit erwähnt hatte: Rodrigo Raubein.

Niemand im ganzen Land wagte seinen Namen anders auszusprechen als hinter vorgehaltener Hand und in flüsterndem Ton, denn schon allein seine Erwähnung galt als gefährlich. Über die Wildheit und Bosheit dieses Unmenschen gab es zahllose Geschichten. Vor allem aber erzählte man sich geradezu unglaubliche Dinge über seine gewaltige Kraft im Kampf, die ihn ganz und gar unbezwinglich machte. Selbst die tapfersten Recken und kühnsten Draufgänger zogen es vor, sich Erfolg versprechenderen Abenteuern zuzuwenden und um den Bangewald einen möglichst großen Bogen zu machen.

Trotzdem – oder vielmehr gerade deshalb – hatte Knirps beschlossen diesen Mann aufzusuchen.

Diese erstaunliche Absicht soll auf der Stelle geklärt werden, denn sonst könnte sich möglicherweise jemand ein ganz falsches Bild von Knirps machen und ihn für ungeheuer mutig oder gar für einen Helden halten. Aber das war er nicht. Denn mutig ist jemand, der Angst hat und seine Angst überwindet. Aber Knirps wusste überhaupt nicht, was Angst ist, und deswegen brauchte er auch nichts zu überwinden. Angst hat nämlich nur einer, der das Böse kennt, was in ihm steckt, und es deshalb nicht sucht. Und auch davon wusste Knirps nichts. Er konnte sich einfach nichts Richtiges darunter vorstellen. Deshalb war das keine Tugend, sondern ein Fehler. Er hatte keine Ahnung, was man gegen einen solchen Fehler tun konnte. Er hatte gehört: Wer nicht zwischen Gut und Böse unterscheiden kann, der bleibt ewig ein Kind. Aber das wollte Knirps nicht, er wollte gerne erwachsen werden, und deshalb war er ausgerissen und nun auf dem Wege zu Rodrigo Raubein, der ja zweifellos ein Fachmann auf dem Gebiet des Bösen war.

Noch immer tobte das Donnerwetter, der Regen stürzte in Bächen hernieder, Blitze zuckten und Donner krachten und der Sturmwind brachte den ganzen Wald in wilden Aufruhr. Knirps war nicht gerade richtig angezogen für seine Expedition. Seine kleine, magere Gestalt steckte in einem Harlekins-Anzug, den Mama Dick für ihn aus all den Reststücken genäht hatte, die ihr beim Schneidern der Kostüme für die Marionettenpuppen übrig geblieben waren. Kleine bunte Flecken aus Samt, aus Leder, aus Goldstoff, aus Fell, aus Seide, aus Filz oder Wolle. Natürlich war der Anzug schon völlig durchnässt und klebte ihm an den Gliedern. Einen Hut hatte er auch nicht und seine fuchsroten Haare standen ihm verstrubbelt um den Kopf. Sein sommersprossiges Gesicht und seine blauen Augen sahen aus, als wäre er geradewegs vom Himmel gefallen.

Im Schein der zuckenden Blitze erschienen die riesigen, knorrigen Baumstämme wie allerlei seltsame Gestalten mit verkrümmten Armen und Beinen, wie Gesichter mit glotzenden Augen, knorpeligen Nasen und aufgerissenen Mündern. Das vielstimmige Brausen und Heulen des Sturmwinds klang wie ein Chor jammernder oder drohender Stimmen. Aber Knirps marschierte weiter, ohne sich davon im Geringsten beeindrucken zu lassen. Ab und zu knallte er in der Dunkelheit mit dem Kopf gegen einen Ast, den er nicht gesehen hatte, oder er purzelte über dicke Wurzelstrünke. Aber er rappelte sich wieder auf und setzte seine Wanderung unverzagt fort. Ein paar Mal geschah es sogar, dass der Wind Bäume entwurzelte, die krachend umfielen und andere Bäume mitrissen. Knirps kletterte über die dicken Stämme hinweg, die ihm im Weg lagen, und bahnte sich weiter seinen Pfad durch das Dickicht.

Einmal geriet er mit dem Fuß in etwas, das ihn festhielt. Er zog und zog und konnte doch nicht loskommen. Es sah so aus, als hätte eine Wurzelhand zugegriffen, denn der Fuß konnte eigentlich gar nicht anders zwischen diese Krallen gekommen sein. Knirps zog und zerrte mit aller Kraft, aber das Ding gab nicht nach. Vielleicht war es einer der boshaften Wurzelgnome.

»Hör mal«, rief Knirps, »lass mich los, ich muss doch zu Herrn Rodrigo Raubein.«

Kaum hatte er diesen Namen ausgesprochen, als sein Fuß

auch schon frei war. Sollten sogar die Waldgeister und die Bäume sich vor ihm fürchten? Oder war es einfach nur Zufall gewesen?

Kaum war er ein paar Dutzend Schritte weitergegangen, als ein gewaltiger Blitz genau in die Stelle einschlug, wo er noch vor kurzem gestanden hatte.

»Hat das mir gegolten?«, fragte Knirps. »Das fände ich aber nicht nett, wo ich doch bloß seinen Namen gesagt hab.«

Selbst die unheimlich aussehenden Bäume schienen vor so viel Unbekümmertheit zu erschrecken. Ihre Gesichter sahen plötzlich ziemlich entrüstet aus und es war, als ob sie miteinander flüsterten und tuschelten.

»Schon gut«, sagte Knirps, »ich bin ja schon still.«

Und er stapfte seelenruhig weiter.

Ein wenig später ließ das Unwetter endlich nach, nur der Wind dauerte noch an und blies Wolkenfetzen an dem vollen Mond vorüber, sodass er abwechselnd hell und dunkel wurde. Doch unten auf dem Boden des Bangewaldes, wo Knirps sich seinen Weg suchte, war davon nicht viel zu bemerken. Die riesigen Baumkronen ließen kaum das fahle Licht durch.

Dann hörte plötzlich auch der Wind auf und es wurde totenstill. Nur das leise Geräusch der Tropfen, die von den Blättern fielen, war noch zu hören. Nebel stiegen aus dem Boden auf. Die Nachttiere, die sich bis jetzt in ihren Schlupflöchern verkrochen hatten, kamen nach und nach hervor und beobachteten mit ihren glühenden Augen von überall her den kleinen Wanderer, der da so ungeniert in ihr Revier eingedrungen war.

Der Boden wurde immer sumpfiger und an vielen Stellen wuchsen riesige Pilze. Manche davon waren größer als Knirps. Der Boden stieg jetzt merklich an und der Baumbestand wurde lichter. Man konnte sogar schon ab und zu den Mond durch die Baumkronen sehen.

Nachdem Knirps längere Zeit immer höher und höher gestiegen war, hörte er plötzlich in der Stille ein Knacken und dann wieder und noch einmal. Er ging dem Geräusch nach und entdeckte unter einem großen Haselstrauch einen Bären, der dort Nüsse knackte.

»Hallo, Bär!«, sagte Knirps und ging auf ihn zu. »Lass mir auch welche übrig. Ich hab Hunger.«

Der Bär drehte sich um und richtete sich brummend auf den Hinterbeinen auf. Er war mehr als dreimal so groß wie Knirps und blickte verwundert auf den winzigen Kerl in seinem sonderbaren bunten Anzug herunter.

»Ich tu dir schon nichts«, sagte Knirps.

Sei es nun, dass der Bär schon satt war, sei es, dass ihn so viel Unverschämtheit verwirrte, er ließ sich jedenfalls wieder auf alle viere nieder und trottete brummend davon. Knirps blickte ihm freundlich nach und rief: »Danke!« Dann sammelte er alle Nüsse auf, die er finden konnte, stopfte sie in die weiten Taschen seines Mantels und machte sich wieder auf den Weg, wobei er unterwegs eine Nuss nach der anderen mit den Zähnen knackte und aufaß.

Der Mond war schon ein gutes Stück weitergewandert, als sich der Wald vor Knirps plötzlich öffnete und ihm den Blick auf einen kahlen Felsberg freigab, der schroff und vielzackig

Das Michael-Ende-Lesebuch

emporragte. Ganz oben auf der höchsten Spitze war im fahlen Licht eine Burg zu erkennen, deren Anblick selbst aus dieser Entfernung wohl jedem anderen eine Gänsehaut über den Rücken gejagt hätte – jedem, nur nicht Knirps, der befriedigt nickte und einen bewundernden Pfiff ausstieß. Er war sicher, dass er hier nun endlich an der richten Postadresse angelangt war. Raubritter Rodrigo Raubein, wohnhaft in der Schauderburg auf dem Haarzuberg im Bangewald.

Die Burg war aus schwarzen Steinblöcken errichtet und hatte fünf verschieden hohe Türme, die alle irgendwie schief und krumm wirkten. Die wenigen Fenster, die nach außen gingen, da die Außenmauern direkt in die senkrecht abfallenden Felsen übergingen, sahen aus wie leere Augenhöhlen. Einen Burggraben gab es nicht, nur auf einer Seite gab es ein Tor, doch war von unten nicht zu erkennen, ob es offen oder geschlossen war. Im Ganzen machte diese Burg einen reichlich heruntergekommenen Eindruck.

Knirps begann den Aufstieg. Der Weg war ein schmaler Felsenpfad ohne Geländer, der sich in kuriosen Windungen um die hohen Felsnadeln schlängelte. Überall unterwegs, wo ein bisschen Platz dafür war, stieß Knirps auf Gräber, deren Steinkreuze schräg im Boden steckten. Auf den Grabplatten entzifferte er mühsam Inschriften der folgenden Art:

Hier liegt begraben Ritter Bogumil Drohmir,
erschlagen von Rodrigo Raubein
nach dreitägigem Kampf.
Wanderer, hüte dich weiterzugehen!

Oder:

Hier ruhen die mühsam eingesammelten Gebeine
des Riesen Untam Menuwel,
der das Pech hatte,
Rodrigo Raubein zu missfallen.
Wanderer, nimm die Beine in die Hand!

Oder:

Das bisschen, was noch übrig blieb
von den dreizehn Banditen
der Berserker-Bande,
die Rodrigo Raubein in die Quere kamen,
liegt hier in einem Blumentopf begraben.
Fremder, fliehe flugs von hinnen!

Beim Höhersteigen stolperte Knirps mehrmals über herumliegende Totenschädel und Knochenhaufen. Einmal musste er sogar an einem ganzen Spalier von menschlichen Gerippen entlangmarschieren, die mit verrosteten Ketten an die Felswand geschmiedet waren und Helme aufhatten. Offenbar hatte es sich da um eine ganze Rittergesellschaft gehandelt, die hier von Rodrigo Raubein dafür bestraft worden war, dass sie versucht hatten ihm einen Besuch ohne Einladung zu machen. Jeden anderen hätte diese Ehrenformation wahrscheinlich auf den Gedanken gebracht, dass es doch im Grund zu Hause viel schöner und gemütlicher sei und deshalb höchste Zeit umzukehren. Aber nicht so Knirps.

Als er schließlich ganz oben angekommen war, sah er, dass

Das Michael-Ende-Lesebuch

der Weg auf einer Felsenzinne endete. Eine Zugbrücke führte über einen gähnenden Abgrund hinüber zum Tor der Burg. Diese Brücke war so morsch und die gewaltigen Ketten so rostzerfressen, dass es mehr als fraglich schien, ob sie überhaupt noch halten würde, wenn man darüber ging. Außerdem war das riesige Tor geschlossen. Knirps setzte seinen Fuß auf die Bohlen der Brücke. Es knackte und knisterte und irgendetwas rutschte und fiel in die Tiefe. Aber Knirps ging weiter. Einmal musste er über ein Loch zwischen den Planken springen. Die ganze Konstruktion schwankte auf und ab und die Ketten knirschten. Aber dann stand er schließlich vor dem Tor.

In der Mitte war ein Türklopfer in Gestalt einer Teufelsfratze, die einen dicken Eisenring im Maul trug. Knirps bewegte den Ring und klopfte ein paar Mal. Er hörte, wie das Geräusch im Inneren der Burg gespenstisch widerhallte, sonst blieb es mucksmäuschenstill. Er klopfte noch einmal kräftiger. Dann schrie er durch die hohlen Hände: »He, hallo! Herr Raubritter Rodrigo Raubein, kann ich bitte reinkommen?«

Keine Antwort war zu hören und niemand kam.

Knirps klopfte noch eine ganze Weile weiter, aber vergebens. Allmählich wurde er müde, schließlich war er ja schon die ganze Nacht auf den Beinen gewesen. Die Augen fielen ihm fast zu.

»Vielleicht!«, sagte er sich, »ist er gerade mal weggegangen, um eine Besorgung zu machen. Er wird bestimmt bald zurückkommen, sonst hätte er doch einen Zettel an die Tür gemacht ›Bin im Urlaub‹ oder so was. Ich setz mich jetzt einfach hierher und warte mal ein bisschen.«

Er kauerte sich also in die Ecke des Tores und war im nächsten Moment schon friedlich eingeschlafen.

DRITTES KAPITEL

Der Raubritter Rodrigo Raubein war keineswegs verreist. Er verreiste überhaupt nie und er ging auch nie aus, um Besorgungen zu machen. Nein, er war zu Hause und hatte das Klopfen durchaus gehört. Aber er wollte um keinen Preis öffnen.

In Wahrheit war Rodrigo Raubein nämlich alles andere als das, was die Leute glaubten. Zwar war er tatsächlich fast zwei Meter groß und von hünenhafter Gestalt und sein Gesicht umrahmte ein struppiger schwarzer Vollbart, aber das war nur äußerlich. In Wirklichkeit konnte er keiner Fliege etwas zu Leide tun. Wie man so sagt. Er hatte das Aussehen eines bösen Fleischerhundes und die Seele eines Gänseblümchens.

All die Geschichten über seine fürchterliche Wildheit und Ruchlosigkeit waren nur Gerüchte, die er selbst unter die Leute gebracht hatte. Und die hatten sie, natürlich mit eigenen Ausschmückungen, weitererzählt. Das war ihm nur recht, denn er legte Wert auf einen möglichst schlechten Ruf. Aber alles das war nur Tarnung, hinter der er sich versteckte, um in Ruhe gelassen zu werden.

Rodrigo Raubein war nämlich nicht nur ein zart besaiteter,

Das Michael-Ende-Lesebuch

sondern auch ein sehr ängstlicher Mensch. Das Leben schien ihm voller Gefahren und die Welt voller Bösewichter, die alle nur darauf aus waren, ihn zu überfallen, auszurauben oder gar totzustechen. Davon konnte man sie nur abhalten, meinte er, wenn man ihnen noch mehr Angst machte, als man selber hatte. Und tatsächlich war es ihm durch diese Methode gelungen, bisher ein ziemlich ungestörtes, wenn auch recht einsames Leben zu führen.

Es hatte ihn jahrelange Arbeit gekostet, all die Kreuze und Grabsteine selber zu machen und aufzustellen. Darunter lag überhaupt niemand und hatte auch nie jemand gelegen. Die Gerippe und Knochen und Totenschädel stellte er aus Gips und Lehm in einer Werkstatt her, die er sich eigens dafür eingerichtet hatte. Leider waren diese bildhauerischen Meisterwerke nicht besonders haltbar. Im Regen und Schnee weichten sie oft auf oder zerbröselten, dann musste er die Sachen tagelang reparieren oder ganz neu basteln, musste verblasste Inschriften nachmalen oder Grabkreuze wieder aufrichten. Dabei durfte ihn natürlich niemand sehen, sonst wäre ja möglicherweise alles herausgekommen. Am besten hätte man die Angelegenheit also bei Dunkelheit erledigt. Das Problem war nur: Er gruselte sich selbst so sehr davor, dass keine zehn Pferde ihn bei Nacht vor die Burg hinausgebracht hätten. Nur bei strahlendem Sonnenschein wagte er sich ins Freie, um die notwendigen Reparaturen vorzunehmen.

Die Schauderburg hatte er übrigens von seinen Vorfahren geerbt, die tatsächlich ziemlich schlimme Raubritter gewesen waren. Als Letzter des Geschlechts bewohnte er sie nun allein, aber er benutzte nur einen ganz kleinen Teil davon. Die großen Rittersäle und Korridore und Treppen betrat er schon seit Jahrzehnten nicht mehr. Er hatte die Türen abgeschlossen, weil er Angst vor Gespenstern hatte.

Im Hof der Burg zog er Kartoffeln und Gemüse und davon ernährte er sich. Er selbst wohnte in einem kleinen sonnigen Gemach im Südturm, dem einzigen, der noch halbwegs in Stand war. In diesem Zimmer stand sein Bett, in dem offenen Kamin kochte er sich seine Mahlzeiten, meistes Gemüsesuppe, und vor allem oblag er hier seiner Lieblingsbeschäftigung, nämlich dem Züchten von Kakteen. Vor allem die kleinen kugelförmigen liebte er, als wären sie seine Kinder. Jede Einzelne hatte ihren Namen und er konnte sie stundenlang zärtlich betrachten. Er fühlte sich ihnen innerlich verwandt, weil sie so anspruchslos und unscheinbar waren, vor allem aber, weil sie die schönsten und zartesten Blüten hervorbrachten, die man sich denken kann – wenn man sie durch sorgsame Pflege dazu bringen konnte, zu blühen, was allerdings jahrelange Geduld erforderte.

Zu den Dingen, die Rodrigo Raubeins zartem Gemüt am meisten zusetzten, gehörten Blitz und Donner. Während des schrecklichen Unwetters in der vergangenen Nacht hatte er die ganze Zeit aufrecht in den Kissen seines Bettes gesessen und bleichen Angesichts sein Ende erwartet. Er hatte seine Ritterrüstung angelegt, damit er wenigstens respektabel aussähe, falls er zu seinen Ahnen gerufen werden würde. Sein dickes Federbett hatte er bis zum Kinn hochgerafft und bei jedem Blitz zog er es sich ganz über Kopf und Helm. Als das Un-

Das Michael-Ende-Lesebuch

wetter schließlich nachließ und abzog, war er erschöpft, aber seinem gnädigen Schicksal dankbar, in die Kissen zurückgesunken, hatte aber keinen Schlaf finden können.

Und dann erscholl plötzlich das laute Klopfen am Burgtor. Herr Rodrigo Raubein fuhr aus seinem Dämmerzustand empor und sein schwarzer Bart sträubte sich vor Schreck. Noch nie, noch nie in all den Jahren war es vorgekommen, dass jemand sich der Schauderburg zu nähern gewagt hätte. Und wer es zu dieser Nachtzeit und nach einem solchen Unwetter tat, konnte nur von der schlimmsten Sorte sein. Ein Überfall, das war Herrn Rodrigo klar. Er hielt sich mucksmäuschenstill, denn es war seine einzige Hoffnung, die mordlüsterne Horde dort draußen zu täuschen. Wenn er so tat, als ob's ihn nicht gäbe, dann würden sie es vielleicht glauben und unverrichteter Dinge wieder abziehen.

Den Rest der Nacht verbrachte er damit, sich zu fürchten, als aber der Morgen kam, ohne dass das schreckliche Klopfen sich wiederholt hatte, schöpfte Rodrigo Raubein Hoffnung und zugleich übermannte ihn die Neugier. Er wollte nachsehen, ob vielleicht an irgendwelchen Spuren zu erkennen war, wer ihn da hatte besuchen wollen.

Er stieg die Wendeltreppe hinunter, ging über den Hof zum Tor und schob vorsichtig den dicken Eichenbalken zurück, der als Riegel diente. Knarrend öffnete sich der Torflügel einen Spalt und er lugte mit einem Auge hinaus, konnte aber nichts sehen. Doch dann wurde die Tür plötzlich von außen ziemlich unsanft aufgedrückt und Herrn Rodrigo blieb vor Verwunderung der Mund offen.

Was da hereinspaziert kam, war ein ziemlich durchnässter kleiner Junge in einem bunt scheckigen Anzug und mit fuchsrotem, zerzaustem Haar. In der einen Hand schwenkte er einen großen Hut, mit der anderen ergriff er des Ritters riesige Pranke, schüttelte sie kräftig und sagte mit dem ernsthaftesten Gesicht von der Welt.

»Na endlich, Ihr habt offenbar sehr gut geschlafen. Guten Morgen, Herr Raubritter Rodrigo Raubein! Ich bin ab sofort Euer neuer Knappe. Ich heiße Knirps. Und außerdem hab ich ziemlichen Hunger. Wann gibt's Frühstück?«

Danach nieste er einige Male laut und ungeniert.

»So, so«, sagte Rodrigo ziemlich verdattert, »aha. Nanu. Wieso?«

»Ihr habt doch nicht etwa schon einen anderen Knappen?«, fragte Knirps.

»Nein«, antwortete Rodrigo, »nicht dass ich wüsste.«

»Eben«, stellte Knirps zufrieden fest, »also braucht Ihr mich.«

»Überhaupt nicht«, erwiderte Rodrigo, »halt, hier geblieben, bleib stehen! Wo willst du denn hin?«

Knirps war schon an ihm vorbei in den Burghof gegangen und blickte anerkennend herum. »Hier gefällt's mir«, sagte er. »Wo ist denn mein Zimmer?«

»Hör mal, Knirps«, rief Rodrigo, »mach, dass du wegkommst, und zwar sofort! Hier ist kein Spielplatz für Kinder, nein, ganz und gar nicht.«

»Stimmt«, sagte Knirps, »gerade deswegen gefällt's mir ja hier.«

Das Michael-Ende-Lesebuch

Und er nieste noch einmal.

»Könntest du vielleicht mal in eine andere Richtung niesen?«, meinte Rodrigo. »Wenn du erkältet bist, möchte ich mich nicht anstecken.«

»Macht Euch nur keine Sorgen um mich«, antwortete Knirps.

»Du solltest nach Hause gehen und Medizin nehmen«, schlug der Raubritter vor, »vielleicht bekommst du sonst Lungenentzündung.«

»Das macht mir überhaupt nichts«, erklärte Knirps und stieg die Wendeltreppe zu Herrn Rodrigos Gemach hinauf. Der Ritter hatte Mühe ihm nachzukommen und war schon außer Atem.

»Wer sind denn deine Eltern?«, wollte er wissen.

Knirps zuckte geringschätzig die Achseln. »Ach, die! Zu denen geh ich nicht zurück. Nie mehr.«

»Warum denn nicht?«

»Sie verstehen mich nicht. Sie sind so ehrbar und kleinkariert und eben richtige Spießer. Ich stamme nämlich aus dem Geschlecht der Grafen von Fadenzupf.«

»Nie gehört«, murmelte Rodrigo, »und was stört dich daran?«

»Immer heißt es ›Das schickt sich nicht‹ und ›Das darf man nicht‹ und ›Tu dies nicht‹ und ›Tu das nicht‹. Ich will das blöde Getue nicht mehr mitmachen. Immer brav sein ist schrecklich langweilig. Ich will lieber ein freier und überall gefürchteter Kerl sein, so wie Ihr, der Schrecken aller Reisenden und Ritter.«

32

»Na ja, also ...«, warf Rodrigo ein, aber Knirps redete weiter.

»Ihr seid mein großes Vorbild, Herr Rodrigo Raubein. Alle haben immer zu mir gesagt: ›Wenn du so weitermachst, dann kannst du nur noch Raubritter werden.‹ Und das werd ich eben jetzt.«

»Nun, das ist aber nicht so einfach«, versuchte Rodrigo zu widersprechen.

»Das weiß ich«, antwortete Knirps, »aber ich hab's nun mal beschlossen und daran ist nichts mehr zu ändern, weil ich nämlich einen enormen Dickkopf habe. Darf ich übrigens gleich du und Onkel Roddi zu dir sagen?«

»Nein«, schnaubte der Ritter, »auf keinen Fall!«

»Gut, Onkel Roddi«, fuhr Knirps ungerührt fort, »dann sind wir uns ja einig. Ich bin da und bleibe da. Jetzt bin ich Knirps, dein Knappe.«

Inzwischen waren sie in Rodrigos Turmzimmer angekommen. Knirps ging sofort auf die Kästen am Fensterbrett zu.

»Was sind denn das für komische Knollen?«

Er tippte eine mit dem Finger an. »Aua!«, sagte er und warf aus Versehen den Topf um, der in Scherben ging.

Jetzt nahm Rodrigo Raubein seine ganze Kraft zusammen. Er blies seinen gewaltigen Brustkorb auf und brüllte: »Das war Tusnelda, die Zarteste von allen! Mach, dass du rauskommst! Ich kann dich hier nicht brauchen! Und meine Kakteen rührst du nicht mehr an, verstanden!«

»Schon gut!« meinte Knirps begütigend, »reg dich nicht

Das Michael-Ende-Lesebuch

auf, Onkel Roddi, bloß weil ich mich ein bisschen gepikt habe. Das macht mir doch nichts.«

»Aber mir!«, schnaubte Rodrigo mit rollenden Augen. »Und wenn du jetzt nicht auf der Stelle verschwindest, Bürschchen, dann schmeiße ich dich eigenhändig raus!«

Er packte Knirps, um seine Worte in die Tat umzusetzen, hielt aber plötzlich inne und machte ein bestürztes Gesicht.

»Du bist ja ganz heiß, Kind«, sagte er, »tatsächlich, du hast Fieber! Du musst dich ganz schrecklich erkältet haben heute Nacht.« Er legte ihm die Hand auf die Stirn. »Ja, kein Zweifel. Zeig mal die Zunge!«

Knirps streckte die Zunge heraus.

»Du bist krank«, stellte Rodrigo fest, »und zwar sehr. Du musst sofort ins Bett. Mit so was ist nicht zu spaßen.«

»Ich geh aber nicht ins Bett.«

»Doch, und zwar gleich.«

»Nein.«

»Das werden wir ja sehen.«

»Ich will nicht und ich tu's nicht!«

»Ein Knappe muss seinem Ritter auf jeden Fall gehorchen, ganz gleich, was ihm befohlen wird. Wenn ich sage ›Spring aus dem Fenster‹, dann springst du aus dem Fenster. Wenn ich sage ›Geh ins Bett‹, dann gehst du ins Bett, verstanden?«

Knirps blickte zweifelnd zu Rodrigo auf. »Ist das wirklich wahr oder sagst du das nur so, um mich rumzukriegen?«

»Das ist wahr, bei meiner Raubritterehre! Wenn du nicht gehorchen willst, dann kannst du kein Knappe werden.«

»Und wenn ich's tu, bin ich dann dein Knappe?«

»N... ja gut, meinetwegen«, sagte Rodrigo.

Wortlos zog Knirps seine nassen Sachen aus. Rodrigo machte das Bett und Knirps schlüpfte hinein. Er ließ sich sogar einen kalten Halswickel machen und schlürfte ohne Widerrede den Kamillentee mit Honig, den der Raubritter für ihn zubereitete.

In den nächsten Nächten schlief Rodrigo Raubein sitzend in seinem alten Ohrenbackensessel. Das war nicht besonders bequem, aber es war ja nur für kurze Zeit, sagte er sich. Sobald der Junge wieder auf den Beinen wäre, würde er ihn schon irgendwie loswerden.

Tagsüber erzählten sie sich von ihren Abenteuern, die sie angeblich bestanden hatten, und dabei logen sie sich gegenseitig an, dass sich die altersschwachen Balken in der Turmstube bogen. Erst erzählte Knirps von allen möglichen Streichen und Übeltaten, die er in Wirklichkeit nie begangen hatte. Er wollte bloß zeigen, dass in ihm das Zeug zu einem richtigen, gewissenlosen Raubritter steckte. Nach und nach kam auch Rodrigo in Fahrt und erfand die tollsten Geschichten, in denen er selbst immer die großartigste und furchterregendste Figur abgab. Er erzählte von wagemutigen Raubüberfällen auf fürstliche Kutschen, bei denen er ganz allein ein Fähnlein Ritter besiegt hatte; von Einbrüchen in königliche Schatzkammern, bei denen ihm Säcke von Gold und Diamanten in die Hände gefallen waren; von Turnieren, bei denen er drei der gefährlichsten Gegner auf seine Lanze gespießt hatte wie Bratwürstchen; von einem Kartenspiel, bei dem es ihm gelungen war, den Teufel höchstpersönlich zu

Das Michael-Ende-Lesebuch

überlisten; von einem wilden Ritt auf einem Seeungeheuer, das er gezähmt hatte, und von fabelhaften Saufgelagen mit drei Eisriesen, die am Nordpol wohnten und die er alle drei unter den Tisch getrunken und dann bis aufs Hemd ausgeplündert hatte.

Knirps hörte zu und konnte gar nicht genug bekommen. Seine Augen glänzten und seine Ohren glühten, und das nicht vom Fieber (das schon längst vorbei war), sondern vor Begeisterung. Immer wieder sagte er: »Onkel Roddi, du bist wirklich der Größte. So wie du will ich auch mal werden.«

Rodrigo Raubein tat die Bewunderung seines jungen Gastes sichtlich gut. Er blühte ordentlich auf bei seinen Flunkereien. Dieser Knirps wurde ihm immer sympathischer.

Wirklich ein netter kleiner Kerl, dachte er bei sich, zu schade, aber ich muss ihn trotzdem so bald wie möglich loswerden, sonst entdeckt er noch meine Gipswerkstatt und dann erzählt er's womöglich überall herum und mit meinem schlechten Ruf ist es endgültig vorbei.

Die Sache mit dem Loswerden war allerdings leichter gesagt als getan. Auf jeden Fall aber schloss er die Tür zur besagten Werkstatt sorgfältig ab und trug den Schlüssel bei Tag und Nacht bei sich. Als Knirps nach einigen Tagen wieder ganz gesund war, gab er ihm die Schlüssel zu allen anderen Türen der Burg, damit er sich umsehen konnte. Der Bund war so groß und schwer, dass Knirps ihn nur mit Mühe schleppen konnte. Trotzdem gelang es ihm, eine verschlossene Tür nach der anderen zu öffnen. So inspizierte er nun die Säle und

Gemächer, in denen der Staub fingerdick lag und Spinnweben zwischen den Möbeln hingen, wanderte durch die langen Galerien und Korridore mit ihren halb vermoderten Wandteppichen und Ahnenbildern, auf denen kaum noch etwas zu sehen war. Natürlich öffnete er auch alle Schränke und Truhen und untersuchte deren Inhalt. Und schließlich geriet er in die ehemalige Waffenkammer.

Hier lagen und standen in Gestellen die Wände entlang, zahllose Brünnen, Helme, Armschienen, Beinschienen, Schilde, Schwerter, stachelige Keulen, Hellebarden, Spieße, Turnierlanzen, Dolche, Panzerhandschuhe und was eben sonst noch alles zur Ausrüstung von Raubrittern gehörte.

Knirps fühlte sein Herz höher schlagen. Da der Raum keine Fenster hatte, holte er sich eine Fackel und unterzog dieses ganze Arsenal einer gründlichen Musterung. Viele von den Sachen waren schon viel zu verrostet, als dass man sie noch hätte brauchen können, aber schließlich fand er doch eine komplette Rüstung samt Schwert und Schild, die noch gut in Stand und in der Größe gerade richtig für ihn war. Man musste sie nur mal ordentlich putzen und einölen. Er zwängte sich in das Eisenkleid hinein, setzte sich den Helm auf, gürtete sich das Schwert um, hängte sich den Schild über den Arm und marschierte klirrend durch die Säle und Gänge zurück, die Wendeltreppe hinauf in das Turmzimmer, wo Rodrigo Raubein mit seinen Kakteen beschäftigt war.

Der Raubritter schnappte zuerst nach Luft vor Schreck, denn Knirps hatte das Visier des Helms heruntergeklappt, sodass er ihn nicht erkannte.

Das Michael-Ende-Lesebuch

»Onkel Roddi«, sagte Knirps und es klang etwas blechern, »schau mal, was ich gefunden hab.«

»Ach, du bist es!«, seufzte Rodrigo erleichtert, der schon geglaubt hatte, bei helllichtem Tag ein Gespenst zu sehen.

»Das gehört jetzt mir«, erklärte Knirps mit Bestimmtheit und klappte das Visier hoch.

In diesem Augenblick hatte Rodrigo Raubein eine Idee, wie er es fertig bringen könnte, den Jungen wieder nach Hause zu schicken.

»Nein«, sagte er, »dazu müsstest du erst Ritter werden. Aber du hast noch nicht einmal deine Knappenprüfung abgelegt.«

»Knappenprüfung?«, fragte Knirps. »Was ist denn das?«

Rodrigo setzte sich auf seinen Lehnstuhl und erklärte: »Wenn du wirklich Raubritterknappe werden willst, dann musst du erst mal beweisen, dass du dazu finster entschlossen bist.«

»Bin ich doch«, sagte Knirps und versuchte finster auszusehen.

»Nun, das kann jeder sagen«, meinte Rodrigo, »aber du musst eine Probe ablegen, dass du vor nichts Angst hast und vor keiner Untat zurückschreckst. Du müsstest ganz allein und ohne fremde Hilfe ein möglichst gefährliches Verbrechen begehen – und das willst du doch bestimmt nicht.«

»Doch«, antwortete Knirps, »wird gemacht. Was soll ich zum Beispiel tun?«

Rodrigo kratzte sich hinterm Ohr. »Das kann ich dir nicht sagen, das müsstest du schon selber herausfinden. Darin besteht ja gerade die Probe. Du siehst also, es ist sehr schwer, viel zu schwer für einen wie dich. Also, hör auf meinen Rat und lass es sein.«

Knirps legte schweigend die Rüstung ab, auch Schwert und Schild. Rodrigo nickte erfreut, weil er schon glaubte sein Ziel erreicht zu haben.

»Ich geh sofort los«, sagte Knirps entschlossen.

»Moment mal, mein Junge«, stotterte Rodrigo verwirrt, »was heißt das? Wohin willst du gehen?«

»Na, die Probe bestehen, wie du gesagt hast, Onkel Roddi.«

»Aber –« Rodrigo sah plötzlich ganz unglücklich aus. »Aber das meinst du doch nicht im Ernst. So was ist schließlich kein Sonntagsspaziergang.«

»Hoffentlich nicht«, antwortete Knirps, »und die Sachen da bleiben inzwischen hier, bis ich wiederkomme. Niemand anderer kriegt sie. Versprichst du mir das?«

»Nun ja ...«, brachte Rodrigo heraus, »falls du dir's nicht doch noch unterwegs anders überlegst.« Er verwünschte sich innerlich wegen seines Einfalls. Dieser Knabe war offenbar durch nichts zu entmutigen.

»Du wirst stolz auf mich sein, Onkel Roddi«, versicherte Knirps und gab dem Ritter die Hand. »Also auf Wiedersehen, bis bald!«

Rodrigo schaute bekümmert in das sommersprossige Gesicht und schluckte ein-, zweimal, ehe er stammelte: »Wie denn? – Was denn? – Du willst einfach so losziehen? Jetzt gleich?«

Das Michael-Ende-Lesebuch

»Je eher ich anfange«, antwortete Knirps, »desto eher bin ich zurück.«

Rodrigo wusste nicht mehr, was er sagen sollte. Er wühlte nur stumm in seinem struppigen schwarzen Bart herum.

Sie gingen zusammen zum Tor hinaus. Der Ritter öffnete es und ließ Knirps hinaus.

»Hör mal«, sagte er mit belegter Stimme, »ich hätte das vielleicht nicht erwähnen sollen, ich meine, die Probe und das alles. Wenn du es sein lässt, dann schenke ich dir die Rüstung. Was hältst du davon?«

Knirps schüttelte den Kopf. »Das gilt nicht, Onkel Roddi. Ich will aber ein wirklicher Raubritter werden. So einer wie du.«

»Knirps«, sagte Rodrigo, »also ich muss schon sagen, du bist ein ziemlich ungewöhnlicher Bursche.«

»Ich weiß«, antwortete Knirps und warf sich in die Brust, »mach dir nur keine Sorgen um mich.«

Er schwenkte seinen Hut, stülpte ihn sich auf seinen roten Haarschopf, drehte sich um und ging über den geschlängelten Felsenpfad den Haarzuberg hinunter, ohne sich noch einmal umzudrehen. Wenn er dabei links und rechts geguckt hätte, so wäre ihm vielleicht aufgefallen, dass viele von den Totenschädeln ein bisschen aufgeweicht aussahen, denn Rodrigo Raubein war ja inzwischen nicht dazu gekommen, sie zu reparieren. Aber Knirps war viel zu sehr in Gedanken an seine Raubritterknappenprüfung vertieft. Rodrigo Raubein sah dem Jungen nach, bis sein kunterbuntes Flickenkleid zwischen den Felsen verschwunden war. Dann seufzte er tief.

»Na ja«, murmelte er vor sich hin, »jedenfalls bin ich ihn jetzt los. Das ist die Hauptsache. Ich bin froh.«

Aber er sah keineswegs froh aus, als er in die Schauderburg zurückging und das Tor hinter sich schloss.

Ein Zauberspruch, um eine verlorene Sache wieder zu finden

O mise, mause maas,
was ich zuvor besaß,
o malla mirra mooren,
das habe ich verloren.
O maxi murxi muchen,
da fang ich an zu suchen,
O melle mulle mall,
ich suche überall.
O muckte mickte meckt –
ein Kobold hat's versteckt!
O mure maure mer.
Ich sprach: »Gib's wieder her!«
O monne minne menn,
er fragt: »Was willst du denn?«
O mohme mahme miem,
da sagte ich zu ihm:
»O mise mause maas,
was ich zuvor besaß,
o malla mirra mooren,
das habe ich verloren –«

*und so weiter, immer weiter von vorn, bis man die
Sache gefunden hat. Wenn man nur nicht vorher
aufhört, dann hilft der Zauberspruch immer.*

Die unendliche Geschichte

VIII. Im Gelichterland

Hoch durch die Lüfte ritt Atréju dahin. Sein roter Mantel wehte in mächtigen Schwüngen hinter ihm drein. Der Schopf aus blauschwarzen Haaren, der mit Lederschnüren aufgebunden war, flatterte im Wind. Fuchur, der weiße Glücksdrache, glitt in langsamen, gleichmäßigen Wellenbewegungen durch die Nebel und Wolkenfetzen des Himmels.

Auf und ab und auf und ab und auf und ab ...

Wie lange waren sie nun schon so unterwegs? Tage und Nächte und wieder Tage – Atréju wusste nicht mehr, wie lange. Der Drache konnte auch im Schlaf fliegen, weiter, immer weiter, und Atréju nickte bisweilen ein, festgeklammert in die weiße Mähne des Drachen. Aber es war nur ein leichter und unruhiger Schlaf. Und deshalb wurde auch sein Wachen nach und nach zu einem Traum, in dem nichts mehr deutlich war.

Das Michael-Ende-Lesebuch

Unten in der Tiefe zogen schattenhaft Gebirge vorbei. Länder und Meere, Inseln und Flüsse ... Atréju gab nicht mehr Acht darauf und trieb auch sein Reittier nicht an, wie er es in der ersten Zeit getan hatte, als sie vom Südlichen Orakel aufgebrochen waren. Anfangs war er noch ungeduldig gewesen, denn er hatte geglaubt, auf dem Rücken eines Glücksdrachen könne es nicht allzu schwierig sein, Phantásiens Grenze zu erreichen – und hinter der Grenze das Äußere Reich, wo die Menschenkinder wohnen.

Er hatte nicht gewusst, wie groß Phantásien war.

Nun kämpfte er gegen die steinerne Müdigkeit an, die ihn bezwingen wollte. Seine dunklen Augen, sonst scharf wie die eines jungen Adlers, nahmen keine Ferne mehr wahr. Ab und zu raffte er seinen ganzen Willen zusammen, richtete sich im Sitzen hoch auf und spähte umher, aber schon bald sank er wieder in sich zusammen und starrte nur noch vor sich hin auf den langen, geschmeidigen Drachenleib, dessen perlmutterfarbene Schuppen rosig und weiß glitzerten. Auch Fuchur war erschöpft. Selbst seine Kräfte, die unermesslich geschienen hatten, gingen nun nach und nach zu Ende.

Mehr als einmal hatten sie bei diesem langen Flug jene Stelle unter sich in der Landschaft gesehen, wo das Nichts sich ausbreitete, und auf die man nicht hinsehen konnte, ohne das Gefühl zu haben, erblindet zu sein. Viele dieser Stellen schienen, aus solcher Höhe gesehen, noch verhältnismäßig klein, aber es gab auch schon andere, die groß waren wie ganze Länder und sich über den weiten Horizont erstreckten. Schrecken hatte den Glücksdrachen und seinen Reiter erfasst

Die unendliche Geschichte

und sie waren ausgewichen und in anderer Richtung weitergeflogen, um das Entsetzliche nicht anschauen zu müssen. Aber es ist eine seltsame Tatsache, dass das Entsetzliche seine Schrecken verliert, wenn es sich immer wiederholt. Und da die Stellen der Vernichtung nicht weniger wurden, sondern mehr und mehr, hatten sich Fuchur und Atréju nach und nach daran gewöhnt – oder vielmehr, es war eine Art Gleichgültigkeit über sie gekommen. Sie achteten kaum noch darauf.

Sie hatten schon seit langer Zeit nicht mehr miteinander gesprochen, als Fuchur plötzlich seine bronzene Stimme vernehmen ließ:

»Atréju, mein kleiner Herr, schläfst du?«

»Nein«, sagte Atréju, obwohl er tatsächlich in einem bangen Traum gefangen gewesen war. »Was gibt es, Fuchur?«

»Ich frage mich, ob es nicht klüger wäre, umzukehren.«

»Umzukehren? Wohin?«

»Zum Elfenbeinturm. Zur Kindlichen Kaiserin.«

»Du meinst, wir sollen unverrichteter Dinge zu ihr kommen?«

»Nun, so würde ich es nicht nennen, Atréju. Wie lautete denn dein Auftrag?«

»Ich sollte erforschen, was die Ursache der Krankheit ist, an der die Kindliche Kaiserin dahinsiecht, und welches Heilmittel es dagegen gibt.«

»Aber es war nicht dein Auftrag«, versetzte Fuchur, »dieses Heilmittel selbst zu bringen.«

»Wie meinst du das?«

»Vielleicht begehen wir einen großen Fehler, indem wir

47

Das Michael-Ende-Lesebuch

versuchen Phantásiens Grenze zu überschreiten, um ein Menschenkind zu suchen.«

»Ich verstehe nicht, worauf du hinauswillst, Fuchur. Erkläre mir das genauer.«

»Die Kindliche Kaiserin ist todkrank«, sagte der Drache, »weil sie einen neuen Namen braucht. Das hat dir die Uralte Morla verraten. Aber diesen Namen geben, das können nur die Menschenkinder aus der Äußeren Welt. Das hat dir die Uyulála offenbart. Damit hast du deinen Auftrag erfüllt und mir scheint, du solltest dies alles bald der Kindlichen Kaiserin berichten.«

»Aber was hilft es ihr«, rief Atréju, »wenn ich ihr all das nur mitteile und nicht gleichzeitig ein Menschenkind mitbringe, das sie retten kann?«

»Das kannst du nicht wissen«, antwortete Fuchur. »Sie vermag es viel mehr als du und ich. Vielleicht wäre es ihr ein Leichtes, ein Menschenkind zu sich zu rufen. Vielleicht hat sie Mittel und Wege, die dir und mir und allen Wesen Phantásiens unbekannt sind. Aber dazu müssen sie eben wissen, was du nun weißt. Nimm einmal an, es wäre so. Dann wäre es nicht nur ganz unsinnig, dass wir auf eigene Faust versuchen ein Menschenkind zu finden und zu ihr zu bringen, es wäre sogar möglich, dass sie inzwischen stirbt, während wir noch immer suchen, und wir hätten sie retten können, wenn wir nur rechtzeitig umgekehrt wären.«

Atréju schwieg. Was der Drache da gesagt hatte, war ohne Zweifel richtig. Es konnte so sein. Es konnte aber auch ganz anders sein. Es war durchaus möglich, dass sie ihm, wenn er

Die unendliche Geschichte

jetzt mit seiner Botschaft heimkehrte, sagen würde: Was hilft mir das alles? Hättest du mir den Retter mitgebracht, so wäre ich gesund geworden. Aber nun ist es für mich zu spät, dich noch einmal loszuschicken.

Er wusste nicht, was er tun sollte. Und er war müde, viel zu müde, um irgendeinen Entschluss zu fassen.

»Weißt du, Fuchur«, sagte er leise, aber der Drache hörte ihn gut, »du hast vielleicht Recht, aber vielleicht auch nicht. Lass uns noch ein kleines Stück weiterfliegen. Wenn wir dann noch immer an keiner Grenze sind, dann kehren wir um.«

»Was nennst du ein kleines Stück?«, fragte der Drache.

»Ein paar Stunden –«, murmelte Atréju, »ach was, *eine* Stunde noch.«

»Gut«, antwortete Fuchur, »noch *eine* Stunde also.«

Aber diese eine Stunde war eine Stunde zu viel.

Die beiden hatten nicht darauf geachtet, dass der Himmel im Norden schwarz geworden war von Wolken. Im Westen, wo die Sonne stand, war er glühend und Unheil verkündende Streifen hingen wie blutiger Seetang auf den Horizont nieder. Im Osten schob sich, wie eine Decke aus grauem Blei, ein Gewitter herauf, vor der zerfaserte Wolkenfetzen standen wie blau ausgelaufene Tinte. Und aus dem Süden zog schwefelgelber Dunst daher, in dem es von Blitzen zuckte und funkelte.

»Es scheint«, meinte Fuchur, »wir werden in schlechtes Wetter kommen.«

Atréju schaute sich nach allen Seiten um.

Das Michael-Ende-Lesebuch

»Ja«, sagte er, »es sieht bedenklich aus. Aber wir müssen trotzdem weiterfliegen.«

»Vernünftiger wäre es«, gab Fuchur zurück, »wir suchen uns einen Unterschlupf. Wenn es das ist, was ich vermute, dann ist die Sache kein Spaß.«

»Und was vermutest du?«, fragte Atréju.

»Dass es die vier Windriesen sind, die wieder einmal einen ihrer Kämpfe austragen wollen«, erklärte Fuchur. »Sie liegen fast immer im Streit miteinander, wer von ihnen der Stärkste ist und über die anderen herrschen soll. Für sie ist es eine Art Spiel, denn ihnen selbst geschieht dabei nichts. Aber wehe dem, der in ihre Auseinandersetzung hineingerät. Von dem bleibt meistens nicht viel übrig.«

»Kannst du nicht höher hinauffliegen?«, fragte Atréju.

»Außerhalb ihrer Reichweite, meinst du? Nein, so hoch kann ich nicht kommen. Und unter uns ist, so weit ich sehen kann, nur Wasser, irgendein riesiges Meer. Ich sehe nichts, wo wir uns verstecken können.«

»Dann bleibt uns nichts übrig«, entschied Atréju, »als sie zu erwarten. Ich möchte sie sowieso etwas fragen.«

»Was willst du?«, rief der Drache und machte vor Schreck einen Sprung in die Luft.

»Wenn sie die vier Windriesen sind«, erklärte Atréju, »dann kennen sie alle Himmelsrichtungen Phantásiens. Niemand wird uns besser sagen können als sie, wo die Grenzen sind.«

»Heiliger Himmel!«, schrie der Drache. »Du glaubst, man kann ganz gemütlich mit ihnen plaudern?«

Die unendliche Geschichte

»Wie lauten ihre Namen?«, wollte Atréju wissen.

»Der aus dem Norden heißt Lirr, der aus dem Osten Baureo, der aus dem Süden Schirk und der aus dem Westen Mayestril«, antwortete Fuchur. »Aber du, Atréju, was bist du eigentlich? Bist du ein kleiner Junge oder bist du ein Stück Eisen, dass du keine Furcht kennst?«

»Als ich durch das Tor der Sphinxe ging«, antwortete Atréju, »habe ich alle Angst verloren. Außerdem trage ich das Zeichen der Kindlichen Kaiserin. Alle Geschöpfe Phantásiens respektieren sie. Warum sollten die Windriesen es nicht tun?«

»Oh, sie werden es tun!«, rief Fuchur. »Aber sie sind dumm und du kannst sie nicht abhalten miteinander zu kämpfen. Du wirst sehen, was das heißt!«

Inzwischen hatten sich die Gewitterwolken von allen Seiten so weit zusammengezogen, dass Atréju rings um sich her etwas erblickte, das einem Trichter von ungeheuerlichen Ausmaßen, einem Vulkankrater glich, dessen Wände sich immer schneller zu drehen begannen, sodass sich das schwefelige Gelb, das bleierne Grau, das blutige Rot und das tiefe Schwarz durcheinander mengten. Und er selbst wurde auf seinem weißen Drachen ebenfalls im Kreis herumgewirbelt, wie ein Streichhölzchen in einem gewaltigen Strudel. Und nun erblickte er die Sturmriesen.

Sie bestanden eigentlich nur aus Gesichtern, denn ihre Gliedmaßen waren so veränderlich und so viele – bald lang, bald hunderte, bald gar keine, bald deutlich und bald nebelhaft – und sie waren außerdem so in einem ungeheuerlichen

Das Michael-Ende-Lesebuch

Reigentanz oder Ringkampf ineinander verknäult, dass es ganz unmöglich war; ihre eigentliche Gestalt zu erkennen. Auch die Gesichter veränderten sich ständig, wurden dick und aufgeblasen, dann wieder auseinander gezogen, in die Höhe oder in die Breite, aber es blieben doch immer Gesichter, die man voneinander unterscheiden konnte. Sie rissen die Münder auf und schrien und brüllten und heulten und lachten einander zu. Den Drachen und seinen Reiter schienen sie nicht einmal wahrzunehmen, denn im Vergleich zu ihnen war er winzig wie eine Mücke.

Atréju richtete sich hoch auf. Er fasste mit der rechten Hand nach dem goldenen Amulett auf seiner Brust und rief, so laut er konnte:

»Im Namen der Kindlichen Kaisern, schweigt und hört mich an!«

Und das Unglaubliche geschah!

Als seien sie mit plötzlicher Stummheit geschlagen, schwiegen sie. Ihre Münder klappten zu und acht glotzende Riesenaugen waren auf AURYN gerichtet. Auch der Wirbel blieb stehen. Es war plötzlich totenstill:

»Gebt mir Antwort!«, rief Atréju. »Wo sind die Grenzen Phantásiens? Weißt du es, Lirr?«

»Im Norden nicht«, antwortete das schwarze Wolkengesicht.

»Und du, Baureo?«

»Auch im Osten nicht«, erwiderte das bleigraue Wolkengesicht.

»Rede du, Schirk!«

Die unendliche Geschichte

»Im Süden gibt es keine Grenze«, sagte das schwefelgelbe Wolkengesicht.

»Mayestril, weißt du es?«

»Keine Grenze im Westen«, entgegnete das feuerrote Wolkengesicht.

Und dann sagten alle vier aus einem Mund:

»Wer bist denn du, der du das Zeichen der Kindlichen Kaiserin trägst und nicht weißt, dass Phantásien grenzenlos ist?«

Atréju schwieg. Er fühlte sich wie vor den Kopf geschlagen. Daran hatte er wahrhaftig nicht gedacht, dass es überhaupt keine Grenzen gab. Dann war alles vergebens gewesen.

Er fühlte kaum, dass die Windriesen ihr Kampfspiel wieder begannen. Es war ihm auch gleichgültig, was nun weiter geschehen würde. Er klammerte sich in der Mähne des Drachen fest, als dieser plötzlich von einem Wirbel in die Höhe geschleudert wurde. Von Blitzen umlodert rasten sie im Kreise herum, dann ertranken sie fast in waagrecht sausenden Regengüssen. Plötzlich wurden sie in einen Gluthauch hineingerissen, in welchem sie fast verbrannten, doch schon gerieten sie in einen Hagel, der nicht aus Körnern, sondern aus Eiszapfen, so lang wie Speere, bestand und sie in die Tiefe schlug. Und wieder wurden sie aufwärts gesaugt und herumgeworfen und dahin und dorthin geschleudert – die Windriesen kämpften miteinander um die Vorherrschaft.

»Halt dich fest!«, schrie Fuchur, als ein Windstoß ihn auf den Rücken warf.

Aber es war schon zu spät. Atréju hatte den Halt verloren

Das Michael-Ende-Lesebuch

und stürzte in die Tiefe. Er stürzte und stürzte und dann wusste er nichts mehr.

Als er wieder zu Bewusstsein kam, lag er im weichen Sand. Er hörte Wellenrauschen, und als er den Kopf hob, sah er, dass er an einen Meeresstrand gespült worden war. Es war ein grauer, nebliger Tag, aber windstill. Das Meer war ruhig und nichts deutet darauf hin, dass hier noch vor kurzem der Kampf der Windriesen getobt hatte. Oder war er vielleicht an einen ganz anderen, fernen Ort geraten? Der Strand war flach, nirgends waren Felsen oder Hügel zu sehen, nur ein paar verkümmerte und schiefe Bäume standen im Dunst wie große Krallenhände.

Atréju setzte sich auf. Ein paar Schritte entfernt sah er seinen roten Mantel aus Büffelhaar liegen. Er kroch hin und legte ihn sich um die Schultern. Zu seiner Verwunderung stellte er fest, dass der Mantel kaum noch feucht war. Also lag er wohl schon lange hier.

Wie kam er hierher? Und warum war er nicht ertrunken?

Irgendeine dunkle Erinnerung tauchte in ihm auf an Arme, die ihn getragen hatten, und seltsame singende Stimmen: Armer Bub, schöner Bub! Haltet ihn! Lasst ihn nicht untergehen!

Vielleicht war es auch nur das Rauschen der Wellen gewesen.

Oder waren es Meerjungfrauen und Wassermänner? Wahrscheinlich hatten sie das Pantakel gesehen und ihn deshalb gerettet.

Die unendliche Geschichte

Unwillkürlich griff seine Hand nach dem Amulett – es war nicht mehr da! Die Kette um seinen Hals war fort. Er hatte das Medaillon verloren.

»Fuchur!«, schrie Atréju, so laut er konnte. Er sprang auf, lief hin und her und rief nach allen Seiten: »Fuchur! Fuchur! Wo bist du?«

Keine Antwort. Nur das gleichmäßige, langsame Rauschen der Wellen, die an den Strand spülten.

Wer weiß, wohin die Windriesen den weißen Drachen geblasen hatten! Vielleicht suchte Fuchur seinen kleinen Herrn irgendwo ganz anders, weit entfernt von hier. Vielleicht war er auch nicht mehr am Leben.

Nun war Atréju kein Drachenreiter mehr und kein Bote der Kindlichen Kaiserin – nur noch ein kleiner Junge. Und ganz allein.

Die Turmuhr schlug sechs.

Draußen war es jetzt schon dunkel. Der Regen hatte aufgehört. Es war ganz still. Bastian starrte in die Kerzenflammen. Dann zuckte er zusammen, weil der Dielenboden knarrte.

Es kam ihm so vor, als ob er jemand atmen hörte. Er hielt die Luft an und lauschte. Außer dem kleinen Lichtkreis, den die Kerzen verbreiteten, war der riesige Speicher jetzt von Finsternis erfüllt.

Tappten da nicht leise Schritte auf der Treppe? Hatte sich nicht eben die Klinke der Speichertür ganz langsam bewegt?

Wieder knackte der Dielenboden.

Wenn es auf diesem Speicher spukte ...?

»Ach was«, sagte Bastian halblaut, »es gibt keine Gespenster. Das sagen alle.«

Aber warum gab es dann so viele Geschichten darüber?

Vielleicht hatten alle, die sagten, es gäbe keine Gespenster, bloß Angst davor, es zuzugeben.

Atréju wickelte sich fest in seinen roten Mantel, denn ihm war kalt, und machte sich auf den Weg landeinwärts. Die Landschaft, so weit er sie wegen des Nebels überhaupt sehen konnte, veränderte sich kaum. Sie war flach und gleichförmig, nur dass nach und nach zwischen den verkrümmten Bäumen immer mehr Buschwerk kam, Sträucher, die aussahen wie aus rostigem Blech und auch fast ebenso hart waren. Man konnte sich leicht an ihnen verletzen, wenn man nicht Acht gab.

Etwa nach einer Stunde erreichte Atréju eine Straße, die mit buckeligen, unregelmäßig geformten Steinbrocken gepflastert war. Atréju beschloss der Straße zu folgen, die ja wohl irgendwo hinführen musste, aber er fand es bequemer, neben der Straße her im Staub zu gehen, als über das holperige Pflaster. Sie verlief in Schlangenwindungen, krümmte sich nach links und nach rechts, ohne dass man einen Grund dafür erkennen konnte, denn auch hier gab es weder Hügel noch Fluss. In dieser Gegend schien alles krumm zu sein.

Atréju war noch nicht sehr lange so dahingewandert, als er aus der Ferne ein seltsames, stampfendes Geräusch vernahm, das näher kam. Es war wie das dumpfe Dröhnen einer großen

Die unendliche Geschichte

Trommel, dazwischen hörte er schrilles Pfeifen wie von kleinen Flöten und Schellengeklingel. Er versteckte sich hinter
einem Busch am Straßenrand und wartete ab.

Die eigenartige Musik kam langsam näher und schließlich
tauchten aus dem Nebel die ersten Gestalten auf. Offenbar
tanzten sie, aber es war kein fröhlicher oder anmutiger Tanz,
vielmehr sprangen sie mit höchst absonderlichen Bewegungen herum, wälzten sich auf dem Boden, krochen auf allen
vieren, bäumten sich hoch und benahmen sich wie verrückt.
Aber das Einzige, was man dabei hörte, war der dumpfe,
langsame Trommelschlag, die schrillen Pfeifchen und ein
Winseln und Keuchen aus vielen Kehlen.

Es wurden mehr und immer mehr, es war ein Zug, der kein
Ende zu nehmen schien. Atréju erblickte die Gesichter der
Tänzer, sie waren grau wie Asche und schweißüberströmt,
aber ihrer aller Augen glühten in einem wilden, fieberhaften
Glanz. Manche peitschten sich selbst mit Geißeln.

Sie sind wahnsinnig, dachte Atréju und ein kalter Schauder
lief ihm über den Rücken.

Übrigens konnte er feststellen, dass der größte Teil dieser
Prozession aus Nachtalben, Kobolden und Gespenstern bestand. Auch Vampire und eine Menge Hexen waren darunter,
alte mit großen Buckeln und Ziegenbärten am Kinn, aber auch
junge, die schön und böse aussahen. Offensichtlich war Atréju
hier in eines der Länder Phantásiens geraten, das von Geschöpfen der Finsternis bevölkert war. Hätte er AURYN noch
gehabt, so wäre er ihnen ohne Zögern entgegengetreten, um
sie zu fragen, was hier vorging. So aber zog er es vor, in sei-

57

Das Michael-Ende-Lesebuch

nem Versteck abzuwarten, bis die tolle Prozession vorüberge-
zogen war und der letzte Nachzügler hinkend und hopsend
im Nebel verschwand.

Erst dann wagte er sich wieder auf die Straße hinaus und
blickte dem geisterhaften Zug nach. Sollte er ihm folgen oder
nicht? Er konnte sich nicht entschließen. Eigentlich wusste er
überhaupt nicht mehr, ob er jetzt noch irgendetwas tun sollte
oder konnte.

Zum ersten Mal fühlte er deutlich, wie sehr ihm das Amulett der Kindlichen Kaiserin fehlte und wie hilflos er ohne es
war. Nicht der Schutz, den es ihm gewährt hatte, war das
Eigentliche – alle Mühen und Entbehrungen, alle Ängste
und Einsamkeiten hatte er ja dennoch aus eigenen Kräften
bestehen müssen – aber solange er das Zeichen getragen
hatte, war er sich nie unsicher gewesen, was er tun musste.
Wie ein geheimnisvoller Kompass hatte es seinen Willen,
seine Entschlüsse in die rechte Richtung gelenkt. Aber jetzt
war das anders, jetzt war keine geheime Kraft mehr da, die
ihn führte.

Nur um nicht wie gelähmt stehen zu bleiben, befahl er sich
selbst dem Gespensterzug zu folgen, dessen dumpfer Trom-
melrhythmus noch immer aus der Ferne zu hören war.

Während er durch den Nebel huschte – immer darauf
bedacht, gebührenden Abstand von den letzten Nachzüglern
zu halten –, versuchte er sich über seine Lage klar zu werden.

Warum nur, ach, warum hatte er nicht auf Fuchur gehört,
als der ihm geraten hatte sofort zur Kindlichen Kaiserin zu flie-

Die unendliche Geschichte

gen? Er hätte ihr die Botschaft der Uyulála überbracht und den Glanz zurückgegeben. Ohne AURYN und ohne Fuchur konnte er nicht mehr zur Kindlichen Kaiserin gelangen. Sie würde bis zum letzten Augenblick ihres Lebens auf ihn warten, hoffen, dass er käme, glauben, dass er ihr und Phantásien die Rettung brächte – aber vergebens!

Das war schon schlimm genug, schlimmer aber war, was er durch die Windriesen erfahren hatte: dass es keine Grenzen gab. Wenn es unmöglich war, aus Phantásien herauszukommen, dann war es auch unmöglich, ein Menschenkind von jenseits der Grenzen zu Hilfe zu rufen. Gerade weil Phantásien unendlich war, war sein Ende unabwendbar!

Während er weiter über das unebene Pflaster durch die Nebelschwaden stolperte, hörte er in seiner Erinnerung noch einmal die sanfte Stimme der Uyulála. Ein winziges Hoffnungsfünkchen glomm in seinem Herzen auf.

Früher waren oft Menschen nach Phantásien gekommen, um der Kindlichen Kaiserin immer neue, herrliche Namen zu geben – so hatte sie doch gesungen. Also gab es doch einen Weg von der einen Welt in die andere!

> »Für sie ist es nah, doch für uns ist es weit,
> zu weit um zu ihnen zu kommen.«

Ja, so hatten Uyulálas Worte gelautet. Nur, dass die Menschenkinder diesen Weg vergessen hatten. Aber konnte es nicht sein, dass eines, ein einziges sich wieder daran erinnerte?

Dass es für ihn selbst keine Hoffnung mehr gab, kümmerte

Das Michael-Ende-Lesebuch

Atréju wenig. Wichtig war allein, dass ein Menschenkind den Ruf Phantásiens hörte und kam – so wie es zu allen Zeiten geschehen war. Und vielleicht, vielleicht hatte sich schon eines aufgemacht und war unterwegs!

»Ja! Ja!«, rief Bastian. Er erschrak vor seiner eigenen Stimme und fügte leiser hinzu:

»Ich würde euch ja zu Hilfe kommen, wenn ich nur wüsste wie! Ich weiß den Weg nicht, Atréju. Ich weiß ihn wirklich nicht.«

Der dumpfe Trommelklang und die schrillen Pfeifchen waren verstummt, und ohne es zu merken, war Atréju der Prozession so nahe gekommen, dass er fast auf die letzten Gestalten auflief. Da er barfuß war, machten seine Schritte kein Geräusch – aber nicht das war es, was diese Leute dazu brachte, ihn überhaupt nicht zu beachten. Er hätte auch mit eisenbeschlagenen Stiefeln dahertrampeln und laut schreien können, niemand hätte sich darum gekümmert.

Sie standen nun nicht mehr in einem Zug, sondern weit verteilt auf einem Feld aus grauem Gras und Schlamm. Manche schwankten leicht hin und her, andere standen oder hockten reglos herum, aber ihrer aller Augen, in denen ein blinder fiebriger Glanz lag, blickten in dieselbe Richtung.

Und nun sah auch Atréju, worauf sie hinstarrten wie in einer grausigen Verzückung: Auf der anderen Seite des Feldes lag das Nichts.

Es war, wie Atréju es schon vorher bei den Borkentrollen

Die unendliche Geschichte

aus dem Baumwipfel gesehen hatte oder auf der Ebene, wo die Magischen Tore des Südlichen Orakels gestanden hatten, oder von Fuchurs Rücken aus, aus großer Höhe – aber bisher hatte er es immer nur aus der Ferne gesehen. Jetzt aber stand er ihm unvorbereitet ganz nah gegenüber, es ging quer durch die ganze Landschaft, es war riesig und es kam langsam, langsam, aber unaufhaltsam näher.

Atréju sah, dass die Spukgestalten auf dem Feld vor ihm zu zucken begannen, dass ihre Glieder sich wie in Krämpfen verdrehten und ihr Münder aufgerissen waren, als wollten sie schreien oder lachen, doch es herrschte Totenstille. Und dann – als seien sie welke Laubblätter, die ein Windstoß erfasst – rasten sie alle gleichzeitig auf das Nichts zu und stürzten, rollten und sprangen hinein.

Kaum war der Letzte dieser gespenstischen Schar verschwunden, als Atréju mit Schrecken bemerkte, wie auch sein eigener Körper anfing sich mit kleinen ruckartigen Schritten auf das Nichts zuzubewegen. Ein übermächtiges Verlangen, sich ebenfalls hineinzustürzen, wollte von ihm Besitz ergreifen. Atréju spannte all seinen Willen an und wehrte sich dagegen. Er zwang sich stehen zu bleiben. Langsam, ganz langsam gelang es ihm, sich umzudrehen und sich Schritt für Schritt wie gegen eine unsichtbare mächtige Wasserströmung voranzukämpfen. Der Sog wurde schwächer und Atréju rannte, rannte so schnell er konnte auf dem buckligen Straßenpflaster zurück. Er rutschte aus, stürzte hin, raffte sich auf und rannte weiter, ohne zu überlegen, wohin diese Straße im Nebel ihn führen würde.

61

Das Michael-Ende-Lesebuch

Laufend folgte er ihren sinnlosen Krümmungen und hielt erst inne, als aus dem Nebel vor ihm eine hohe, pechschwarze Stadtmauer auftauchte. Dahinter ragten einige schiefe Türme in den grauen Himmel. Die dicken, hölzernen Flügel des Stadttores waren morsch und verfault und hingen schräg in den verrosteten Angeln.

Atréju ging hinein.

Es wurde immer kälter auf dem Speicher. Bastian begann so zu frieren, dass er zitterte.

Und wenn er nun krank würde – was würde dann aus ihm werden? Er konnte zum Beispiel Lungenentzündung bekommen, wie Willi, der Junge aus seiner Klasse. Dann würde er hier ganz allein auf dem Speicher sterben müssen. Niemand wäre da, um ihm beizustehen.

Er wäre jetzt sehr froh gewesen, wenn der Vater ihn finden und retten würde.

Aber heimgehen – nein, er konnte es nicht. Lieber sterben! Er holte sich noch die restlichen Militärdecken und mummelte sich von allen Seiten darin ein.

Langsam wurde ihm wärmer.

IX. Spukstadt

Irgendwo über den brausenden Wogen des Meeres hallte Fuchurs Stimme, mächtig wie der Klang einer Bronzeglocke.

Die unendliche Geschichte

»Atréju! Wo bist du? Atréju!«

Längst hatten die Windriesen ihr Kampfspiel beendet und waren auseinander gestürmt. Sie würden sich von neuem treffen, an dieser oder einer anderen Stelle, um ihren Streit abermals auszutragen, wie sie es seit undenklichen Zeiten getan hatten. Was eben erst geschehen war, hatten sie schon vergessen, denn sie behielten nichts und wussten nichts außer ihrer eigenen unbändigen Kraft. Und so waren auch längst schon der weiße Drache und sein kleiner Reiter aus ihrer Erinnerung geschwunden.

Als Atréju in die Tiefe gestürzt war, hatte Fuchur zunächst mit allen Kräften versucht ihm nachzuschnellen, um ihn im Fallen noch aufzufangen. Doch ein Wirbelsturm hatte den Drachen in die Höhe gerissen und weit, weit fortgetragen. Als er zurückkehrte, tobten die Windriesen schon über einer anderen Stelle des Meeres dahin. Fuchur bemühte sich verzweifelt den Ort wieder zu finden, wo Atréju ins Wasser gefallen sein musste, aber selbst für einen weißen Glücksdrachen ist es ein Ding der Unmöglichkeit, im kochenden Schaum eines aufgewühlten Meeres das winzige Pünktchen eines dahintreibenden Körpers zu entdecken – oder gar einen Ertrunkenen auf dem Grund.

Dennoch wollte Fuchur nicht aufgeben. Er stieg hoch in die Lüfte, um einen besseren Überblick zu haben, dann wieder flog er dicht über den Wogen hin oder er zog Kreise, immer weitere und weitere Kreise. Dabei hörte er nicht auf nach Atréju zu rufen, in der Hoffnung, ihn doch noch irgendwo in der Gischt zu erspähen.

Das Michael-Ende-Lesebuch

Er war ein Glücksdrache und nichts konnte seine Überzeugung erschüttern, dass doch noch alles gut enden werde. Was auch immer geschah, Fuchur würde niemals aufgeben.

»Atréju!«, dröhnte seine mächtige Stimme durch das Tosen der Wellen. »Atréju, wo bist du?«

Atréju wanderte durch die totenstillen Straßen einer verlassenen Stadt. Der Anblick war bedrückend und unheimlich. Kein Gebäude schien es hier zu geben, das nicht schon von seinem Äußeren her einen drohenden und fluchbeladenen Eindruck machte, so als bestünde die ganze Stadt nur aus Geisterschlössern und Spukhäusern. Über den Straßen und Gassen, die ebenso krumm und schief waren wie alles in diesem Land, hingen ungeheure Spinnweben und ein übler Geruch stieg aus Kellerlöchern und leeren Brunnen.

Nachdem Atréju anfangs von Mauerecke zu Mauerecke gehuscht war, um nicht entdeckt zu werden, gab er sich bald keine Mühe mehr sich zu verbergen. Leer lagen die Plätze und Straßen vor ihm und auch in den Gebäuden regte sich nichts. Er ging in einige hinein, doch fand er nur umgeworfene Möbel, zerfetzte Vorhänge, zerbrochenes Geschirr und Glas – alle Zeichen der Verwüstung, aber keine Bewohner. Auf einem Tisch stand noch ein halb aufgegessenes Mahl, einige Teller mit einer schwarzen Suppe darin und ein paar klebrige Brocken, die vielleicht Brot waren. Er aß von beidem. Es schmeckte widerwärtig, aber er hatte großen Hunger. In gewissem Sinne schien es ihm ganz richtig, dass er gerade

Die unendliche Geschichte

hierher geraten war. Das alles passte zu einem, dem keine Hoffnung mehr blieb.

Bastian fühlte sich ganz schwach vor Hunger.

Weiß der Himmel, warum ihm gerade jetzt ganz unpassenderweise der Apfelstrudel von Fräulein Anna einfiel. Es war der beste Apfelstrudel der Welt.

Fräulein Anna kam dreimal die Woche, erledigte Schreibarbeiten für den Vater und brachte den Haushalt in Ordnung. Meistens kochte oder backte sie auch etwas. Der Vater war höflich zu ihr, aber im Übrigen schien er sie kaum wahrzunehmen. Sehr selten brachte sie es fertig, dass über sein bekümmertes Gesicht ein Lächeln huschte. Wenn sie da war, wurde es ein bisschen heller in der Wohnung.

Fräulein Anna hatte eine kleine Tochter, obwohl sie nicht verheiratet war. Das Mädchen hieß Christa, war drei Jahre jünger als Bastian und hatte wunderschöne blonde Haare. Früher hatte Fräulein Anna ihr Töchterchen fast immer mitgebracht. Christa war sehr schüchtern. Wenn Bastian ihr stundenlang seine Geschichten erzählt hatte, hatte sie ganz still dagesessen und ihm mit großen Augen zugehört. Sie bewunderte Bastian und er mochte sie sehr gern.

Aber vor einem Jahr hatte Fräulein Anna ihr Töchterchen in ein Landschulheim gegeben. Und nun sahen sie sich fast nie mehr.

Bastian hatte es Fräulein Anna ziemlich übel genom-

65

Das Michael-Ende-Lesebuch

men und alle ihre Erklärungen, warum es so besser für Christa wäre, hatten ihn nicht überzeugt.

Aber ihrem Apfelstrudel konnte er trotzdem niemals widerstehen.

Er fragte sich sorgenvoll, wie lang ein Mensch es überhaupt aushalten konnte, ohne zu essen. Drei Tage? Zwei? Vielleicht bekam man schon nach vierundzwanzig Stunden Wahnvorstellungen? Bastian rechnete an den Fingern nach, wie lang er nun schon hier war. Es waren schon zehn Stunden oder sogar etwas mehr. Wenn er nur sein Pausenbrot oder wenigstens seinen Apfel noch aufgehoben hätte!

Im flackernden Kerzenlicht sahen die gläsernen Augen des Fuchses, der Eule und des riesigen Steinadlers fast lebendig aus. Ihre Schatten regten sich groß an der Speicherwand.

Die Turmuhr schlug siebenmal.

Atréju ging wieder auf die Straße hinaus und wanderte ziellos in der Stadt umher. Sie schien sehr groß. Er kam durch Viertel, in denen alle Häuser klein und niedrig waren, sodass er im Stehen die Dachtraufe berühren konnte, und durch andere, in denen vielstöckige Paläste standen mit figurengeschmückten Fassaden. Doch alle diese Figuren stellten Totengerippe oder Dämonengestalten dar, die mit fratzenhaften Gesichtern auf den einsamen Wanderer hinunterstarrten.

Und dann blieb er plötzlich wie angewurzelt stehen.

Irgendwo ganz in der Nähe erklang ein raues, heiseres Heu-

Die unendliche Geschichte

len, das so verzweifelt, so trostlos klang, dass es Atréju das Herz zerschnitt. Alle Verlassenheit, alle Verdammnis der Geschöpfe der Finsternis lag in diesem Klagelaut, der nicht enden wollte und von den Wänden immer fernerer Gebäude als Echo zurückgeworfen wurde, bis er schließlich klang wie das Geheul eines weit verstreuten Rudels riesiger Wölfe.

Atréju ging dem Ton nach, der immer leiser und leiser wurde und zuletzt in einem rauen Schluchzen erstarb. Aber er musste einige Zeit suchen. Er ging durch eine Einfahrt, kam in einen engen, lichtlosen Hof, ging durch einen Torbogen und gelangte zuletzt in einen Hinterhof, der feucht und schmutzig war. Und dort lag vor einem Mauerloch angekettet ein riesiger, halb verhungerter Werwolf. Die Rippen unter seinem räudigen Fell waren einzeln zu zählen, die Wirbel seines Rückgrats standen hervor wie die Zähne einer Säge und die Zunge hing ihm lang aus dem halb geöffneten Rachen.

Atréju näherte sich ihm leise. Als der Werwolf ihn bemerkte, hob er mit einem Ruck den mächtigen Kopf. In seinen Augen glomm ein grünes Licht auf.

Eine Weile musterten sich die beiden gegenseitig, ohne ein Wort, ohne einen Laut. Endlich ließ der Werwolf ein leises, überaus gefährliches Grollen hören:

»Geh fort! Lass mich in Ruhe sterben!«

Atréju rührte sich nicht. Ebenso leise antwortete er:

»Ich habe deinen Ruf gehört, darum bin ich gekommen.«

Der Kopf des Werwolfs sank zurück.

»Ich habe niemand gerufen«, knurrte er, »es war meine eigene Totenklage.«

Das Michael-Ende-Lesebuch

»Wer bist du?«, fragte Atréju und trat noch einen Schritt näher.

»Ich bin Gmork, der Werwolf.«

»Warum liegst du hier angekettet?«

»Sie haben mich vergessen, als sie fortgingen.«

»Wer – sie?«

»Die, die mich an diese Kette gelegt haben.«

»Und wo sind sie hingegangen?«

Gmork antwortete nicht. Er sah Atréju aus halb geschlossenen Augen lauernd an. Nach einer längeren Stille fragte er:

»Du gehörst nicht hierher, kleiner Fremdling, nicht in diese Stadt, nicht in dieses Land. Was suchst du hier?«

Atréju senkte den Kopf.

»Ich weiß nicht, wie ich hergekommen bin. Wie heißt diese Stadt?«

»Es ist die Hauptstadt des berühmtesten Landes in ganz Phantásien«, sagte Gmork. »Von keinem anderen Land und keiner anderen Stadt gibt es so viele Geschichten. Auch du hast gewiss schon von Spukstadt im Gelichterland gehört, nicht wahr?«

Atréju nickte langsam. Gmork hatte den Jungen nicht aus dem Auge gelassen. Es wunderte ihn, dass dieser grünhäutige Knabe ihn so ruhig aus seinen großen schwarzen Augen ansah und keinerlei Furcht zeigte.

»Und du – wer bist du?«, fragte er.

Atréju überlegte eine Weile, ehe er antwortete:

»Ich bin niemand.«

»Was soll das heißen?«

Die unendliche Geschichte

»Es soll heißen, dass ich einmal einen Namen hatte. Er soll nicht mehr genannt werden. Darum bin ich niemand.«

Der Werwolf zog ein wenig die Lefzen hoch und ließ sein schauerliches Gebiss sehen, was wohl ein Lächeln andeuten sollte. Er verstand sich auf Seelenfinsternisse aller Art und fühlte, dass er hier auf irgendeine Weise einen ebenbürtigen Partner vor sich hatte.

»Wenn das so ist«, sagte er mit heiserer Stimme, »dann hat Niemand mich gehört und Niemand ist zu mir gekommen und Niemand redet mit mir in meiner letzten Stunde.«

Wieder nickte Atréju. Dann fragte er:

»Kann Niemand dich von der Kette losmachen?«

Das grüne Licht in den Augen des Werwolfs flackerte. Er begann zu hecheln und sich die Lefzen zu lecken.

»Du würdest das wirklich tun?«, stieß er hervor. »Du würdest einen hungrigen Werwolf freilassen? Weißt du nicht, was das heißt? Niemand wäre vor mir sicher!«

»Ja«, sagte Atréju, »und ich bin Niemand. Warum sollte ich mich vor dir fürchten?«

Er wollte sich Gmork nähern, doch der ließ abermals jenes tiefe, schreckliche Grollen hören. Der Junge wich zurück.

»*Willst* du nicht, dass ich dich befreie?«, fragte er.

Der Werwolf schien auf einmal sehr müde.

»Das kannst du nicht. Aber wenn du in meine Reichweite kommst, muss ich dich in Stücke reißen, Söhnchen. Das würde mein Ende nur ein wenig hinausschieben, um ein oder zwei Stunden. Also bleib mir vom Leib und lass mich in Ruhe krepieren.«

69

Das Michael-Ende-Lesebuch

Atréju überlegte.

»Vielleicht«, meinte er schließlich, »finde ich etwas zu fressen für dich. Ich könnte suchen gehen in der Stadt.«

Gmork schlug langsam wieder die Augen auf und sah den Jungen an. Das grüne Feuer in seinem Blick war erloschen.

»Geh zur Hölle, du kleiner Narr! Willst du mich am Leben halten, bis das Nichts hier ist?«

»Ich dachte«, stammelte Atréju, »wenn ich dir Futter gebracht hätte und du satt wärst, dann könnte ich mich dir vielleicht nähern, um dir die Kette abzunehmen ...«

Gmork knirschte mit den Zähnen.

»Wenn es eine gewöhnliche Kette wäre, die mich hier festhält, glaubst du, ich hätte sie nicht schon längst selbst zerbissen?«

Wie zum Beweis schnappte er nach der Kette und sein fürchterliches Gebiss schlug krachend zusammen. Er zerrte an ihr, dann ließ er sie los.

»Es ist eine magische Kette. Nur die gleiche Person kann sie lösen, die sie mir angelegt hat. Aber die kehrt nie mehr zurück.«

»Und wer hat sie dir angelegt?«

Gmork begann zu winseln wie ein geprügelter Hund. Erst nach einer Weile hatte er sich so weit beruhigt, dass er antworten konnte.

»Gaya war's, die Finstere Fürstin.«

»Und wo ist sie hingegangen?«

»Sie hat sich ins Nichts gestürzt – wie alle anderen hier.«

Atréju dachte an die wahnsinnigen Tänzer, die er draußen vor der Stadt im Nebel beobachtet hatte.

70

Die unendliche Geschichte

»Warum?«, murmelte er. »Warum sind sie nicht geflohen?«

»Sie hatten keine Hoffnung mehr. Das macht euereins schwach. Das Nichts zieht euch mächtig an und keines von euch wird ihm mehr lang widerstehen.«

Während er das sagte, ließ Gmork ein tiefes, böses Lachen hören.

»Und du?«, fragte Atréju weiter. »Du redest, als gehörtest du nicht zu uns.«

Gmork sah ihn wieder mit diesem lauernden Blick an. »Ich gehöre nicht zu euch.«

»Woher kommst du dann?«

»Weißt du denn nicht, was ein Werwolf ist?«

Atréju schüttelte stumm den Kopf.

»Du kennst nur Phantásien«, sagte Gmork. »Es gibt noch andere Welten. Zum Beispiel die der Menschenkinder. Aber es gibt Wesen, die haben keine eigene Welt. Dafür können sie in vielen Welten ein- und ausgehen. Zu denen gehöre ich. In der Menschenwelt erscheine ich als Mensch, aber ich bin keiner. Und in Phantásien nehme ich phantásische Gestalt an – aber ich bin keiner von euch.«

Atréju hockte sich langsam auf den Boden nieder und schaute den sterbenden Werwolf mit großen, dunklen Augen an.

»Du warst in der Welt der Menschenkinder?«

»Ich bin oft hin und her gegangen zwischen ihrer Welt und der euren.«

»Gmork«, stammelte Atréju und er konnte nicht verhin-

71

Das Michael-Ende-Lesebuch

dern, dass seine Lippen zitterten, »kannst du mir den Weg in die Welt der Menschenkinder verraten?«

In Gmorks Augen blitzte ein grünes Fünkchen auf. Es war, als ob er innerlich lachte.

»Für dich und deinesgleichen ist der Weg hinüber sehr einfach. Die Sache hat nur einen Haken für eurereins: Ihr könnt nie wieder zurück. Ihr müsst für immer dort bleiben. Willst du das?«

»Was muss ich tun?«, fragte Atréju entschlossen.

»Das, was alle anderen hier schon vor dir getan haben, Söhnchen. Du musst nur in das Nichts springen. Aber das hat keine Eile, denn du wirst es früher oder später sowieso tun, wenn die letzten Teile Phantásiens verschwinden.«

Atréju stand auf.

Gmork bemerkte, dass der Junge am ganzen Leib zitterte. Da er den wahren Grund dafür nicht kannte, sagte er beschwichtigend: »Du musst keine Angst haben, es tut nicht weh.«

»Ich habe keine Angst«, antwortete Atréju. »Ich hätte nie gedacht, dass ich gerade hier und durch dich alle Hoffnung wiederbekommen würde.«

Gmorks Augen glühten wie zwei schmale grüne Monde.

»Zur Hoffnung hast du keinen Anlass, Söhnchen – was auch immer du vorhaben magst. Wenn du in der Menschenwelt erscheinst, dann bist du nicht mehr, was du hier bist. Das ist gerade das Geheimnis, das niemand in Phantásien wissen kann.«

Atréju stand da mit hängenden Armen.

Die unendliche Geschichte

»Was bin ich dort?«, fragte er. »Sag mir das Geheimnis!«

Gmork schwieg lange und regte sich nicht. Atréju fürchtete schon, keine Antwort mehr zu bekommen, doch schließlich hob ein schwerer Atemzug die Brust des Werwolfs und er begann mit heiserer Stimme zu reden:

»Wofür hältst du mich, Söhnchen? Für deinen Freund? Sieh dich vor! Ich vertreibe mir nur die Zeit mit dir. Und du kannst jetzt noch nicht einmal weggehen. Ich halte dich mit deiner Hoffnung fest. Aber während ich rede, schließt sich das Nichts von allen Seiten um die Spukstadt und bald wird es keinen Ausgang mehr geben. Dann bist du verloren. Wenn du mir zuhörst, hast du dich schon entschieden. Aber noch kannst du fliehen.«

Der grausame Zug um Gmorks Maul verstärkte sich. Atréju zögerte einen winzigen Augenblick, dann flüsterte er:

»Sag mir das Geheimnis! Was bin ich dort?«

Wieder antwortete Gmork lange nicht. Sein Atem ging jetzt röchelnd und stoßweise. Doch ganz plötzlich richtete er sich auf, sodass er nun auf seine Vorderpranken gestützt dasaß und Atréju zu ihm aufblicken musste. Jetzt erst sah man seine ganze gewaltige Größe und Schrecklichkeit. Als er nun weitersprach, klang seine Stimme rasselnd.

»Hast du das Nichts gesehen, Söhnchen?«

»Ja, viele Male.«

»Wie sieht es aus?«

»Als ob man blind ist.«

»Nun gut – und wenn ihr da hineingeraten seid, dann haftet es euch an, das Nichts. Ihr seid wie eine ansteckende

Krankheit, durch die die Menschen blind werden, sodass sie Schein und Wirklichkeit nicht mehr unterscheiden können. Weißt du, wie man euch dort nennt?«

»Nein«, flüsterte Atréju.

»Lügen!«, bellte Gmork.

Atréju schüttelte den Kopf. Alles Blut war aus seinen Lippen gewichen.

»Wie kann das sein?«

Gmork weidete sich an Atréjus Schrecken. Die Unterhaltung belebte ihn sichtlich. Nach einer kleinen Weile fuhr er fort:

»Was du dort bist, fragst du mich? Aber was bist du denn hier? Was seid ihr denn, ihr Wesen Phantásiens? Traumbilder seid ihr, Erfindungen im Reich der Poesie, Figuren in einer unendlichen Geschichte! Hältst du dich selbst für Wirklichkeit, Söhnchen? Nun gut, hier in deiner Welt bist du's. Aber wenn du durch das Nichts gehst, dann bist du's nicht mehr. Dann bist du unkenntlich geworden. Dann bist du in einer anderen Welt. Dort habt ihr keine Ähnlichkeit mehr mit euch selbst. Illusion und Verblendung tragt ihr in die Menschenwelt. Rate mal, Söhnchen, was aus all den Bewohnern von Spukstadt wird, die ins Nichts gesprungen sind?«

»Ich weiß es nicht«, stammelte Atréju.

»Sie werden zu Wahnideen in den Köpfen der Menschen, zu Vorstellungen der Angst, wo es in Wahrheit nichts zu fürchten gibt, zu Begierden nach Dingen, die sie krank machen, zu Vorstellungen der Verzweiflung, wo kein Grund zum Verzweifeln da ist.«

Die unendliche Geschichte

»Werden wir alle so?«, fragte Atréju entsetzt.

»Nein«, versetzte Gmork, »es gibt viele Arten von Wahn und Verblendung, je nachdem, was ihr hier seid, schön oder hässlich, dumm oder klug, werdet ihr dort zu schönen oder hässlichen, dummen oder klugen Lügen.«

»Und ich«, wollte Atréju wissen, »was werde ich sein?«

Gmork grinste.

»Das sag ich dir nicht, Söhnchen. Du wirst es sehen. Oder vielmehr, du wirst es nicht sehen, weil du nicht mehr du sein wirst.«

Atréju schwieg und sah den Werwolf mit aufgerissenen Augen an.

Gmork fuhr fort:

»Deshalb hassen und fürchten die Menschen Phantásien und alles, was von hier kommt. Sie wollen es vernichten. Und sie wissen nicht, dass sie gerade damit die Flut von Lügen vermehren, die sich ununterbrochen in die Menschenwelt ergießt – diesen Strom aus unkenntlich gewordenen Wesen Phantásiens, die dort das Scheindasein lebender Leichname führen müssen und die Seelen der Menschen mit ihrem Modergeruch vergiften. Sie wissen es nicht. Ist das nicht lustig?«

»Und gibt es keinen mehr«, fragte Atréju leise, »der uns nicht hasst und fürchtet?«

»Ich kenne jedenfalls keinen«, sagte Gmork, »und das ist auch nicht weiter verwunderlich, denn ihr selbst müsst dort dazu herhalten, die Menschen glauben zu machen, dass es Phantásien nicht gibt.«

Das Michael-Ende-Lesebuch

»Dass es Phantásien nicht gibt?«, wiederholte Atréju fassungslos.

»Sicher, Söhnchen«, antwortete Gmork, »das ist sogar das Wichtigste. Kannst du dir das nicht denken? Nur wenn sie glauben, dass es Phantásien nicht gibt, kommen sie nicht auf die Idee, euch zu besuchen. Und davon hängt alles ab, denn nur wenn sie euch in eurer wahren Gestalt nicht kennen, kann man alles mit ihnen machen.«

»Was – mit ihnen machen?«

»Alles, was man will. Man hat Macht über sie. Und nichts gibt größere Macht über die Menschen als die Lüge. Denn die Menschen leben von Vorstellungen. Und die kann man lenken. Diese Macht ist das Einzige, was zählt. Darum stand auch ich auf Seiten der Macht und habe ihr gedient, um an ihr teilzuhaben – wenn auch auf andere Art als du und deinesgleichen.«

»Ich will nicht daran teilhaben!«, stieß Atréju hervor.

»Nur ruhig, kleiner Narr«, knurrte der Werwolf, »sobald die Reihe an dich kommt, ins Nichts zu springen, wirst auch du ein willenloser und unkenntlicher Diener der Macht. Wer weiß, wozu du ihr nützen wirst. Vielleicht wird man mit deiner Hilfe Menschen dazu bringen, zu kaufen, was sie nicht brauchen, oder zu hassen, was sie nicht kennen, zu glauben, was sie gefügig macht, oder zu bezweifeln, was sie erretten könnte. Mit euch, kleiner Phantásier, werden in der Menschenwelt große Geschäfte gemacht, werden Kriege entfesselt, werden Weltreiche begründet ...«

Gmork betrachtete den Jungen eine Weile aus halb geschlossenen Augen, dann fügte er hinzu:

Die unendliche Geschichte

»Es gibt da auch eine Menge arme Schwachköpfe – die sich natürlich selbst für sehr gescheit halten und der Wahrheit zu dienen glauben – die nichts eifriger tun, als sogar den Kindern Phantásien auszureden. Vielleicht wirst gerade du ihnen von Nutzen sein.«

Atréju stand mit gesenktem Kopf da.

Er wusste nun, warum keine Menschen mehr nach Phantásien kamen und warum nie wieder welche kommen würden, um der Kindlichen Kaiserin neue Namen zu geben. Je mehr in Phantásien der Vernichtung anheim fiel, desto größer wurde die Flut der Lügen in der Menschenwelt und eben dadurch schwand die Möglichkeit, dass doch noch ein Menschenkind kam, mit jedem Augenblick mehr. Es war ein Teufelskreis, aus dem es kein Entrinnen gab. Atréju wusste es nun.

Und noch einer wusste es jetzt: Bastian Balthasar Bux.

Er verstand nun, dass nicht nur Phantásien krank war, sondern auch die Menschenwelt. Das eine hing mit dem anderen zusammen. Eigentlich hatte er es schon immer gefühlt, ohne sich erklären zu können, warum es so war. Er hatte sich nie damit zufrieden geben wollen, dass das Leben so grau und gleichgültig sein sollte, so ohne Geheimnisse und Wunder, wie all die Leute behaupteten, die immer sagten: So ist das Leben!

Aber nun wusste er auch, dass man nach Phantásien gehen musste, um beide Welten wieder gesund zu machen.

Und dass kein Mensch mehr den Weg dorthin kannte,

Das Michael-Ende-Lesebuch

das lag eben gerade an den Lügen und falschen Vorstellungen, die durch die Zerstörung Phantásiens in die Welt kamen und einen blind machten.

Mit Schrecken und Scham dachte Bastian an seine eigenen Lügen. Die erfundenen Geschichten, die er erzählt hatte, rechnete er nicht dazu. Das war etwas anderes. Aber einige Male hatte er ganz bewusst und absichtlich gelogen – manchmal aus Angst, manchmal, um etwas zu bekommen, das er unbedingt haben wollte, manchmal auch nur, um sich aufzuspielen. Welche Geschöpfe Phantásiens hatte er wohl damit vernichtet, unkenntlich gemacht und missbraucht? Er versuchte sich vorzustellen, was sie vorher in ihrer wahren Gestalt gewesen sein mochten – aber er konnte es nicht. Vielleicht gerade deshalb, weil er gelogen hatte.

Eines stand jedenfalls fest: Auch er hatte dazu beigetragen, dass es so schlimm um Phantásien stand. Und er wollte etwas tun, um es wieder gutzumachen. Das war er Atréju schuldig, der zu allem bereit war, nur um ihn zu holen. Er konnte und wollte Atréju nicht enttäuschen. Er musste den Weg finden!

Die Turmuhr schlug acht.

Der Werwolf hatte Atréju genau beobachtet.

»Nun weißt du also, wie du in die Menschenwelt kommen kannst«, sagte er. »Willst du es immer noch, Söhnchen?«

Atréju schüttelte den Kopf.

»Ich will nicht zu einer Lüge werden«, murmelte er.

Die unendliche Geschichte

»Das wirst du aber, ob du's willst oder nicht«, antwortete Gmork fast heiter.

»Und du?«, fragte Atréju. »Warum bist du hier?«

»Ich hatte einen Auftrag«, sagte Gmork widerwillig.

»Du auch?«

Atréju sah den Werwolf aufmerksam und beinahe teilnahmsvoll an.

»Und hast du ihn erfüllt?«

»Nein«, knurrte Gmork, »sonst länge ich gewiss nicht an dieser Kette. Dabei gingen die Dinge gar nicht schlecht am Anfang, bis ich in diese Stadt kam. Die Finstere Fürstin, die hier regierte, ließ mich mit allen Ehren empfangen. Sie lud mich in ihren Palast ein und bewirtete mich überreichlich und redete mit mir und tat in allem so, als ob sie mit von meiner Partie wäre. Nun, die Wesen in Gelichterland waren mir natürlich ziemlich sympathisch und ich fühlte mich sozusagen zu Hause. Und die Finstere Fürstin war auf ihre Art eine sehr schöne Frau – jedenfalls für meinen Geschmack. Sie streichelte mich und kraulte mich und ich ließ es mir gefallen, denn es war überaus angenehm. Niemand hat mich je so gestreichelt und gekrault. Kurzum, ich verlor den Kopf und geriet ins Schwätzen und sie tat so, als ob sie mich wer weiß wie bewunderte, und da erzählte ich ihr schließlich meinen Auftrag. Sie muss mich eingeschläfert haben, denn gewöhnlich hatte ich einen leichten Schlaf. Und als ich aufwachte, lag ich an dieser Kette. Und die Finstere Fürstin stand vor mir und sagte: ›Du hast vergessen, Gmork, dass auch ich zu den Geschöpfen Phantásiens gehöre. Und wenn du gegen Phantásien kämpfst, so kämpfst du auch gegen mich. Du bist also mein Feind und ich habe dich überlistet. Diese Kette ist nur durch mich wieder zu lösen. Aber ich gehe nun mit meinen Dienern und Dienerinnen ins Nichts und werde nie mehr wiederkommen.‹ Und sie drehte sich um und ging fort. Aber nicht alle folgten ihrem Beispiel. Erst als das Nichts immer näher kam, wurden mehr und mehr Bewohner der Stadt so mächtig angezogen, dass sie nicht mehr widerstehen konnten. Und gerade heute, wenn ich nicht irre, haben auch die Letzten nachgegeben. Ja, ich bin in die Falle gegangen, ich habe dieser Frau zu lange zugehört. Aber du, Söhnchen, bist nun in die gleiche Falle gegangen, du hast mir zu lange zugehört. In diesem Augenblick nämlich hat sich das Nichts wie ein Ring um die Stadt gelegt, du kannst nicht mehr entwischen.«

»So werden wir zusammen umkommen«, sagte Atréju.

»Das wohl«, antwortete Gmork, »aber auf sehr verschiedene Weise, mein kleiner Narr. Denn ich werde sterben, ehe das Nichts hier ist, aber du wirst von ihm verschlungen werden. Das ist ein großer Unterschied. Denn wer vorher stirbt, dessen Geschichte ist zu Ende, aber die deine geht weiter ohne Ende, als Lüge.«

»Warum bist du so böse?«, fragte Atréju.

»Ihr hattet eine Welt«, antwortete Gmork dunkel, »und ich nicht.«

»Was war dein Auftrag?«

Gmork, der bisher noch immer aufrecht gesessen hatte, glitt zu Boden. Seine Kräfte gingen sichtlich zu Ende. Seine raue Stimme klang nur noch wie ein Keuchen.

Die unendliche Geschichte

»Diejenigen, denen ich diene und die die Vernichtung Phantásiens beschlossen haben, sahen Gefahr für ihren Plan. – Sie hatten erfahren, dass die Kindliche Kaiserin einen Boten ausgesandt hatte, einen großen Helden –, und es sah so aus, als ob er es doch noch schaffen würde, ein Menschenkind nach Phantásien zu rufen. – Es war unbedingt nötig, ihn rechtzeitig umzubringen. – Dazu schickten sie mich aus, da ich viel in Phantásien herumgekommen war. – Ich fand auch gleich seine Spur – folgte ihm Tag und Nacht – holte ihn langsam ein – durch das Land der Sassafranier – den Urwaldtempel von Muamat – den Haulewald – die Sümpfe der Traurigkeit – die Toten Berge – aber dann, am Tiefen Abgrund bei Ygramuls Netz – habe ich seine Spur verloren – als hätte er sich in Luft aufgelöst. – Also suchte ich weiter, irgendwo musste er ja sein – hab aber seine Spur nicht mehr gefunden. – So bin ich zuletzt hierher geraten. – Ich hab's nicht geschafft. – Aber er auch nicht, denn Phantásien geht unter! Sein Name war übrigens Atréju.«

Gmork hob den Kopf. Der Junge war einen Schritt zurückgetreten und hatte sich hoch aufgerichtet.

»Ich bin es«, sagte er, »ich bin Atréju.«

Ein Zucken lief durch den abgemagerten Leib des Werwolfs. Es wiederholte sich und wurde stärker und stärker. Dann kam ein Geräusch aus seiner Kehle, das wie keuchendes Husten klang, es wurde immer lauter und rasselnder und steigerte sich zu einem Brüllen, das von allen Hauswänden zurückschallte. Der Werwolf lachte!

Es war das entsetzlichste Geräusch, das Atréju jemals gehört hatte, und nie wieder hörte er etwas Ähnliches.

Das Michael-Ende-Lesebuch

Dann war es plötzlich zu Ende.

Gmork war tot.

Atréju stand lange reglos. Schließlich näherte er sich dem toten Werwolf – er wusste selbst nicht, warum – beugte sich über dessen Kopf und berührte mit der Hand das struppige, schwarze Fell. Und im gleichen Augenblick, schneller als jeder Gedanke, hatten Gmorks Zähne zugeschnappt und sich in Atréjus Bein festgebissen. Noch über den Tod hinaus war das Böse in ihm mächtig.

Verzweifelt versuchte Atréju das Gebiss aufzubrechen. Es war vergebens. Wie mit stählernen Schrauben festgehalten, saßen die riesigen Zähne in seinem Fleisch. Atréju sank neben dem Leichnam des Werwolfs auf den schmutzigen Boden nieder.

Und Schritt für Schritt, unaufhaltsam und lautlos, drang das Nichts von allen Seiten durch die schwarze hohe Mauer, die die Stadt umgab.

Jim Knopf und die Wilde 13

DREIZEHNTES KAPITEL,
*in dem die Freunde für eine Fata Morgana
gehalten werden*

Am nächsten Morgen standen Jim und Lukas in aller Frühe auf. Sie wollten noch vor Sonnenaufgang die Oase von Herrn Tur Tur, dem Scheinriesen, erreichen. Denn sobald es wärmer wurde, stand zu befürchten, dass die verwirrenden Spiegelbilder der Fata Morgana wieder ihr tolles Spiel trieben. Mit ziemlichem Unbehagen erinnerte sich Jim daran, wie diese Naturerscheinung sie bei ihrer ersten Fahrt durch die Wüste in die Irre geführt hatte, bis sie schließlich nach stundenlanger Fahrt zu ihrer eigenen Spur zurückgekehrt waren. Nein, da war es schon besser, noch vor Beginn der großen Hitze das sichere kleine Haus des Scheinriesen zu erreichen.

Außerdem knurrten den beiden Freunden ihre Mägen

Das Michael-Ende-Lesebuch

ziemlich vernehmlich. Am gestrigen Abend waren sie ja auch schon ohne Essen schlafen gegangen.

»Höchste Zeit«, sagte Lukas, während sie beide auf dem Dach der Lokomotive Platz nahmen und er die Zügel der Magnetanlage ergriff, »höchste Zeit, dass wir was zu essen bekommen. Ich hab schon einen Appetit, dass ich den Schirm von meiner Mütze aufessen könnte.« Jim nickte verschlafen.

»Ein Butterbrot wär mir aber lieber«, murmelte er.

»Mir auch«, antwortete Lukas fröhlich, »und ich möchte wetten, in einer halben Stunde steht ein ganzer Stapel davon vor uns auf dem Tisch von Herrn Tur Tur.«

Damit zog er an der rechten Leine, das »Perpetumobil« erhob sich sanft in die Luft und schwebte in geringer Höhe, aber mit zunehmender Geschwindigkeit in die Wüste hinein.

Das Land lag kahl und gleichförmig vor den Augen der Reisenden, aber am Himmel spielte die Morgendämmerung in den wundervollsten Farben, die von Minute zu Minute mannigfaltiger und prächtiger wurden. Doch die beiden Freunde hatten diesmal kein sehr großes Interesse für die Schönheiten des Wüstenhimmels, sondern spähten mit aller Aufmerksamkeit nach der Oase und dem Häuschen von Herrn Tur Tur aus. Sie mussten es unbedingt finden, ehe die Sonne zu steigen begann und die Hitze die Luft zum Flimmern und Spiegeln brachte.

Da Lukas nicht genau wusste, wo die Oase in der Wüste lag (das letzte Mal hatte ihnen ja der Scheinriese selbst den Weg gewiesen), ließ er das »Perpetumobil« in einer weiten Zickzacklinie über der Wüste kreuzen. Aber offenbar hatte er sich die Sache einfacher vorgestellt, als sie wirklich war, denn nicht einmal das oberste Blatt einer Palme tauchte am Horizont auf, geschweige denn ein Hausdach oder gar ein Teich mit Springbrunnen.

»Wenn Herr Tur Tur irgendwo herumwandert«, meinte Lukas nach einer Weile beruhigend zu Jim, »dann werden wir ihn ganz bestimmt sehen. Schließlich ist er ja ein Scheinriese.«

In diesem Augenblick hob sich die Sonne über den Horizont und überflutete die Wüste mit ihren sengenden, gleißenden Strahlen. Die beiden Freunde mussten ihre Augen mit den Händen beschatten, so geblendet waren sie von diesem flammenden Licht.

»Jetzt haben wir nicht mehr viel Zeit«, sagte Lukas, »bald wird die Fata Morgana anfangen und dann hat es keinen Zweck mehr weiterzusuchen. Aber solange die Aussicht noch frei ist, werde ich unser ›Perpetumobil‹ so hoch steigen lassen wie möglich. Von oben haben wir einen besseren Überblick.« Er richtete den Mast wieder senkrecht in die Höhe, die fliegende Lokomotive hörte auf zu kreuzen und stieg. Angestrengt suchten die beiden Freunde den Horizont ab.

»Da!«, schrie Jim plötzlich. »Ich hab ihn! Das is Herr Tur Tur!«

Ganz unvorstellbar riesenhaft, wenn auch undeutlich und verschwommen, war in der Ferne eine menschliche Gestalt zu erkennen. Sie schien auf dem Boden zu hocken, und zwar so, dass sie den Freunden den Rücken zuwendete. Sofort warf Lukas den Magnetmast wieder nach vorne, und das »Perpe-

Das Michael-Ende-Lesebuch

tumobil« schoss mit wachsender Geschwindigkeit auf sein Ziel zu. Beim Näherkommen wurde die gigantische Gestalt nach und nach etwas kleiner, aber auch deutlicher. Jetzt war zu sehen, dass Herr Tur Tur die Arme auf seine Knie gelegt hatte und das Gesicht darin verbarg, wie jemand, der sehr traurig ist.

»Glaubst du, er weint?«, fragte Jim erschrocken.

»Hm«, brummte Lukas, »ich weiß auch nicht recht.«

Mit ungeheurer Schnelligkeit bewegte sich die fliegende Emma auf den am Boden kauernden Scheinriesen zu und je näher sie kam, desto kleiner erschien seine Gestalt. Schließlich hatte er nur noch die Größe eines Kirchturms, dann eines Hauses, eines Baumes und zuletzt sah er aus wie ein gewöhnlicher Mensch.

Lukas ließ Emma sanft hinter dem Scheinriesen auf den Sand aufsetzen. Es knirschte ein wenig, als ihre Räder sich in den Sand gruben.

In diesem Augenblick fuhr Herr Tur Tur in die Höhe, als sei er von einer Biene gestochen worden. Sein Gesicht war totenbleich und verstört, und ohne überhaupt recht hinzusehen, wer oder was da vor ihm stand, fiel er in die Knie und rief mit zitternder dünner Stimme:

»Oh, warum verfolgst du mich? Was habe ich dir getan, dass du mir nicht nur mein Haus und meine Wasserquelle wegnimmst, du grausames Ungeheuer, sondern mich auch noch bis hierher verfolgst?«

Dabei schlug er die Hände vor sein Gesicht und zitterte am ganzen Leib vor Angst und Schrecken.

Jim Knopf und die Wilde 13

Lukas und Jim wechselten einen betroffenen Blick.

»Hallo!«, rief Lukas dann und kletterte vom Dach der Lokomotive herunter. »Was ist denn mit Ihnen los, Herr Tur Tur? Wir sind doch wahrhaftig kein Ungeheuer und fressen wollen wir Sie auch nicht.« Und lachend fügte er hinzu: »Vorausgesetzt, dass wir bei Ihnen ein prächtiges Frühstück bekommen können.«

»Herr Tur Tur«, ließ sich nun auch Jim vernehmen, »erkennen Sie uns denn nicht? Wir sind's doch, Lukas und Jim Knopf!«

Der Scheinriese ließ langsam die Hände sinken und starrte die beiden Freunde entgeistert an.

Nach einer Weile schüttelte er den Kopf und murmelte: »Nein, nein, es ist nicht möglich. Ihr beide seid nur eine Fata Morgana! Ich lasse mich nicht täuschen.«

Lukas streckte ihm seine schwarze Pranke hin und sagte:

»Geben Sie mir die Hand, Herr Tur Tur, dann werden Sie schon sehen, ob wir's wirklich sind. Einer Fata Morgana kann niemand die Hand schütteln.«

»Unmöglich«, rief der Scheinriese, »die einzigen wahren Freunde, die ich auf der Welt habe, Jim Knopf und Lukas der Lokomotivführer, sind weit, weit fort von hier. Und sie können nie wieder zu mir zurückkehren, denn das ›Tal der Dämmerung‹ ist eingestürzt und einen anderen Weg gibt es nicht in diese Wüste.«

»Für uns schon«, rief jetzt Jim, »nämlich durch die Luft.«

»Freilich«, nickte der Scheinriese bekümmert, »durch die Luft, weil ihr eben nur eine Fata Morgana seid.«

Das Michael-Ende-Lesebuch

»Zum Donnerwetter«, polterte Lukas lachend, »wenn Sie mir nicht die Hand drücken wollen, um zu sehen, dass wir es selbst sind, dann muss ich es Ihnen anders beweisen. Entschuldigen Sie, Herr Tur Tur!«

Damit packte er den Scheinriesen, hob ihn hoch und stellte ihn vorsichtig auf seine beiden dünnen Beine.

»So«, sagte er dann, »glauben Sie uns jetzt?«

Der Scheinriese fand eine ganze Weile keine Worte, dann begann sich sein bekümmertes Gesicht plötzlich aufzuhellen.

»Wirklich«, flüsterte er, »ihr seid es wirklich!«

Und dann fiel er Lukas und Jim um den Hals.

»Jetzt bin ich gerettet«, wiederholte er immer wieder, »jetzt bin ich gerettet.«

»Wissen Sie was«, schlug Lukas endlich vor, »jetzt fahren wir erst einmal zu Ihrem Haus, Herr Tur Tur, und frühstücken. Wir beide haben nämlich einen richtigen Lokomotivführerhunger, wenn Sie verstehen, was das heißt.«

Das Gesicht des Scheinriesen wurde sofort wieder traurig.

Er seufzte tief. »Wie gerne würde ich euch in mein kleines Haus an der Oase führen, meine beiden Freunde. Und wie gerne wollte ich euch das leckerste Frühstück bereiten, das ihr je gegessen habt. Aber es ist unmöglich.«

»Gibt es denn das Haus nicht mehr?«, erkundigte sich Jim betroffen.

»Doch«, versicherte Herr Tur Tur, »soweit ich es aus der Ferne beurteilen konnte, ist das Haus noch unversehrt. In seine Nähe habe ich mich freilich seit einigen Tagen nicht mehr gewagt. Nur einmal des Nachts, um meine Wasserfla-

88

sche zu füllen, denn sonst hätte ich verdursten müssen. Aber um diese Zeit schlief er.«

»Wer?«, fragte Jim verwundert.

»Der Unhold, der mein Haus besetzt hält und vor dem ich in die Wüste geflohen bin.«

»Was für ein Unhold?«, rief Lukas.

»Es ist ein gräuliches Ungetüm mit einem riesigen Maul, entsetzlich anzusehen, und mit einem langen Schwanz. Und es lässt Rauch und Feuer aus seinem Mund sprühen und vollführt einen furchtbaren Lärm mit grässlicher Stimme.«

Jim und Lukas wechselten einen erstaunten Blick.

»Kein Zweifel«, meinte Lukas, »es handelt sich um einen Drachen.«

»Ich glaub auch«, nickte Jim.

»Es ist wohl möglich«, fuhr der Scheinriese fort, »dass man derartige Ungeheuer als Drachen bezeichnet. Ihr werdet das gewiss besser wissen, denn ihr habt ja inzwischen mit diesen Wesen zu tun gehabt, nicht wahr?«

»Und ob«, sagte Lukas. »Wir haben mit diesen Biestern Erfahrung. Kommen Sie, lieber Herr Tur Tur, wir fahren jetzt sofort zu Ihrer Oase und sehen uns den Besucher einmal genauer an.«

»Nie im Leben!«, rief der Scheinriese erschrocken. »Niemals werde ich ich mich in die Nähe dieses gefährlichsten aller Ungetüme begeben!«

Es dauerte eine ganze Weile, bis die beiden Freunde den Scheinriesen davon überzeugt hatten, dass sie ohne seine ortskundige Führung die Oase und das Häuschen nicht finden wür-

Das Michael-Ende-Lesebuch

den, vor allem auch deswegen, weil die Fata Morgana inzwischen schon ein wenig begonnen hatte. Es war zwar noch nicht sehr schlimm, nur ein Kamel, das auf Schlittschuhen über den Wüstensand dahinglitt und in der Ferne zwei Fabrikschornsteine, die vorläufig etwas unschlüssig hin und her gingen, als ob sie auf irgendein Teil warteten, das ihre Erscheinung vervollständigen sollte. – Aber das Treiben der sonderbaren Spiegelbilder in der Luft würde bald stärker und stärker werden und dann war nicht mehr daran zu denken, sich zurechtzufinden.

Schließlich überwand Herr Tur Tur seine Furcht, nachdem die beiden Freunde ihm fest versprochen hatten, ihn zu beschützen. Sie kletterten alle drei auf das Dach der Emma und fuhren los. Lukas verzichtete vorläufig darauf, die Lokomotive fliegen zu lassen, um den Scheinriesen nicht noch mehr zu ängstigen. Er lenkte sie durch die Magnetanlage so, dass sie ordentlich wie jede gewöhnliche Lokomotive auf ihren Rädern dahinrollte. Herr Tur Tur war viel zu aufgeregt, um zu bemerken, dass es diesmal eine ganz andere Kraft war als Dampf und Feuer, wodurch Emma sich vorwärts bewegte.

VIERZEHNTES KAPITEL,
in dem Jim und Lukas zwei Freunde
vor zwei Ungeheuern retten

Als schließlich die Oase mit ihrem Palmenwäldchen und dem kleinen weißen Haus in der Ferne auftauchte, hielt Lukas das »Perpetumobil« an und fragte:

Jim Knopf und die Wilde 13

»Gibt es in Ihrem Haus Sachen, die aus Eisen sind, Herr Tur Tur?« Der Scheinriese überlegte.

»Ja«, antwortete er, »ein paar Sachen sind aus Eisen, obwohl ich mir ja das meiste aus Holz und Steinen selbst gebastelt habe. Aber der Kochtopf zum Beispiel oder das Küchenmesser ...«

»Gut«, unterbrach ihn Lukas, »dann wollen wir vorsichtshalber nicht näher heranfahren, sonst gibt es vielleicht ein rechtes Durcheinander.«

»Wieso?«, erkundigte sich der Scheinriese.

»Das erklären wir Ihnen später«, meinte Lukas. »Sie bleiben jetzt am besten hier bei Emma. Jim und ich gehen zu Fuß zum Haus und kundschaften die Lage aus.«

»Oh!«, rief der Scheinriese erschrocken. »Ich soll ganz allein hier bleiben? Und wenn nun das Ungeheuer kommt? Ihr habt doch versprochen mich zu beschützen.«

»Sie können sich ja im Kohlentender verstecken«, schlug Lukas freundlich vor.

Also kroch der Scheinriese in Emmas Tender und machte sich so klein wie möglich. Die beiden Freunde gingen auf das weiße Häuschen mit den grünen Fensterläden zu, das einladend und – wie es schien – friedlich im Schatten der Palmen und Obstbäume dalag. Zunächst schlichen sie an eines der Fenster heran und spähten vorsichtig hinein. Nichts war zu sehen, was einem Drachen oder Ungeheuer auch nur im Entferntesten ähnelte. Auf Zehenspitzen gingen sie um das Haus herum und lugten durch das andere Fenster in die kleine Küche. Auch hier war nichts Verdächtiges zu entdecken.

91

Das Michael-Ende-Lesebuch

Jedenfalls nicht auf den ersten Blick. Aber als Jim genauer hin-
sah ...

»Lukas«, wisperte er, »was is denn das da?«

»Was?«

»Da unter dem Sofa guckt doch was raus! Ich glaub, es is'
eine Schwanzspitze.«

»Tatsächlich«, raunte Lukas. »Du hast Recht.«

»Was machen wir jetzt?«, fragte Jim leise.

Lukas überlegte. »Wahrscheinlich schläft das Ungetüm.
Wir werden es überrumpeln, ehe es noch recht aufgewacht
ist.«

»In Ordnung«, flüsterte Jim und wünschte im Stillen, das
Ungetüm möge einen möglichst tiefen Schlaf haben und überhaupt erst aufwachen, wenn es an allen Glieder gefesselt
wäre.

Die beiden Freunde schlichen um die Ecke des Hauses bis
zur Tür, die ein wenig offen stand. Schnell und geräuschlos
huschten sie durch das erste Zimmer und traten in die Küche.
Vor ihren Füßen lag die Schwanzspitze, die unter dem Sofa
hervorkam.

»Auf eins, zwei, drei!«, flüsterte Lukas seinem Freund zu.
Beide bückten sich nieder, bereit zuzupacken.

»Aufgepasst!«, raunte Lukas. »Eins – zwei – drei!«

Im gleichen Augenblick ergriffen sie beiden den Schwanz
und zogen aus Leibeskräften daran.

»Ergib dich!«, rief Lukas, so laut und drohend er konnte.
»Ergib dich oder du bist verloren, wer du auch sein magst!«

»Hilfe!«, quiekte eine ganz sonderbare Ferkelstimme unter

dem Sofa. »Gnade! Oh, ich armer Wurm, ich armer Wurm, warum verfolgen mich alle? Bitte, bitte, tu mir nichts, du schrecklicher Riese!« Jim und Lukas hörten auf zu ziehen und blickten sich verblüfft an. Diese Stimme kannten sie doch! Es war dieselbe, die damals in dem kleinen erloschenen Vulkan gejammert hatte – es war die Stimme des Halbdrachen Nepomuk!

»Hallo!«, rief Jim und bückte sich, um unter das Sofa zu sehen. »Wer is denn da? Wer hat da eben ›armer Wurm‹ gesagt?«

»Donnerwetter!«, fügte Lukas lachend hinzu. »Sollte dieser arme Wurm am Ende unser Freund Nepomuk sein?«

»Ach«, kam die ängstliche Ferkelstimme unter dem Sofa hervor, »woher kennst du denn meinen Namen, schrecklicher Riese? Und warum redest du mit zwei verschiedenen Stimmen?«

»Weil wir kein Riese sind«, antwortete Lukas, »sondern deine beiden Freunde Jim Knopf und Lukas der Lokomotivführer.«

»Ist das wirklich wahr?«, fragte die Ferkelstimme zweifelnd. »Oder ist das nur eine Riesenlist, um mich aus meinem Versteck zu locken? Falls es nur eine List ist, werde ich nicht darauf hereinfallen, dass ihr es nur wisst! Also sagt mir die Wahrheit, ob ihr es wirklich seid oder ob ihr nur so tut!«

»Wir sind es wirklich«, rief Jim. »Komm heraus, Nepomuk!«

Da erschien unter dem Rand des Sofas zunächst ein großer dicker Kopf, der entfernt an ein Nilpferd erinnerte, nur dass

Das Michael-Ende-Lesebuch

er gelb und blau getüpfelt war, ein Kopf, in welchem zwei ku-
gelige Augen saßen, die Jim und Lukas forschend anblickten.
Als Nepomuk sich davon überzeugt hatte, dass es wirklich die
beiden Lokomotivführer waren, die vor ihm standen, zog sich
sein breites Maul zu einem überraschten und freudigen Lächeln auseinander. Er krabbelte ganz unter dem Sofa hervor,
stellte sich breitbeinig vor die Freunde hin, stemmte die kurzen Arme in die Seite und quiekte:

»Hurrrrra! Ich bin gerettet! Wo ist dieser lumpige Riese?
Wir wollen ihn sofort zu Mus zerstampfen!«

»Immer langsam«, sagte Lukas, »der Riese ist ganz in der
Nähe.«

»Hilfe!«, schrie Nepomuk sofort und strebte wieder unter
das Sofa.

Aber Lukas hielt ihn fest und fragte:

»Was willst du denn unter dem Sofa, Nepomuk?«

»Mich verstecken. Der Riese ist nämlich so riesig, dass er
hier nicht reinkommen kann, er kommt gar nicht durch die
Tür und unter das Sofa erst recht nicht. Lasst mich doch los!«

»Aber«, platzte jetzt Jim los, »dieses Haus gehört ihm doch.
Es ist seine Wohnung!«

»Wem seine?«, erkundigte sich Nepomuk ängstlich.

»Von Herrn Tur Tur, dem Scheinriesen«, erklärte Jim.

Nepomuk erbleichte, so weit das bei ihm möglich war.
Seine blauen und gelben Tüpfelchen wurden hellgelb und
hellblau. »Ach du meine Güte!«, schrie er ganz außer sich.
»Aber warum – warum hat er denn dann nicht – wieso hat er
mich nicht gefangen?«

»Weil er schreckliche Angst vor dir hatte«, antwortete Lukas.

Nepomuks Augen wurden rund und glänzend.

»Angst vor mir?«, fragte er ungläubig. »Ist das wirklich wahr? Der große schreckliche Riese hatte Angst vor mir? Hat er gemeint, dass ich ein gefährlicher, bösartiger Drache bin?«

»Ja«, erwiderte Jim, »das hat er gemeint.«

»Ich glaube«, sagte Nepomuk, »dieser Riese ist ein sehr netter Mann. Könntet ihr ihm vielleicht meine besten Grüße ausrichten und ihm sagen, dass ich gern mal sehen täte, wie er sich fürchtet. Bis jetzt hat sich nämlich noch nie jemand richtig vor mir gefürchtet und das ist ziemlich schlimm für einen kleinen Drachen.«

»Einen Halbdrachen«, verbesserte Jim.

»Ja, ja«, gab Nepomuk ungeduldig zurück, »aber das müsst ihr dem Riesen ja nicht gleich auf die Nase binden.«

»Gut«, meinte Lukas, »aber wenn wir Herrn Tur Tur nicht sagen, dass du in Wirklichkeit kein gefährlicher und bösartiger Drache, sondern ein netter und hilfsbereiter Halbdrache bist, dann wird er vor dir weglaufen und du kannst seine Bekanntschaft nicht machen.«

Nepomuk kratzte sich nachdenklich auf dem Kopf.

»Schade«, murmelte er enttäuscht, »ich hätte mich so gern einmal mit jemandem angefreundet, der immerfort aus lauter Angst vor mir zittert. Das wäre eine richtig schöne Freundschaft gewesen. Aber wenn ihr meint, es geht nicht ... dann sagt es ihm eben. Wahrscheinlich wird er sich dann nicht mehr viel aus mir machen.«

Das Michael-Ende-Lesebuch

»Im Gegenteil«, versicherte Lukas, »das wird ihm viel lieber sein. Du musst nämlich wissen, dass er selbst auch kein richtiger Riese ist, sondern ein Scheinriese.«

»Ach, wirklich?«, quiekte Nepomuk hoffnungsvoll. »Und was ist das, ein Scheinriese?«

Und während die beiden Freunde den Halbdrachen über die sonderbare Eigenschaft von Herrn Tur Tur aufklärten, machten sie sich gemeinsam auf den Weg zu ihrer Lokomotive. Als sie diese erreicht hatten, rief Lukas: »Kommen Sie unbesorgt aus dem Tender heraus, Herr Tur Tur. Es besteht kein Grund mehr zur Angst.«

»Wahrhaftig?«, war die dünne Stimme des Scheinriesen zu vernehmen. »Habt ihr das schreckliche, gefährliche Ungeheuer so schnell besiegt?«

»Hört ihr?«, flüsterte Nepomuk geschmeichelt. »Er meint mich!«

»Wir haben es nicht besiegt«, rief Lukas zurück, »weil es gar nicht nötig war. Das Ungeheuer ist nämlich ein guter Freund von uns. Er heißt Nepomuk und ist ein Halbdrache und hat uns schon einmal sehr große Dienste erwiesen.«

»Ja«, fügte Jim hinzu, »und er is sehr nett.«

Nepomuk schlug die Augen nieder und trat beschämt von einem Fuß auf den anderen. Aber nicht etwa aus Bescheidenheit, sondern weil es für einen Drachen eine rechte Schande ist, keine richtig schlimmen Eigenschaften zu haben.

»Aber wenn er so nett ist«, hörte man nun wieder die Stimme des Scheinriesen aus dem Tender, »warum hat er dann mein Häuschen besetzt und mich daraus vertrieben?«

Jim Knopf und die Wilde 13

»Er hatte bloß Angst vor Ihnen, Herr Tur Tur«, gab Lukas zurück. »Er wollte sich nur vor Ihnen verstecken.«

Nun erschien das Gesicht des Scheinriesen über dem Rand des Tenders. »Ist das wahr?«, fragte er und blickte ganz bekümmert drein. »Er hat sich also vor mir gefürchtet? Oh, das tut mir aber Leid, das tut mir ganz schrecklich Leid! Wo ist er, der arme Nepomuk, damit ich mich sogleich bei ihm entschuldige.«

»Das hier bin ich«, quiekte Nepomuk.

Herr Tur Tur kletterte umständlich aus dem Tender heraus und schüttelte dem Halbdrachen herzlich die Tatze.

»Verzeihen Sie, lieber Freund«, rief er, »dass ich Sie erschreckt habe! Ich bin untröstlich!«

»Macht nichts«, antwortete Nepomuk und lächelte mit seinem Riesenmaul, »und vielen Dank, Herr Scheinriese, dass Sie sich vor mir gefürchtet haben. Hat mich sehr gefreut!«

»Und nun«, sagte Lukas, »müssen wir Ihnen erzählen, weshalb wir zu Ihnen gekommen sind, Herr Tur Tur. Aber ehe wir damit anfangen —«

»Ehe wir damit anfangen«, fiel ihm der Scheinriese ins Wort, »wollen wir gemeinsam frühstücken. Darf ich meine lieben und verehrten Gäste bitten, mir ins Haus zu folgen!«

»Gern!«, sagten Lukas und Jim wie aus einem Mund. Sie nahmen Nepomuk in die Mitte und schritten Arm in Arm hinter dem Scheinriesen her. Die gute alte Emma musste leider bleiben, wo sie war. Deshalb fasste sie sich in Geduld und benützte die Zeit zu einem kleinen Nickerchen.

97

Das Michael-Ende-Lesebuch

FÜNFZEHNTES KAPITEL,

*in dem Lukas und Jim einen Großengurumusch-
magnetfelsenklippenwärter finden*

Als sie alle vier schließlich um den runden Tisch in Herrn
Tur Turs Haus saßen und eben mit dem leckeren Frühstück, das der Scheinriese in aller Eile bereitet hatte, beginnen
wollten, fragte Nepomuk plötzlich: »Und was krieg ich?«

Auf dem Tisch dampfte eine große Kanne Feigenkaffee,
dazu gab es Kokosnussmilch und Traubenzucker. Daneben
stand ein großer Teller voll Affenbrot und Johannesbrot, bestrichen mit Kakteenhonig und Granatapfelmus. Ferner gab es
Dattelplätzchen, gebackene Bananenscheiben und Ananas-
kringel sowie Mohnkuchen, geröstete Kastanien und dazu
Nussbutter. Bei dieser Aufzählung wird meinen Lesern hoffentlich wieder einfallen, dass Herr Tur Tur sich nur von Pflanzen ernährte, weil er ein großer Tierfreund war. Man nennt
solche Leute Vegetarier.

Nun wird ja gewiss jedermann zugeben, dass dieses Frühstück einem schon das Wasser im Mund zusammenlaufen lassen konnte. Aber der arme Nepomuk blickte verstört auf dem
ganzen Tisch herum und machte ein weinerliches Gesicht.
Eine große Schüssel glühende Lava wäre ihm viel lieber gewesen oder wenigstens ein Eimer voll brodelndem Teer. Aber
dergleichen war in der Oase von Herrn Tur Tur natürlich nicht
zu finden. Jim und Lukas erklärten dem Scheinriesen, was es
mit der Nahrung von Halbdrachen für eine Bewandtnis hatte.

»Was machen wir denn da nur?«, fragte Herr Tur Tur ganz unglücklich. Er wollte auf keinen Fall ungastlich sein, aber wo sollte er in der Eile ein passendes Essen für Nepomuk hernehmen? Schließlich gab der Halbdrache sich wohl oder übel mit einer großen Pfanne voll geröstetem Wüstensand zufrieden. Das war zwar nicht gerade sein Leibgericht, aber besser als gar nichts war es immer noch.

Und sein Hunger war ganz beträchtlich.

Nachdem sie alle gegessen und Nepomuk laut und vernehmlich gerülpst hatte, wobei ihm zwei rosafarbene Rauchwölkchen aus beiden Ohren pufften, sagte Herr Tur Tur:

»Und nun, meine lieben Freunde, berichtet mir bitte, was mir die Freude eures Besuches verschafft!«

»Nein«, quiekte Nepomuk vorlaut, »ich will zuerst meine Geschichte erzählen!«

Jim und Lukas wechselten einen belustigten Blick. Der kleine Halbdrache hatte sich inzwischen gar nicht verändert. Er bemühte sich nach wie vor sich so ungezogen und flegelhaft zu benehmen wie ein reinrassiger Drache.

»Ich war…«, begann Nepomuk, aber Herr Tur Tur unterbrach ihn mit strengem Gesicht und sagte: »Da Sie nun bei uns sind, mein lieber Nepomuk, und nicht mehr unter Ihresgleichen, bitte ich Sie, sich unseren Sitten anzupassen.«

»Pa!«, machte Nepomuk kleinlaut. Er zog ein beleidigtes Gesicht, aber er hielt zunächst seinen unverhältnismäßig großen Mund.

»Tja«, begann Lukas, nachdem er sich gemächlich seine Pfeife angesteckt und einige Wölkchen zur Decke geblasen

Das Michael-Ende-Lesebuch

hatte, »die Sache ist die: Wir brauchen auf Lummerland unbedingt einen Leuchtturm. Und da hatte nun mein Freund Jim Knopf die ausgezeichnete Idee, Sie zu bitten, diesen wichtigen Beruf in unserem Land auszuüben. Niemand auf der ganzen Welt ist dazu so befähigt wie Sie, Herr Tur Tur.«

»Wie meinen Sie das?«, fragte Herr Tur Tur überrascht.

Und nun erklärten Jim und Lukas gemeinsam, wie sie sich die Sache vorstellten. Der Scheinriese begann immer mehr zu strahlen und nachdem die beiden Freunde ihm auch noch versichert hatten, dass niemand auf der Insel sich vor ihm erschrecken würde, weil man gar nicht so weit von ihm weggehen könnte, dass man ihn riesengroß sehen würde, da sprang der feine alte Herr vor Begeisterung von seinem Stuhl auf und rief:

»Wie danke ich euch, meine beiden Freunde! Nun ist mein größter Wunsch erfüllt! Ich werde nicht nur in einem Land leben, wo niemand vor mir erschrickt, sondern ich werde außerdem noch meine besondere Eigenschaft zum Nutzen anderer verwenden können! Oh, ihr habt einen alten Mann unsagbar glücklich gemacht!« In den Augen des Scheinriesen schimmerten Freundentränen.

Lukas stieß dicke Rauchwolken aus seiner Pfeife, wie immer, wenn er gerührt war, und brummte: »Freut mich, Herr Tur Tur, wenn Sie einverstanden sind. Wir können Sie gut brauchen. Außerdem passen Sie auch nach Lummerland.«

»Ich find auch«, bestätigte Jim. Er war sehr zufrieden, denn es war ja seine Idee gewesen, den Scheinriesen als Leuchtturm anzustellen.

100

»Und was ist mit mir?«, quiekte Nepomuk dazwischen. Er hatte die ganze Zeit eine beleidigte Schnute gezogen, aber da niemand auf ihn Acht gab, hatte er es wieder bleiben lassen.

»Warum?«, erkundigte sich Jim. »Was soll mit dir sein?«

»Kann ich nicht auch mit nach Lummerland?«, fragte Nepomuk eifrig. »Habt ihr nicht vielleicht einen kleinen Vulkan, wo ich drin wohnen könnte? Ich würde euch jeden Tag Erdbeben machen und so viel Lava über die Insel laufen lassen, wie ihr nur wollt. Ihr werdet sehen, es wird wunderbar. Also, abgemacht?«

Lukas und Jim wechselten wieder einen Blick, aber diesmal war er eher besorgt als belustigt. Schließlich hatte der Halbdrache ihnen ja einmal einen großen Dienst erwiesen und er meinte es ja nicht böse.

»Mein lieber Nepomuk«, sagte Lukas nachdenklich, »ich glaube nicht, dass es dir bei uns gefallen würde.«

»Ach was«, versetzte der Halbdrache und winkte mit der Tatze ab, »ich mach mir's schon gemütlich, das lasst nur meine Sorge sein.«

»Wir haben aber keinen Vulkan«, warf Jim schnell ein, »nicht mal den allerkleinsten.«

»Und außerdem«, fuhr Lukas fort, »haben wir auch nur sehr wenig Platz. Für Herrn Tur Tur reicht es jetzt gerade noch, wenn man Neu-Lummerland dazurechnet. Und ich will dir ehrlich sagen, lieber Nepomuk, wir mögen dich zwar gern und sind dir auch dankbar, aber nach Lummerland würdest du nicht sehr gut passen.«

»Ich glaub auch nicht«, bestätigte Jim ernst.

Das Michael-Ende-Lesebuch

Nepomuk starrte die beiden Freunde einen Augenblick lang fassungslos an, dann verzog sich sein dickes Gesicht plötzlich zu einer jammervollen Grimasse tiefsten Kummers. Er holte Luft, sperrte sein ansehnliches Maul so weit auf, dass man sonst kaum noch etwas von ihm sah, und begann so laut zu heulen, wie selbst Emma, die Lokomotive, es nicht zustande gebracht hätte. So weit man in diesem herzzerbrechenden Gebrüll einzelne Wörter unterscheiden konnte, sagte er etwa:

»Huuuuuuhuhu – Ich wihihihill ahaber – huhuhu – midnachluhuhuhuhumerlahahahand – huhuhu – kanndochnihihihichtmehrzuhuhurück – uhuhuhu – drachenhabenmihihihich – ohuhuhoooooooooo – fohofortgejahagt – wohohollllenmichauffrähähähässenwennnihihihichnochmalzurückkommunselummmschuhuhuhu – daschumuselbonduseluschuhuhuhuhu! –«

Es dauerte eine ganze Weile, bis die beiden Freunde und Herr Tur Tur den plärrenden Halbdrachen so weit beruhigt hatten, dass sie dahinter kommen konnten, was sein Schmerzgeheul bedeuten sollte. Es handelte sich, kurz gesagt, um Folgendes: Die Bewohner der Drachenstadt Kummerland hatten eines Tages doch bemerkt, dass nicht nur die gefangenen Kinder verschwunden waren, sondern auch Frau Mahlzahn, der Drache. Daraus hatten sie scharfsinnig geschlossen, dass jemand in ihre Stadt eingedrungen sein musste, der die Kinder und den Drachen entführt hatte. Es waren nun langwierige Forschungen angestellt und die Drachenwächter verhört worden. Schließlich hatten die Untersuchungen die

Sache mit der verkleideten Lokomotive ans Tageslicht gebracht. Damit war klar, dass den Eindringlingen jemand geholfen haben musste, der gut Bescheid wusste. Das wiederum hatte die Drachen auf die Idee gebracht, unter den Halbdrachen im »Land der tausend Vulkane« nachzuforschen. Und bald war die Spur gefunden, die zu Nepomuk führte. Das Unheil nahte dem kleinen Vulkan am Rande der Hochebene in Gestalt von zweiundvierzig riesenhaften Drachenwächtern, die den Übeltäter und Verräter fangen und auffressen sollten.

Zum Glück hatte Nepomuk die Gefahr rechtzeitig bemerkt und sich aus dem Staub gemacht. Die Eiseskälte und die ewige Nacht in der »Region der schwarzen Felsen« überlebte er nur, weil er vor seiner Flucht noch rasch einen riesigen Kessel voll glühender Lava ausgetrunken hatte. Das hielt ihn innerlich warm. Trotzdem war er fast erfroren, bis er endlich die Wüste »Das Ende der Welt« erreichte. Zwei oder drei Tage lang war er durch die Fata Morgana in die Irre geführt worden und hatte sich nur kümmerlich von Sand und Gesteinsbrocken ernährt, als er eines Abends Herrn Tur Tur von weitem sah. Da war er Hals über Kopf davongerannt und hatte nicht mehr zu rennen aufgehört, bis er plötzlich das kleine weiße Haus mit den grünen Fensterläden erspäht und sich darin versteckt hatte. Als Nepomuk mit seinem Bericht zu Ende war, schluchzte er noch einmal auf und zwei dicke Tränen rollten über seine gelb und blau getüpfelten Backen.

»Wenn ihr mich nicht haben wollt«, stammelte er, »dann weiß ich nicht mehr, wo ich hin soll. In der Wüste kann ich doch auch nicht bleiben – ganz allein und ohne was zu essen.«

»Das ist richtig«, murmelte Lukas vor sich hin.

Dann schwiegen alle und blickten bedrückt vor sich nieder. Nach einer Weile meinte Jim tröstlich:

»Du brauchst aber keine Angst haben, Nepomuk. Du hast uns geholfen, jetzt helfen wir dir. Es wird uns bestimmt was einfallen.« Lukas nahm die Pfeife aus dem Mund, machte die Augen schmal und blickte den Halbdrachen prüfend an.

»Ich wüsste vielleicht schon was«, sagte er nachdenklich. »Fragt sich nur, ob Nepomuk für einen so verantwortungsvollen Beruf der Richtige ist.«

»Meinst du?«, fragte Jim gedämpft, »dass er die Magnetischen Klippen …?«

»Man könnte es mit ihm versuchen«, antwortete Lukas. »Warum soll er es schließlich nicht können? Mir scheint, Nepomuk ist durch das schwere Schicksal, das er durchgemacht hat, einigermaßen geläutert worden.«

»Ich bin ganz bestimmt sehr geläutert worden«, quiekte Nepomuk ganz aufgeregt. »Um was handelt sich's denn?«

»Um eine sehr ernste Aufgabe, mein lieber Nepomuk«, erwiderte Lukas, »um eine Aufgabe, die wir nur einer durch und durch zuverlässigen Person übertragen wollen.« Und dann erklärte er dem Halbdrachen, was es mit den Magnetischen Klippen auf sich hatte und warum ein Wärter notwendig war, der je nach Bedarf die Riesenkraft an- oder abstellen sollte.

»Du siehst also«, schloss Lukas und stieß dicke Rauchwolken aus, »dass es sich um einen sehr verantwortungsvollen Beruf handelt. Du darfst niemals irgendwelche drachenhaften Ungezogenheiten und Bosheiten begehen, darauf musst du uns dein feierliches Ehrenwort geben. Wir setzen großes Vertrauen in dich, Nepomuk.«

Der Halbdrache war während dieser Worte ganz still und ernst geworden, aber seine kugeligen Augen begannen zu glänzen. Er streckte zuerst Lukas und dann Jim seine Tatze hin und sagte:

»Ich gebe euch mein großes Ehrenwort unter Freunden, dass ihr euch auf mich verlassen könnt. Drachenhafte Ungezogenheiten mache ich sowieso keine mehr, wo die Drachen doch jetzt meine Feinde sind. Und ich will ihnen gar nicht mehr ähnlich sein. Dafür seid ihr jetzt meine Freunde und drum will ich euch durch und durch gleichen.«

»Gut«, sagte Lukas, »wir werden es mit dir versuchen. Ich frage mich nur, wovon du dich dort ernähren könntest. Du musst doch irgendwas zu essen haben.«

»Unbedingt!«, quiekte Nepomuk. »Ihr habt aber doch erzählt, dass es so heiß da unten ist, weil das feuerflüssige Erdinnere schon ganz nah drunter liegt. Da baue ich mir einfach einen Ziehbrunnen mit zwei Eimern und dann habe ich so viel Lava, wie ich nur will, und sogar die nahrhafteste, die es überhaupt gibt.«

Nepomuk leckte sich das Maul bei dieser Vorstellung.

Lukas wechselte mit Jim einen belustigten Blick, dann brummte er: »Famos, ich glaube, Nepomuk ist tatsächlich der Richtige für die Sache. Was meinst du, Jim?«

Das Michael-Ende-Lesebuch

»Ich glaub auch«, sagte Jim.

»Danke!«, seufzte Nepomuk aus tiefster Seele. Und von der überstandenen Sorge und Aufregung bekam er den Schluckauf und produzierte gleich ein paar Mal hintereinander grüne und violette Rauchringe aus Nase und Ohren.

»Liebe Freunde«, sagte Lukas und erhob sich, »damit wäre alles besprochen. Ich denke, wir halten uns nicht länger auf, sondern fliegen so schnell wie möglich mit unserem ›Perpetumobil‹ zu den Magnetischen Klippen zurück. Dort wartet nämlich unsere kleine Molly auf uns und wir wollen sie nicht zu lange allein lassen.«

Jim dachte besorgt an den Rückflug über die Berggipfel. Wie würde wohl der Scheinriese den Flug durch die dünne Höhenluft aushalten? Und was, wenn er ihn vielleicht nicht aushielt? Er wollte eben seine Bedenken äußern, als Herr Tur Tur mit erschrockener Miene fragte:»Haben Sie eben von fliegen gesprochen, verehrter Freund?«

»Ja, Herr Tur Tur«, antwortete Lukas ernst, »das wird sich nicht vermeiden lassen. Anders kommen wir ja aus dieser Wüste nicht heraus, seit das ›Tal der Dämmerung‹ eingestürzt ist...«

Plötzlich unterbrach er sich und schnippte mit dem Finger.

»Das ›Tal der Dämmerung‹«, rief er, »Jim, warum haben wir daran nicht gedacht?«

»Woran?«, fragte Jim verständnislos.

»Wir können doch durch das ›Tal der Dämmerung‹ fliegen«, erklärte Lukas, »oder jedenfalls dort, wo es früher war. Da sind doch die Berggipfel eingestürzt und wir brauchen

Jim Knopf und die Wilde 13

nicht so riesig hoch hinauf zu fliegen. Das vereinfacht die Sache beträchtlich.«

Jim nickte seinem Freund erleichtert zu.

»Das is eine gute Idee, Lukas.«

Dem Scheinriesen war anzusehen, dass ihn jede Art von Fliegen, ganz gleich, ob hoch oder weniger hoch, mit entsetzlichem Unbehagen erfüllte. Wenn die Aussicht, auf Lummerland Leuchtturm zu werden, ihn nicht so mächtig angezogen hätte – er wäre ganz bestimmt noch jetzt in seinem Entschluss wankend geworden. Mit bleichem Gesicht machte er sich daran, eine große Tüte voll belegter Brote als Reiseproviant einzupacken und eine Kürbisflasche mit Tee zu füllen. Als er endlich fertig war, sagte er mit erstickter Stimme:

»Ich bin bereit, meine Freunde.«

Dann traten sie aus dem Häuschen und gingen schweigend hintereinander in die Wüste hinaus, wo Emma auf sie wartete. Da es schon beinahe Mittag war und die Luft in der Sonnenglut flimmerte, hatte das sonderbare Spiel der Fata Morgana seinen täglichen Höhepunkt erreicht. So erblickten die vier Wanderer, während sie auf die Lokomotive zugingen, rechts neben ihr ein riesenhaftes Reiterstandbild, auf dem ein Eichbaum wuchs, in dessen Zweigen viele Leute mit aufgespannten Regenschirmen saßen.

Links neben Emma schwebten drei altmodische Badewannen hintereinander im Kreise herum und schienen Haschen zu spielen. In ihrer Mitte stand ein weiß gekleideter Verkehrsschutzmann auf einem Podest. Doch gleich lösten die Spiegelbilder sich wieder in nichts auf.

Das Michael-Ende-Lesebuch

Lukas schmunzelte. »So, Leute, da wären wir.« Und er trat auf Emma zu und klopfte ihr auf den dicken Leib.

Herr Tur Tur drehte sich noch einmal um und blickte wehmütig nach seiner Oase und dem kleinen weißen Häuschen mit den grünen Fensterläden zurück.

»Leb wohl, du liebes kleines Haus«, sagte er leise und winkte ein wenig mit der Hand, »du warst mir so viele Jahre lang eine gute Heimat. Ich werde dich nicht mehr wieder sehen. Was wird nun aus dir werden?«

In diesem Augenblick erschien über der Oase am Himmel ein riesiges Schiff mit vielen blutroten Segeln, auf denen in schwarzer Farbe eine große 13 gemalt war. Es zog in rasender Fahrt dem Horizont zu und verschwand.

Lukas verfolgte die Erscheinung mit aufmerksamem Blick und auch Jim beobachtete sie, bis sie nicht mehr zu sehen war.

»Meinst du«, fragte er, »dass es das Schiff der ›Wilden 13‹ war?«

»Möglich«, knurrte Lukas, »sogar höchstwahrscheinlich. Wenn wir wüssten, wo das Spiegelbild hergekommen ist, dann wüssten wir jetzt schon eine ganze Menge. Aber leider wissen wir's nicht.« Und dann wandte er sich an seine beiden Fahrgäste und rief fröhlich: »Bitte einsteigen, meine Herrschaften!«

Herr Tur Tur musste im Inneren des Führerhäuschens auf dem Boden Platz nehmen, damit man möglichst wenig von ihm sah. Denn Lukas dachte vorsorglich daran, was für einen erschreckenden Eindruck es auf die Leute in Mandala ma-

Jim Knopf und die Wilde 13

chen müsste, wenn sie plötzlich einen Riesen von ungeheurer Größe über den Himmel schweben sähen oder sogar nur
ein Stück von ihm, zum Beispiel seinen Kopf, falls er gerade
zum Fenster herausschauen würde. Der Scheinriese war mit
dieser Vorsichtsmaßnahme vollkommen einverstanden. Ihm
war es sowieso am liebsten, wenn er von der ganzen Reise
durch die Luft so wenig wie möglich sah.

Nepomuk krabbelte ebenfalls in das Führerhäuschen. Er
postierte sich sofort erwartungsvoll an einem der Fenster. Er
durfte ja gucken, so viel er wollte. Und er wollte natürlich
sehr viel gucken, denn er war furchtbar neugierig.

Dann nahmen die beiden Freunde auf dem Dach der
Emma Platz, Lukas richtete den Mast in die Höhe und zog
dann an der rechten Leine. Langsam und geräuschlos erhob
sich das »Perpetumobil« vom Boden, gewann rasch an Geschwindigkeit und stieg in den Himmel empor.

SECHZEHNTES KAPITEL,

in dem zum ersten Mal seit hunderttausend Jahren
ein Feuerwesen und ein Wasserwesen
Freundschaft schließen

Nach kurzer Zeit war »Die Krone der Welt« erreicht. Lukas
lenkte die fliegende Lokomotive an dem Gebirgsmassiv
entlang, bis sie zu der Stelle kamen, wo einstmals »Das Tal der
Dämmerung« gewesen war. Die eingestürzten Berggipfel füll-
ten die ehemalige Schlucht ungefähr bis zur halben Höhe des

Gebirges aus. Felsblöcke von unvorstellbarer Größe lagen hier über- und untereinander, es war ein gewaltiger Anblick. Lukas und Jim schauten schweigend hinunter, während sie mit dem »Perpetumobil« geräuschlos darüber hin schwebten.

Durch das Einstürzen der Felswände hatte sich die obere Hälfte der Schlucht natürlich beträchtlich verbreitert. Dennoch musste Lukas sehr Acht geben und seine ganze Geschicklichkeit zusammennehmen, damit Emma bei der riesigen Geschwindigkeit, mit der sie nun dahinschoss, nicht links oder rechts gegen einen stehen gebliebenen Felsenvorsprung raste. Mehrmals musste er blitzschnell den Mast herumreißen, um einen drohenden Zusammenstoß zu vermeiden. Aber trotz dieser Gefahren und Schwierigkeiten war der Flug unvergleichlich viel einfacher als der über die Gipfel durch die dünne Höhenluft.

Bald war das andere Ende der Schlucht erreicht. Unter den Reisenden breitete sich der »Tausend-Wunder-Wald« in all seiner blühenden, farbenprächtigen Herrlichkeit aus. Dann kam deutlich sichtbar die mandalanische Mauer, die sich wie ein dünnes rotes Band über die Hügel zog. Dahinter begann das Land Mandala mit seinen Äckern, Straßen, Flüssen und geschwungenen Brücken. Da und dort lagen kleine Seen wie glänzende Spiegel.

Lukas ließ das »Perpetumobil« vorsichtshalber noch ein wenig höher steigen, denn nun kamen die goldenen Dächer von Ping in Sicht. Kurze Zeit später flog das »Perpetumobil« mit Pfeilgeschwindigkeit über den Ozean dahin. Nach einer Weile bemerkten die beiden Freunde, dass die Wogen dort unten immer höher und wilder wurden und das Wasser ein immer schwärzeres und unheimlicheres Aussehen annahm.

»Wir haben das Barbarische Meer erreicht«, rief Lukas seinem kleinen Freund zu.

»Wir sind auf dem genau richtigen Kurs.«

Und richtig – kaum eine halbe Stunde später entdeckte Jim ganz in der Ferne zwei winzige schwarze Punkte im Meer. Sie hielten darauf zu, die Punkte vergrößerten sich rasch. Es waren die Magnetfelsen! Lukas ließ Emma eine große Schleife über den Klippen beschreiben, dann verringerte er durch geschicktes An- und Abstellen der Magnetvorrichtung langsam die Höhe, bis die Lokomotive schließlich mit einer schäumenden Bugwelle auf den tosenden Wogen aufsetzte, ungefähr fünfhundert Meter von den Klippen entfernt.

»Das hätten wir prächtig geschafft, alter Junge«, sagte Lukas und zwinkerte Jim vergnügt zu.

»Hallo, da seid ihr ja endlich!«, rief plötzlich ein zartes Stimmchen aus den Wellen. Es war Sursulapitschi, die neben der Lokomotive auftauchte. »Wo wart ihr denn nur so lang, ihr beiden? Wir warten schon den ganzen Tag auf euch.«

»Das könnten wir ebenso gut fragen, kleine Dame«, erwiderte Lukas freundlich, »wir haben gestern lange auf Sie gewartet, aber als Sie nicht zurückgekommen sind, da haben Jim und ich schnell eine Erfindung gemacht und mit unserer Erfindung haben wir zwei Freunde von uns abgeholt.«

»Ach so«, sagte die Meerprinzessin, »dann ist es etwas anderes. Und wisst ihr, warum ich nicht rechtzeitig zurückgekommen bin?«

Das Michael-Ende-Lesebuch

»Vielleicht, weil Sie es vergessen haben«, meinte Lukas.

»Falsch!«, rief Sursulapitschi lustig.

»Vielleicht«, warf Jim ein, »weil Sie so lange auf dem Ball getanzt haben.«

»Auch falsch!«, antwortete die Meerprinzessin und lachte plätschernd.

»Na, dann können wir's wohl nicht raten«, sagte Lukas.

»Denkt euch nur«, jubelte Sursulapitschi, »ich habe auf dem Ball jemanden getroffen, der meinen Bräutigam Uschaurischuum gesehen hatte. Und zwar auf dem Meeresgrund in der Saphir-See. Ich schwamm sofort dorthin und suchte jeden Winkel ab und richtig, drei Seemeilen südlich vom Blauen Korallenwald, mitten auf einer Wiese von Luftperlenblüten, fand ich ihn.«

»Na«, schmunzelte Lukas, »das hat aber sicher eine Begrüßung gegeben!«

»Und dann«, plapperte die kleine Meerprinzessin glücklich, »dann habe ich meine Seeschimmel einfach an seinem Panzer festgemacht und wir sind hierher gebraust. Und da sind wir nun!«

»Ich seh ihn aber gar nicht«, sagte Jim.

»Ja, wo ist er«, fragte Lukas, »dass man ihm die Hand schütteln kann?«

»Er wird gleich auftauchen«, meinte Sursulapitschi, »er ist eben ein Schildnöck und bewegt sich ein bisschen langsam. Als wie eure Kolomodingsda auf uns zufliegen sahen, da sind wir zusammen getaucht und nun – ah, da kommt er schon nach oben! Schaut nur, ist er nicht wunderbar elegant?«

An der Wasseroberfläche erschien ein Wesen von höchst sonderbarem Aussehen. Auf den ersten Blick konnte man es für eine große Wasserschildkröte halten. Sein Panzer war türkisgrün und mit goldenen Mustern bedeckt. Die Haut seiner Glieder war lila und zwischen den Fingern und Zehen wuchsen Schwimmhäute. Sein Gesicht war durchaus menschlich und sogar sehr wohlgestaltet. Haare hatte der Schildnöck zwar keine, dafür auf der Oberlippe einen langen dünnen Schnurrbart. Das Schönste an ihm waren aber seine Augen, die durch eine große goldene Brille blickten. Es waren Augen von wunderbarem Veilchenblau und ihr Ausdruck war ruhig und ernst, sogar ein wenig traurig.

»Seid mir gegrüßt!«, sagte der Schildnöck langsam und mit einem eigenartigen singenden Tonfall. »Viel habe ich schon von euch vernommen und schätze mich glücklich euch kennen zu lernen.«

»Ganz meinerseits«, antwortete Lukas, »schön, dass Sie endlich da sind, Herr Uschaurischuum.«

»Bitte«, fragte Jim, »haben Sie die Aufgabe gelöst, die der Meerkönig Lormoral Ihnen aufgegeben hat, und können Sie Prinzessin Sursulapitschi jetzt heiraten?«

Der Schildnöck lächelte traurig.

»Es ist freundlich von euch, danach zu fragen«, erwiderte er in seiner musikalischen Art, »aber leider ist es mir nicht gelungen. Ich habe kein Feuerwesen gefunden, das unsereinem nicht feindlich gesinnt war. Ich habe schon fast die Hoffnung verloren das ›Kristall der Ewigkeit‹ zu bereiten.«

Die kleine Meerprinzessin begann sofort zu schluchzen,

Das Michael-Ende-Lesebuch

der Schildnöck legte seinen Arm um ihre Schulter und sagte: »Weine nicht, Liebste. Ich werde weitersuchen bis ans Ende meiner Tage.«

»Wie ist das nun eigentlich, kleine Dame«, erkundigte sich Lukas, »haben Sie vielleicht einen Wärter für die Magnetklippen gefunden?«

Der Schildnöck antwortete, indem er der weinenden Meerprinzessin tröstend über die Haare strich, mit wohllautender Stimme:

»Meine Liebste hat mir von den Schwierigkeiten berichtet, die ihr mit den Magnetischen Klippen hattet. Ich selbst kenne die Anlage, denn ich war vor tausend Jahren einmal dort unten. Damals war alles in bester Ordnung. Jedoch konnte ich mich nur für sehr kurze Zeit in jener Tiefe aufhalten, denn die Temperatur ist für unseresgleichen nicht zu ertragen. Aber ich werde gerne noch einmal hinuntersteigen und die Magnetkraft erst dann anstellen, wenn ihr mit eurem seltsamen Fahrzeug weit genug entfernt seid. Aber als Wärter kann ich nicht auf den Klippen bleiben. Wegen der Hitze in jener Tiefe, die mich bald töten würde, und auch wegen der Aufgabe, die mir der Meerkönig gestellt hat und die mich zwingt, suchend die Gewässer der Erde zu durchstreifen.«

»Hm«, schmunzelte Lukas, »da haben wir alle doch wahrhaftig Glück gehabt, dass wir unseren Freund Nepomuk mitgebracht haben.«

»Nepomuk?«, fragte die kleine Meerprinzessin und hörte auf zu weinen. »Wer ist Nepomuk?«

»Ruf ihn mal rauf, Jim«, sagte Lukas verheißungsvoll.

Der Junge öffnete den Deckel des Tenders und rief durch das Kohlennachschubloch ins Innere der Kajüte hinunter:

»Nepomuk! He, Nepomuk! Komm herauf!«

»Gleich!«, war die quiekende Stimme des Halbdrachen zu vernehmen. Und dann krabbelte er ächzend und schnaubend durch das Loch und guckte über den Tenderrand. Als er die beiden Meerleute erblickte, brach er in grunzendes Gelächter aus.

»Hö, hö, hö, hö«, kicherte er. »was sind denn das für komische Puddingwesen? Ganz quabblige Leute!«

Nepomuk wusste eben immer noch nicht, was sich gehört.

Die beiden Meerleute starrten den Halbdrachen mit entsetzten Augen an. Sursulapitschi war vor Schreck ganz hellgrün geworden.

»W-w-was ist denn das?«, stammelte sie.

»Ich bin ein Drache, puh!«, kreischte der Halbdrache und ließ zwei schwefelgelbe Stichflämmchen aus seinen Nasenlöchern steigen. Im selben Augenblick schäumte das Wasser auf und die beiden Meerleute waren veschwunden.

»Habt ihr gesehen?«, grunzte Nepomuk begeistert. »Sie sind aus lauter Angst vor mir untergegangen! Schade, dass sie ertrunken sind. Eigentlich waren es ganz nette Leute, wo sie doch so viel Respekt vor mir gehabt haben.«

»Nepomuk«, sagte Lukas langsam, »so geht das nicht weiter mit dir. Du hast uns dein Ehrenwort gegeben, dass du alle drachenhaften Ungezogenheiten lassen willst.«

Der Halbdrache hielt erschrocken die Tatze vor sein Maul. Dann sagte er mit ganz unglücklichen Augen:

»Entschuldigung, bitte. Ich hab's vergessen. Aber ich will es jetzt auch wirklich nicht mehr wieder tun, ganz bestimmt.«

»Schön«, meinte Lukas ernst, »wenn du's noch mal vergisst, dann darfst du nicht Magnetklippenwärter werden. Ich hab es dir gesagt.«

Nepomuk senkte schuldbewusst seinen dicken Kopf.

Lukas rief die beiden Meerleute. Aber er musste lange rufen, bis ihre Gesichter endlich in ziemlicher Entfernung an der Wasseroberfläche erschienen.

»Kommt ruhig näher«, rief Lukas ihnen zu, »ihr braucht euch wirklich nicht zu fürchten.«

»Bestimmt nicht«, versicherte auch Jim, »Nepomuk is ein sehr braves Feuerwesen. Er will mit euch Freundschaft machen.«

»Freundschaft machen«, quiekte nun auch Nepomuk selbst mit der allerlieblichsten Stimme, die ihm zur Verfügung stand. »Ich bin ein scheußlich braves Feuerwesen, bestimmt!«

»Ein Feuerwesen?«, fragte der Schildnöck mit plötzlich erwachendem Interesse. »Und du bist uns nicht feindlich gesinnt? Ist das wahr?«

»Ich bin durch und durch freundlich gesinnt«, versicherte Nepomuk und nickte ernsthaft, »dafür hab ich Jim und Lukas mein Ehrenwort gegeben.«

Die beiden Meerleute kamen zögernd näher. Lukas stellte die drei einander vor und sagte dann:

»So, und jetzt wollen wir schleunigst zu den Klippen hinüber und anlegen. Molly wird schon sehnsüchtig auf uns warten.«

Jim Knopf und die Wilde 13

Die beiden Meerleute schwammen nebenher, während Lukas die Lokomotive vorsichtig und geschickt an die alte Landestelle ruderte. Als sie schließlich anlegten, plauderten Nepomuk und Uschaurischuum bereits miteinander wie zwei alte Bekannte. Das kam vielleicht daher, dass der Halbdrache durch seine Verwandschaft mit Nilpferden eine gewisse innere Beziehung zum Wasser hatte, während Uschaurischuum wieder durch seine Verwandschaft mit Schildkröten eine Beziehung zum festen Land fühlte. So konnten die beiden gewissermaßen in der Mitte zusammenkommen. Der Schildnöck war überglücklich, endlich ein Feuerwesen gefunden zu haben, mit dem zusammen er die Aufgabe des Meerkönigs Lormoral vielleicht würde lösen können. Und Nepomuk war außerordentlich zufrieden, dass er gleich eine so wichtige Rolle spielen sollte und auch schon jemand zur Gesellschaft hatte.

»Wie geht es eigentlich Herrn Tur Tur?«, erkundigte ich Jim. Der feine alte Herr war im Wirbel der Ereignisse ganz vergessen worden.

»Ach«, sagte Nepomuk, »er hat die ganze Zeit mit zu'nen Augen und ganz blass in seiner Ecke auf dem Boden gesessen und manchmal, wenn es in eine Kurve ging, hat er ›gütiger Himmel‹ oder ›Hilfe‹ gesagt. Wahrscheinlich sitzt er immer noch genauso da.«

Jim öffnete sofort den Tenderdeckel und rief in die Kajüte hinab: »Herr Tur Tur, wir sind da. Sie können aussteigen.«

»So?«, hörte man den Scheinriesen mit dünner Stimme erwidern.

»Nun, gottlob, ich habe nicht gedacht, dass wir lebend ankämen.«

Dann krabbelte er hervor und blickte sich um.

»Ist dies die liebliche kleine Insel Lummerland, wo ich den Beruf des Leuchtturms ausüben soll?«, fragte er enttäuscht.

»Aber nein«, rief Lukas lachend, »das sind erst die Magnetklippen, wo Nepomuk seinen Beruf ausüben soll. Lummerland ist erst die nächste Station. So, Leute, wir wollen keine Zeit mehr verlieren. Ich steige mit Nepomuk und Uschaurischuum zu den Wurzeln hinunter, um ihnen alles zu zeigen. Diesmal nehme ich die Taschenlampe mit. Wir dürfen die Kraft sowieso noch nicht gleich anstellen. Das muss Nepomuk machen, wenn wir weit genug fort sind. Jim, du gehst inzwischen zu Molly, bindest sie los und bringst sie zu Emma.«

»In Ordnung, Lukas!«, sagte Jim.

»Ihr Übrigen wartet solange hier auf uns!«, fügte Lukas hinzu. Dann stieg er mit Nepomuk und dem Schildnöck, der auf dem Land übrigens aufrecht ging wie ein Mensch, nur mit langsameren Bewegungen, zur obersten Felszinne hinauf. Die kleine Meerprinzessin machte es sich im seichten Wasser bequem und Herr Tur Tur setzte sich auf einen Eisenstumpf.

»Ich komm gleich wieder«, sagt Jim und ging davon, um seine Molly zu holen. Wie hätte er ahnen können, dass die nächsten Minuten ihm eine Entdeckung bringen würden, die für ihn selbst und seinen Freund Lukas noch die einschneidensten Folgen haben sollte.

Ein Schnurps will nicht schön
»Guten Tag« sagen

Ich bin auf einmal festgepappt
und kann mich nicht bewegen.
Zwar hab ich früher Händ gehabt,
die hab ich wo verlegen.

Und rechte Hand und linke Hand,
davon versteh ich nix.
Ich hab mein Lebtag nie gekannt
Verbeugung oder Knix.

Ich bin auf beiden Ohren taub
und höre nicht ein Wort.
Doch werd ich gleich gesund, ich glaub,
gehst du nur erst mal fort!

Die unendliche Geschichte

XXIV. Dame Aiuóla

Xayídes Ende ist rasch erzählt, doch schwer zu verstehen und voller Widersprüche wie so vieles in Phantásien. Bis zum heutigen Tag zerbrechen sich die Gelehrten und die Geschichtsschreiber den Kopf darüber, wie es möglich war, manche bezweifeln sogar die Tatsachen oder versuchen ihnen eine andere Deutung zu geben. Hier soll berichtet werden, was wirklich geschehen ist, und jeder mag versuchen sich die Dinge zu erklären, so gut er es kann.

Zu derselben Zeit, als Bastian bereits in der Stadt Yskál bei den Nebelschiffern ankam, erreichte Xayíde mit ihren schwarzen Riesen die Stelle auf der Heide, wo das Metallpferd unter Bastian in Stücke zerfallen war. In diesem Augenblick ahnte sie bereits, dass sie ihn nicht mehr finden würde. Als sie wenig später den Erdwall erblickte, auf den Bastians Spuren hinaufführten, wurde diese Ahnung zur Gewissheit. Wenn er in

Das Michael-Ende-Lesebuch

der Alten Kaiser Stadt angekommen war, so war er für ihre Pläne verloren, ganz gleich, ob er für immer dort bleiben würde oder ob es ihm gelungen war, aus der Stadt zu entweichen. Im ersten Fall war er machtlos geworden wie alle dort und konnte nichts mehr wünschen – im anderen Fall waren alle Wünsche nach Macht und Größe in ihm erloschen.

In beiden Fällen war das Spiel für sie, Xayíde, zu Ende.

Sie befahl ihren Panzerriesen stehen zu bleiben, doch unbegreiflicherweise gehorchten sie ihrem Willen nicht, sondern marschierten weiter. Da wurde sie zornig, sprang aus ihrer Sänfte und stellte sich ihnen mit ausgebreiteten Armen entgegen. Die gepanzerten Riesen aber, Fußvolk wie Reiter, stampften weiter, als wäre sie nicht vorhanden, und traten sie unter ihre Füße und Hufe. Und erst als Xayíde ihr Leben ausgehaucht hatte, blieb der ganze lange Zug plötzlich stehen wie ein abgelaufenes Uhrwerk.

Als später Hýsbald, Hýdorn und Hýkrion mit den Resten des Heeres nachgekommen waren, sahen sie, was hier geschehen war, und konnten es nicht fassen, denn es war ja allein Xayídes Wille gewesen, der die leeren Riesen bewegte und also auch über sie hinwegstampfen hatte lassen. Doch war langes Nachdenken nicht die besondere Stärke der drei Herren, so zuckten sie schließlich die Achseln und ließen die Sache auf sich beruhen. Sie berieten, was nun zu tun sei, und kamen zu dem Ergebnis, dass der Feldzug offensichtlich sein Ende gefunden habe. Also entließen sie das restliche Heer und empfahlen jedem, nach Hause zu gehen.

Sie selbst, die Bastian ja einen Treueeid geleistet hatten,

Die unendliche Geschichte

den sie nicht brechen wollten, beschlossen ihn in ganz Phantásien zu suchen. Doch konnten sie sich über die einzuschlagende Richtung nicht einig werden und entschieden deshalb, dass jeder auf eigene Faust weiterziehen sollte.

Sie verabschiedeten sich voneinander und jeder humpelte in einer anderen Richtung davon. Alle drei erlebten noch viele Abenteuer und es gibt in Phantásien unzählige Berichte, die von ihrer Suche ohne Sinn handeln. Doch das sind andere Geschichten und sollen ein andermal erzählt werden.

Die schwarzen, leeren Metallriesen aber standen seit dieser Zeit unbeweglich an der Stelle in der Heide, nahe der Alten Kaiser Stadt. Regen und Schnee fiel auf sie, sie verrosteten und versanken nach und nach schief oder gerade im Erdboden. Aber noch heute sind etliche von ihnen zu sehen. Der Platz gilt als verrufen und jeder Wanderer macht einen Bogen darum. Aber kehren wir nun zu Bastian zurück.

Während er auf seinem Weg durch den Rosenhag den sanften Biegungen des Pfades folgte, erblickte er etwas, das ihn in Erstaunen setzte, weil er auf seinem ganzen Weg durch Phantásien noch nie etwas Derartiges gesehen hatte, nämlich einen Wegweiser mit einer geschnitzten Hand, die in eine Richtung zeigte.

»Zum Änderhaus«, stand darauf.

Bastian folgte der angegebenen Richtung ohne Eile. Er atmete den Duft der unzähligen Rosen ein und fühlte sich zunehmend vergnügter, so als stände ihm eine frohe Überraschung bevor.

123

Schließlich gelangte er in eine schnurgerade Allee aus kugelrunden Bäumen, die voller rotbackiger Äpfel hingen. Und ganz am Ende der Allee tauchte ein Haus auf. Beim Näherkommen stellte Bastian fest, dass es wohl das drolligste Haus war, das er je gesehen hatte. Ein hohes spitzes Dach saß wie eine Zipfelmütze auf einem Gebäude, das eher einem Riesenkürbis glich, denn es war kugelig und die Wände hatten an vielen Stellen Beulen und Ausbuchtungen, sozusagen dicke Bäuche, was dem Haus ein behäbiges und gemütliches Aussehen verlieh. Es gab auch ein paar Fenster und eine Haustür, alles irgendwie schief und krumm, als wären diese Öffnungen ein wenig ungeschickt in den Kürbis hineingeschnitten.

Während Bastian auf das Haus zuging, beobachtete er, dass es in einer stetigen, langsamen Veränderung war. Etwa mit der Geruhsamkeit, mit der eine Schnecke ihre Fühler hervorschiebt, bildete sich auf der rechten Seite ein kleiner Auswuchs, der allmählich zu einem Erkertürmchen wurde. Zugleich schloss sich auf der linken Seite ein Fenster und verschwand nach und nach. Aus dem Dach wuchs ein Schornstein hervor und über der Haustür bildete sich ein Balkönchen mit Gitterbalustrade.

Bastian war stehen geblieben und beobachtete die fortwährenden Veränderungen mit Staunen und Belustigung. Jetzt war ihm klar, warum dieses Haus den Namen »Änderhaus« trug.

Während er noch so stand, hörte er aus dem Inneren eine warme, schöne Frauenstimme singen:

Die unendliche Geschichte

»Hundert Jahre, lieber Gast,
warten wir auf dich.
Da du hergefunden hast,
bist du's sicherlich.
Dass du Durst und Hunger stillst,
alles steht bereit.
Alles, was du suchst und willst,
auch Geborgenheit,
Trost nach allem Leid.
Ob du gut warst oder schlecht,
wie du bist, so bist du recht,
denn dein Weg war weit.«

Ach, dachte Bastian, was für eine schöne Stimme! Ich wollte, das Lied würde mir gelten!

Die Stimme begann von neuem zu singen:

»Großer Herr, sei wieder klein!
Sei ein Kind und komm herein!
Steh nicht länger vor der Tür,
denn du bist willkommen hier!
Alles ist für dich bereit
schon seit langer Zeit.«

Die Stimme übte eine unwiderstehliche Anziehungskraft auf Bastian aus. Er war sicher, dass es eine sehr freundliche Person war, die da sang. Er klopfte also an die Tür, und die Stimme rief:

125

Das Michael-Ende-Lesebuch

»Herein! Herein, mein schöner Bub!«

Er öffnete die Tür und sah eine gemütliche, nicht sehr große Stube, durch deren Fenster die Sonne hereinschien. In der Mitte stand ein runder Tisch, gedeckt mit allerlei Schalen und Körben voll bunter Früchte, die Bastian nicht kannte. Am Tisch saß eine Frau, die selbst ein wenig aussah wie ein Apfel, so rotbackig und rund, so gesund und appetitlich.

Im allerersten Augenblick war Bastian fast übewältigt von dem Wunsch, mit ausgebreiteten Armen auf sie zuzulaufen und »Mama! Mama!« zu rufen. Aber er beherrschte sich. Seine Mama war tot und ganz gewiss nicht hier in Phantásien. Diese Frau hatte zwar dasselbe liebe Lächeln und dieselbe Vertrauen erweckende Art, einen anzusehen, aber die Ähnlichkeit war höchstens die einer Schwester. Seine Mutter war klein gewesen und diese Frau hier war groß und irgendwie imposant. Sie trug einen breiten Hut, der über und über voller Blumen und Früchte war, und auch ihr Kleid war aus einem farbenprächtigen geblümten Stoff. Erst nachdem er es eine Weile betrachtet hatte, bemerkte er, dass es in Wirklichkeit ebenfalls aus Blättern, Blüten und Früchten war.

Während er so stand und sie ansah, überkam ihn ein Gefühl, wie er es schon lange, lange nicht mehr gekannt hatte. Er konnte sich nicht erinnern, wann und wo, er wusste nur, dass er sich manchmal so gefühlt hatte, als er noch klein war.

»Setz dich doch, mein schöner Bub!«, sagte die Frau und wies mit einer einladenden Handbewegung auf einen Stuhl. »Du wirst sicher hungrig sein, also iss erst einmal!«

Die unendliche Geschichte

»Entschuldigung«, antwortete Bastian, »du erwartest doch einen Gast. Aber ich bin nur ganz zufällig hier.«

»Tatsächlich?«, fragte die Frau und schmunzelte. »Na, das macht nichts. Dewegen kannst du doch trotzdem essen, nicht wahr? Ich werde dir inzwischen eine kleine Geschichte erzählen. Greif zu und lass dich nicht lang bitten!«

Bastian zog seinen schwarzen Mantel aus, legte ihn über den Stuhl, setzte sich und griff zögernd nach einer Frucht. Ehe er hineinbiss, erkundigte er sich:

»Und du? Isst du nichts? Oder magst du kein Obst?«

Die Frau lachte laut und herzlich, Bastian wusste nicht worüber.

»Gut«, sagte sie, nachdem sie sich gefasst hatte, »wenn du darauf bestehst, will ich dir Gesellschaft leisten und auch etwas zu mir nehmen, aber auf meine Art. Erschrick nicht!«

Damit griff sie nach einer Gießkanne, die neben ihr auf dem Boden stand, hielt sie sich über den Kopf und begoss sich selbst.

»Ah«, machte sie, »das erfrischt!«

Jetzt war es Bastian, der lachte. Dann biss er in die Frucht und stellte sogleich fest, dass er etwas so Gutes noch nie gegessen hatte. Danach aß er eine andere und die war sogar noch besser.

»Schmeckt's?«, fragte die Frau, die ihn aufmerksam beobachtete.

Bastian hatte den Mund voll und konnte nicht anworten, er kaute und nickte.

»Das freut mich«, meinte die Frau, »ich habe mir auch besondere Mühe damit gegeben. Iss nur weiter, so viel du magst!«

127

Das Michael-Ende-Lesebuch

Bastian greift nach einer neuen Frucht und die war nun erst vollends ein Fest. Er seufzte hingerissen.

»Und nun will ich dir erzählen«, fuhr die Frau fort, »lass dich nur nicht beim Essen stören.«

Bastian musste sich Mühe geben, ihren Worten zuzuhören, denn jede neue Frucht verursachte ihm neues Entzücken.

»Vor langer, lange Zeit«, begann die geblümte Frau, »war unsere Kindliche Kaiserin todkrank, denn sie brauchte einen neuen Namen und den konnte ihr nur ein Menschenkind geben. Aber Menschen kamen nicht mehr nach Phantásien, niemand wusste, warum. Und wenn sie sterben musste, dann wäre es auch das Ende von Phantásien gewesen. Da kam eines Tages oder, besser gesagt, eines Nachts doch wieder ein Mensch – es war ein kleiner Bub und der gab der Kindlichen Kaiserin den Namen Mondenkind. Sie wurde wieder gesund und zum Dank versprach sie dem Buben, dass alle seine Wünsche in ihrem Reich Wirklichkeit werden sollten – so lange, bis er seinen Wahren Willen gefunden hätte. Von da an machte der kleine Bub eine lange Reise, von einem Wunsch zum anderen, und jeder erfüllte sich. Und jede Erfüllung führte ihn zu einem neuen Wunsch. Und es waren nicht nur gute Wünsche, sondern auch schlimme, aber die Kindliche Kaiserin macht keinen Unterschied, für sie gilt alles gleich und alles ist gleich wichtig in ihrem Reich. Und auch als schließlich der Elfenbeinturm dabei zerstört wurde, tat sie nichts, um es zu verhindern. Aber mit jeder Wunscherfüllung vergaß der kleine Bub einen Teil seiner Erinnerung an die Welt, aus der er gekommen war. Das machte ihm nicht viel aus, denn er

Die unendliche Geschichte

wollte sowieso nicht dorthin zurück. So wünschte er sich weiter und weiter, aber nun hatte er fast alle seine Erinnerungen ausgegeben und ohne Erinnerungen kann man nichts mehr wünschen. Da war er schon beinahe kein Mensch mehr, sondern fast ein Phantásier geworden. Und seinen Wahren Willen kannte er noch immer nicht. Jetzt bestand die Gefahr, dass er auch noch seine letzten Erinnerungen aufbrauchen würde, ohne dahinter zu kommen. Und das würde bedeuten, dass er nie wieder in seine Welt zurückkehren könnte. Da führte ihn zuletzt sein Weg ins Änderhaus, damit er hier so lange bleiben sollte, bis er seinen Wahren Willen fände. Denn das Änderhaus heißt nicht nur so, weil es sich selbst verändert, sondern weil es auch den ändert, der in ihm wohnt. Und das war sehr wichtig für den kleinen Buben, denn bisher wollte er zwar immer ein anderer sein, als er war, aber er wollte sich nicht ändern.«

An dieser Stelle unterbrach sie sich, denn ihr Besucher hatte aufgehört zu kauen. Er hielt eine angebissene Frucht in der Hand und starrte die geblümte Frau mit offenem Mund an.

»Wenn sie dir nicht schmeckt«, meinte sie besorgt, »dann leg sie ruhig weg und nimm eine andere!«

»Wie?«, stotterte Bastian. »Oh, nein, sie ist sehr gut.«

»Dann ist ja alles in Ordnung«, sagte die Frau zufrieden. »Aber ich habe vergessen zu sagen, wie der kleine Bub hieß, der im Änderhaus so lange schon erwartet wurde. Viele in Phantásien nannten ihn einfach nur den ›Retter‹, andere ›den Ritter vom Siebenarmigen Leuchter‹ oder den ›Großen Wissenden‹ oder auch ›Herr und Gebieter‹, aber sein wirklicher Name war Bastian Balthasar Bux.«

Danach sah die Frau ihren Gast lange lächelnd an. Er schluckte ein paar Mal und sagte dann leise:

»So heiße ich.«

»Na, siehst du!«, meinte die Frau und schien kein bisschen überrascht. Die Knospen auf ihrem Hut und an ihrem Kleid öffneten sich plötzlich alle gleichzeitig und blühten auf.

»Aber hundert Jahre«, wandte Bastian unsicher ein, »bin ich doch noch gar nicht in Phantásien.«

»Oh, in Wirklichkeit warten wir schon viel länger auf dich«, antwortete die Dame. »Schon meine Großmutter und die Großmutter meiner Großmutter hat auf dich gewartet. Siehst du, jetzt wird die eine Geschichte erzählt, die neu ist und doch von uralter Vergangenheit berichtet.«

Bastian erinnerte sich an Graógramáns Worte, damals war er noch am Anfang seiner Reise gestanden. Jetzt schien es ihm wirklich, als wäre es hundert Jahre her.

»Übrigens habe ich dir bis jetzt noch nicht gesagt, wie ich heiße. Ich bin Dame Aiuóla.«

Bastian wiederholte den Namen und hatte ein bisschen Mühe, bis es ihm gelang, ihn richtig auszusprechen. Dann griff er nach einer neuen Frucht. Er biss hinein und es kam ihm so vor, als ob immer die, die er gerade aß, von allen die köstlichste war. Ein wenig besorgt sah er, dass er schon die vorletzte aß.

»Möchtest du noch mehr?«, fragte Dame Aiuóla, die seinen Blick bemerkt hatte. Bastian nickte. Da griff sie auf ihren Hut

Die unendliche Geschichte

und ihr Kleid und pflückte Früchte ab, bis die Schale wieder gefüllt war.

»Wachsen die Früchte denn auf deinem Hut?«, erkundigte sich Bastian verblüfft.

»Wieso Hut?« Dame Aiuóla blickte ihn verständnislos an. Dann brach sie in lautes, herzliches Lachen aus. »Ach, du meinst wohl, das ist mein Hut, was ich da auf dem Kopf habe? Aber nein, mein schöner Bub, das wächst doch alles aus mir heraus. So wie du Haare hast. Daran kannst du sehen, wie ich mich freue, dass du endlich da bist, darum blühe ich auf. Wenn ich traurig wäre, würde alles verwelken. Aber bitte vergiss nicht zu essen!«

»Ich weiß nicht«, meinte Bastian verlegen, »man kann doch nicht etwas essen, was aus jemand herauskommt.«

»Warum nicht?«, fragte Dame Aiuóla. »Kleine Kinder bekommen doch auch die Milch von ihrer Mutter. Das ist doch wunderschön.«

»Schon«, wandte Bastian ein und errötete ein wenig, »aber doch nur, solange sie noch ganz klein sind.«

»Dann«, sagte Dame Aiuóla strahlend, »wirst du eben jetzt wieder ganz klein werden, mein schöner Bub.«

Bastian griff zu und biss in eine neue Frucht und Dame Aiuóla freute sich darüber und blühte noch prächtiger auf.

Nach einer kleinen Stille meinte sie:

»Mir scheint, es möchte gern, dass wir ins Nebenzimmer umziehen. Wahrscheinlich hat es etwas für dich vorbereitet.«

»Wer?«, fragte Bastian und schaute sich um.

»Das Änderhaus«, erklärte Dame Aiuóla mit Selbstver-

131

Das Michael-Ende-Lesebuch

ständlichkeit. In der Tat war etwas Merkwürdiges geschehen. Die Stube hatte sich verwandelt, ohne dass Bastian etwas davon bemerkt hatte. Die Zimmerdecke war hoch hinaufgerutscht, während die Wände von drei Seiten ziemlich nahe an den Tisch herangerückt waren. Auf der vierten Seite war noch Platz, dort befand sich eine Tür, die jetzt offen stand.

Dame Aiuóla erhob sich – jetzt war zu sehen, wie groß sie war – und schlug vor:

»Gehen wir! Es hat seinen Dickkopf. Es nützt nichts, ihm zu widerstreben, wenn es sich eine Überraschung ausgedacht hat. Lassen wir ihm seinen Willen! Es meint's außerdem meistens gut.«

Sie ging durch die Tür nach nebenan. Bastian folgte ihr, nahm aber vorsorglich die Schale mit den Früchten mit.

Der Raum war groß wie ein Saal und doch war es ein Speisezimmer, das Bastian irgendwie bekannt vorkam. Befremdlich war nur, dass alle Möbel, die hier standen, auch der Tisch und die Stühle, riesenhaft waren, viel zu groß, als dass Bastian hätte hinaufkommen können.

»Schau einer an«, sagte Dame Aiuóla belustigt, »dem Änderhaus fällt doch immer wieder was Neues ein. Jetzt hat es für dich ein Zimmer gemacht, wie es einem kleinen Kind erscheinen muss.«

»Wieso?«, fragte Bastian. »War der Saal denn vorher nicht da?«

»Natürlich nicht«, antwortete sie, »weißt du, das Änderhaus ist sehr lebendig. Es beteiligt sich gern auf seine Art an unserer Unterhaltung. Ich glaube, es will dir damit etwas sagen.«

132

Die unendliche Geschichte

Dann setzte sie sich auf einen Stuhl an den Tisch, aber Bastian versuchte vergebens auf den anderen Stuhl hinaufzukommen. Dame Aiuóla musste ihm helfen und ihn hinaufheben und auch dann noch reichte er gerade mit der Nase über die Tischplatte. Er war recht froh, dass er die Schale mit den Früchten mitgenommen hatte, und behielt sie auf dem Schoß. Wenn sie auf dem Tisch gestanden hätte, wäre sie für ihn unerreichbar gewesen.

»Musst du oft so umziehen?«, fragt er.

»Oft nicht«, antwortete Dame Aiuóla, »höchstens drei- bis viermal pro Tag. Manchmal macht das Änderhaus auch einfach bloß Spaß mit einem, dann sind auf einmal alle Zimmer umgekehrt, der Boden oben und die Decke unten oder dergleichen. Aber das ist reiner Übermut und es wird auch gleich wieder vernünftig, wenn ich ihm ins Gewissen rede. Im Grunde ist es ein sehr liebes Haus und ich fühle mich wirklich behaglich darin. Wir haben viel miteinander zu lachen.«

»Aber ist das denn nicht gefährlich?«, erkundigte sich Bastian. »Ich meine, nachts zum Beispiel, wenn man schläft und das Zimmer wird immer kleiner?«

»Wo denkst du hin, schöner Bub?«, rief Dame Aiuóla fast entrüstet, »Es mag mich doch gern und dich mag es auch. Es freut sich über dich.«

»Und wenn es jemand nicht mag?«

»Keine Ahnung«, antwortete sie, »was du aber auch für Fragen stellst! Bis jetzt war noch niemand hier außer mir und dir.«

»Ach so!«, sagte Bastian. »Dann bin ich der erste Gast?«

»Natürlich.«

Das Michael-Ende-Lesebuch

Bastian blickte sich in dem riesigen Raum um.

»Man sollte gar nicht glauben, dass dieses Zimmer überhaupt in das Haus hineinpasst. Von außen sah es nicht so groß aus.«

»Das Änderhaus«, erklärte Dame Aiuóla, »ist von innen größer als von außen.«

Inzwischen war die Abenddämmerung hereingebrochen und es wurde nach und nach dunkler in dem Zimmer. Bastian lehnte sich in seinen großen Stuhl zurück und stützte den Kopf auf. Er fühlte sich auf eine wunderbare Art schläfrig.

»Warum«, fragte er, »hast du so lang auf mich gewartet, Dame Aiuóla?«

»Ich habe mir immer ein Kind gewünscht«, antwortete sie, »ein kleines Kind, das ich verwöhnen darf, das meine Zärtlichkeit braucht, für das ich sorgen kann – jemand wie du, mein schöner Bub.«

Bastian gähnte. Er fühlte sich durch ihre warme Stimme auf unwiderstehliche Weise eingelullt.

»Aber du hast doch gesagt«, antwortete er, »dass auch deine Mutter und deine Großmutter schon auf mich gewartet haben.«

Dame Aiuólas Gesicht lag jetzt im Dunkeln.

»Ja«, hörte er sie sagen, »auch meine Mutter und meine Großmutter haben sich ein Kind gewünscht. Aber nur ich habe jetzt eins.«

Bastian fielen die Augen zu. Mit Mühe fragte er:

»Wieso, deine Mutter hatte doch dich, als du klein warst. Und deine Großmutter hatte deine Mutter. Also hatten sie doch Kinder?«

134

Die unendliche Geschichte

»Nein, mein schöner Bub«, antwortete die Stimme leise, »bei uns ist das anders. Wir sterben nicht und werden nicht geboren. Wir sind immer dieselbe Dame Aiuóla und doch sind wir es auch wieder nicht. Als meine Mutter alt wurde, da verdorrte sie, alle ihre Blätter fielen ab wie bei einem Baum im Winter, sie zog sich ganz in sich zurück. So blieb sie lange Zeit. Aber dann begann sie eines Tages von neuem junge Blättchen hervorzutreiben, Knospen und Blüten und zuletzt Früchte. Und so bin ich entstanden, denn diese neue Dame Aiuóla war ich. Und genauso war es bei meiner Großmutter, als sie meine Mutter zur Welt brachte. Wir Damen Aiuóla können immer erst ein Kind haben, wenn wir vorher verwelken. Aber dann sind wir eben unser eigenes Kind und können nicht mehr Mutter sein. Darum bin ich so froh, dass du nun da bist, mein schöner Bub ...«

Bastian antwortete nicht mehr. Er war in einen süßen Halbschlaf hinübergeglitten, in dem er ihre Worte wie einen Singsang vernahm. Er hörte, wie sie aufstand und zu ihm trat und sich über ihn beugte. Sie streichelte ihn sanft übers Haar und gab ihm einen Kuss auf die Stirn. Dann fühlte er, wie sie ihn hochhob und auf dem Arm hinaustrug. Er lehnte seinen Kopf an ihre Schulter wie ein kleines Kind. Immer tiefer sank er in die warme Dunkelheit des Schlafes hinunter. Ihm war, als ob er ausgezogen und in ein weiches, duftendes Bett gelegt würde. Als Letztes hörte er noch – schon aus weiter Ferne –, wie die schöne Stimme leise ein Liedchen sang.

135

»Schlaf, mein Liebling! Gute Nacht!
Hast so vieles durchgemacht.
Großer Herr, sei wieder klein!
Schlaf, mein Liebling, schlafe ein!«

Als er am nächsten Morgen erwachte, fühlte er sich so wohl
und so zufrieden wie nie zuvor. Er blickte sich um und sah,
dass er in einem sehr gemütlichen kleinen Zimmer lag – und
zwar in einem Kinderbettchen! Allerdings war es ein sehr
großes Kinderbettchen oder vielmehr, es war so, wie es einem
kleinen Kind erscheinen musste. Einen Augenblick lang kam
ihm das lächerlich vor, denn er war ja ganz gewiss kein kleines
Kind mehr. Alles, was Phantásien ihm an Kräften und Gaben
geschenkt hatte, besaß er ja noch immer. Auch das Zeichen der
Kindlichen Kaiserin hing nach wir vor um seinen Hals. Aber
schon im nächsten Moment war es ihm ganz gleichgültig, ob
es nun lächerlich erscheinen mochte oder nicht, dass er hier
lag. Außer ihm und Dame Aiuóla würde es niemals jemand erfahren und sie beide wussten, dass alles gut und richtig war.

Er stand auf, wusch sich, zog sich an und ging hinaus. Er
musste eine Holztreppe hinuntersteigen und kam in das große
Speisezimmer, das sich über Nacht allerdings in eine Küche
verwandelt hatte. Dame Aiuóla wartete schon mit dem Frühstück auf ihn. Auch sie war äußerst guter Laune, alle ihre Blumen blühten, sie sang und lachte und tanzte sogar mit ihm
um den Küchentisch herum. Nach der Mahlzeit schickte sie
ihn hinaus, damit er an die frische Luft käme.

In dem weiten Rosenhag, der das Änderhaus umgab,

Die unendliche Geschichte

schien ein ewiger Sommer zu herrschen. Bastian strolchte herum, beobachtete die Bienen, die emsig in den Blüten schmausten, hörte den Vögeln zu, die in allen Büschen sangen, spielte mit den Eidechsen, die so zutraulich waren, dass sie ihm auf die Hand krochen, und mit den Hasen, die sich von ihm streicheln ließen. Manchmal warf er sich unter einen Busch, roch den süßen Duft der Rosen, blinzelte in die Sonne und ließ die Zeit vorüberrauschen wie einen Bach, ohne irgendetwas Bestimmtes zu denken.

So vergingen Tage, und aus den Tagen wurden Wochen. Er achtete nicht darauf. Dame Aiuóla war fröhlich und Bastian überließ sich ganz und gar ihrer mütterlichen Fürsorge und Zärtlichkeit. Ihm war, als habe er, ohne es zu wissen, lange nach etwas gehungert, das ihm nun in Fülle zuteil wurde. Und er konnte sich schier nicht daran ersättigen.

Eine Zeit lang durchstöberte er das Änderhaus vom Dachstuhl bis zum Keller. Das war eine Beschäftigung, die einem nicht langweilig wurde, da sich alle Räume ständig veränderten und immer wieder Neues zu entdecken war. Das Haus gab sich alle Mühe, seinen Gast zu unterhalten. Es produzierte Spielzimmer, Eisenbahnen, Kasperletheater und Rutschbahnen, ja sogar ein großes Karussell. Manchmal unternahm Bastian auch ganztägige Streifzüge in die Umgebung. Aber sehr weit entfernte er sich niemals vom Änderhaus, denn es geschah regelmäßig, dass ihn plötzlich ein wahrer Heißhunger nach den Früchten Aiuólas befiel. Von einem Augenblick zum anderen konnte er es kaum noch erwarten, zu ihr zurückzukehren und sich nach Herzenslust satt zu essen.

137

Das Michael-Ende-Lesebuch

Abends hatten sie oft lange Gespräche miteinander. Er erzählte ihr von allem, was er in Phantásien erlebt hatte, von Perelín und Graógramán, von Xayíde und Atréju, den er so schwer verwundet oder sogar getötet hatte.

»Ich habe alles falsch gemacht«, sagte er, »ich habe alles missverstanden. Mondenkind hat mir so viel geschenkt und ich habe damit nur Unheil angerichtet, für mich und für Phantásien.«

Dame Aiuóla sah ihn lange an.

»Nein«, antwortete sie, »das glaube ich nicht. Du bist den Weg der Wünsche gegangen und der ist nie gerade. Du hast einen großen Umweg gemacht, aber es war *dein* Weg. Und weißt du, warum? Du gehörst zu denen, die erst zurückkehren können, wenn sie die Quelle finden, wo das Wasser des Lebens entspringt. Und das ist der geheimste Ort Phantásiens. Dorthin gibt es keinen einfachen Weg.«

Und nach einer kleinen Stille fügte sie hinzu:

»Jeder Weg, der dorthin führt, war am Ende der richtige.«

Da musste Bastian plötzlich weinen. Er wusste selbst nicht warum. Ihm war, als ob sich ein Knoten in seinem Herzen auflöse und in Tränen zerging. Er schluchzte und schluchzte und konnte nicht aufhören. Dame Aiuóla nahm ihn auf ihren Schoß und streichelte ihn sanft und er vergrub sein Gesicht in den Blumen auf ihrer Brust und weinte, bis er ganz satt und müde war.

An diesem Abend redeten sie nicht mehr weiter.

Erst am nächsten Tag kam Bastian noch einmal auf seine Suche zu sprechen:

»Weißt du, wo ich das Wasser des Lebens finden kann?«

Die unendliche Geschichte

»An der Grenze Phantásiens«, sagte Dame Aiuóla.

»Aber Phantásien hat keine Grenzen«, antwortete er.

»Doch, aber sie liegen nicht außen, sondern innen. Dort, von woher die Kindliche Kaiserin all ihre Macht empfängt und wohin sie selbst doch nicht kommen kann.«

»Und da soll ich hinfinden?«, fragte Bastian bekümmert. »Ist es nicht schon zu spät?«

»Es gibt nur einen Wunsch, mit dem du dort hinfindest: Mit dem letzten.«

Bastian erschrak.

»Dame Aiuóla – für alle meine Wünsche, die sich durch AURYN erfüllt haben, habe ich etwas vergessen. Ist das hier auch so?«

Sie nickte langsam.

»Aber ich merke davon gar nichts!«

»Hast du es denn die anderen Male gemerkt? Was du vergessen hast, das kannst du nicht mehr wissen.«

»Und was vergesse ich denn jetzt?«

»Ich will es dir sagen, wenn der rechte Augenblick da ist. Sonst würdest du es festhalten.«

»Muss es denn so sein, dass ich alles verliere?«

»Nichts geht verloren«, sagte sie, »alles verwandelt sich.«

»Aber dann«, sagte Bastian beunruhigt, »müsste ich mich vielleicht beeilen. Ich dürfte nicht hier bleiben.«

Sie streichelte sein Haar.

»Mach dir keine Sorgen. Es dauert, so lang es dauert. Wenn dein letzter Wunsch erwacht, dann wirst du es wissen – und ich auch.«

Das Michael-Ende-Lesebuch

Von diesem Tage an begann sich tatsächlich etwas zu ändern, obgleich Bastian selbst noch nichts davon bemerkte. Die verwandelnde Kraft des Änderhauses tat ihre Wirkung. Doch wie alle wahren Veränderungen ging sie leise und langsam vor sich wie das Wachstum einer Pflanze.

Die Tage im Änderhaus verstrichen und noch immer dauerte der Sommer an. Bastian genoss es auch weiterhin, sich wie ein Kind von Dame Aiuóla verwöhnen zu lassen. Auch ihre Früchte schmeckten ihm noch immer so köstlich wie zu Anfang, doch nach und nach war sein Heißhunger gestillt. Er aß weniger davon. Und sie bemerkte es, ohne jedoch ein Wort darüber zu verlieren. Auch von ihrer Fürsorge und Zärtlichkeit fühlte er sich gesättigt. Und in demselben Maß, wie sein Bedürfnis danach abnahm, erwachte in ihm eine Sehnsucht ganz anderer Art, ein Verlangen, wie er es bisher noch nie empfunden hatte und das sich in jeder Hinsicht von all seinen bisherigen Wünschen unterschied: die Sehnsucht, selbst lieben zu können. Mit Verwunderung und Trauer wurde er inne, dass er es nicht konnte. Doch der Wunsch danach wurde stärker und stärker.

Und eines Abends, als sie wieder beisammensaßen, sprach er darüber mit Dame Aiuóla.

Nachdem sie ihm zugehört hatte, schwieg sie lange. Ihr Blick ruhte mit einem Ausdruck auf Bastian, den er nicht verstand.

»Jetzt hast du deinen letzten Weg gefunden«, sagte sie, »dein Wahrer Wille ist es, zu lieben.«

»Aber warum kann ich es nicht, Dame Aiuóla?«

Die unendliche Geschichte

»Das kannst du erst, wenn du vom Wasser des Lebens getrunken hast«, antwortete sie, »und du kannst nicht in deine Welt zurück, ohne anderen davon mitzubringen.«

Bastian schwieg verwirrt. »Aber du«, fragte er, »hast du denn nicht auch schon davon getrunken?«

»Nein«, sagte Dame Aiuóla, »bei mir ist das etwa anderes. Ich brauche nur jemanden, dem ich meinen Überfluss schenken kann.«

»War das denn nicht Liebe?«

Dame Aiuóla überlegte eine Weile, dann erwiderte sie:

»Es war, was du dir gewünscht hast.«

»Können phantásische Wesen auch nicht lieben – wie ich?«, fragte er bang.

»Es heißt«, entgegnete sie leise, »dass es einige wenige Geschöpfte Phantásiens gibt, die vom Wasser des Lebens trinken durften. Aber niemand weiß, wer sie sind. Und es gibt eine Verheißung, von der wir nur selten sprechen, dass einmal in ferner Zukunft eine Zeit kommen wird, wo die Menschen die Liebe nach Phantásien bringen werden. Dann werden beide Welten nur noch eine sein. Doch was das bedeutet, weiß ich nicht.«

»Dame Aiuóla«, fragte Bastian ebenso leise, »du hast versprochen, wenn der rechte Augenblick gekommen ist, willst du mir sagen, was ich vergessen musste, um meinen letzten Wunsch zu finden. Ist jetzt der rechte Augenblick gekommen?«

Sie nickte.

»Du musstest Vater und Mutter vergessen. Jetzt hast du nichts mehr als deinen Namen.«

141

Das Michael-Ende-Lesebuch

Bastian dachte nach.

»Vater und Mutter?«, sagte er langsam. Aber die Worte bedeuteten ihm nichts mehr. Er konnte sich nicht erinnern.

»Was soll ich jetzt tun?«, fragte er.

»Du musst mich verlassen«, antwortete sie, »deine Zeit im Änderhaus ist vorüber.«

»Und wo soll ich hin?«

»Dein letzter Wunsch wird dich führen. Verliere ihn nicht!«

»Soll ich jetzt gleich gehen?«

»Nein, es ist spät. Morgen früh bei Tagesanbruch. Du hast noch eine Nacht im Änderhaus. Jetzt wollen wir schlafen gehen.«

Bastian stand auf und trat zu ihr. Erst jetzt, als er ihr nah war, bemerkte er in der Dunkelheit, dass all ihre Blüten verwelkt waren.

»Kümmere dich nicht darum!«, sagte sie. »Auch morgen früh sollst du dich nicht um mich kümmern. Geh deinen Weg! Es ist alles gut und richtig so. Gute Nacht, mein schöner Bub.«

»Gute Nacht, Dame Aiuóla«, murmelte Bastian.

Dann ging er in sein Zimmer hinauf.

Als er am nächsten Tag herunterkam, sah er, dass Dame Aiuóla noch immer auf demselben Platz saß. Alle Blätter, Blüten und Früchte waren von ihr abgefallen. Sie hatte die Augen geschlossen und sah aus wie ein schwarzer, abgestorbener Baum. Lange stand Bastian vor ihr und schaute sie an. Dann sprang plötzlich eine Tür auf, die ins Freie führte.

Die unendliche Geschichte

Ehe er hinausging, wandte er sich noch einmal zurück und sagte, ohne zu wissen, ob er Dame Aiuóla oder das Haus meinte oder alle beide:

»Danke, danke für alles!«

Dann trat er durch die Tür hinaus. Draußen war es über Nacht Winter geworden. Der Schnee lag knietief und von dem blühenden Rosenhag waren nur noch schwarze Dornenhecken übrig. Kein Wind regte sich. Es war bitterkalt und sehr still.

Bastian wollte zurück ins Haus, um seinen Mantel zu holen, aber Türen und Fenster waren verschwunden. Es hatte sich rundum geschlossen. Fröstelnd machte er sich auf den Weg.

XXV. Das Bergwerk der Bilder

Yor, der Blinde Bergmann, stand vor seiner Hütte und lauschte in die Weite der Schneefläche hinaus, die sich nach alle Seiten erstreckte. Die Stille war so vollkommen, dass sein feines Ohr eines Wanderers Schritte im Schnee knirschen hörte, der noch sehr weit entfernt war. Doch die Schritte kamen auf die Hütte zu.

Yor war ein großer, alter Mann, doch war sein Gesicht bartlos und ohne Furchen. Alles an ihm, sein Kleid, sein Gesicht, sein Haar, war grau wie Stein. Wie er so reglos dastand, sah er aus, als sei er aus einem großen Stück Lava gemeißelt. Nur seine blinden Augen waren dunkel und in ihrer Tiefe war ein Glimmen wie von einer kleinen Flamme.

143

Das Michael-Ende-Lesebuch

Als Bastian – denn er war der Wanderer – herangekommen war, sagte er:

»Guten Tag. Ich habe mich verirrt. Ich suche nach der Quelle, wo das Wasser des Lebens entspringt. Kannst du mir helfen?«

Der Bergmann horchte auf die Stimme, die da sprach.

»Du hast dich nicht verirrt«, flüsterte er. »Aber sprich leise, sonst zerfallen meine Bilder.«

Er winkte Bastian und der trat hinter ihm in die Hütte.

Sie bestand aus einem einzigen Raum, der schmucklos und äußerst karg eingerichtet war. Ein Holztisch, zwei Stühle, eine Pritsche zum Schlafen und ein Brettergestell, in dem allerhand Nahrungsmittel und Geschirr aufbewahrt wurden. Auf einem offenen Herd brannte ein kleines Feuer, darüber hing ein Kessel, in dem eine Suppe dampfte.

Yor schöpfte zwei Teller voll für sich und Bastian, stellte sie auf den Tisch und forderte den Gast mit einer Handbewegung zum Essen auf. Schweigend nahmen sie ihre Mahlzeit ein.

Dann lehnte sich der Bergmann zurück, seine Augen blickten durch Bastian hindurch in eine weite Ferne, flüsternd fragte er:

»Wer bist du?«

»Ich heiße Bastian Balthasar Bux.«

»Ah, deinen Namen weißt du also noch.«

»Ja. Und wer bist du?«

»Ich bin Yor, den man den Blinden Bergmann nennt. Aber ich bin nur im Licht blind. Unter Tag in meinem Bergwerk, wo vollkommene Finsternis herrscht, kann ich schauen.«

»Was ist das für ein Bergwerk?«

Die unendliche Geschichte

»Es heißt die Grube Minroud. Es ist das Bergwerk der Bilder.«

»Das Bergwerk der Bilder?«, wiederholte Bastian verwundert. »So etwas habe ich noch nie gehört.«

Yor schien immerfort auf etwas zu lauschen.

»Und doch«, raunte er, »ist es gerade für solche wie dich da. Für Menschen, die den Weg zum Wasser des Lebens nicht finden können.«

»Was für Bilder sind es denn?«, wollte Bastian wissen.

Yor schloss die Augen und schwieg eine Weile. Bastian wusste nicht, ob er seine Frage wiederholen sollte. Dann hörte er den Bergmann flüstern.

»Nichts geht verloren in der Welt. Hast du jemals etwas geträumt und beim Aufwachen nicht mehr gewusst, was es war?«

»Ja«, antwortete Bastian, »oft.«

Yor nickte gedankenvoll. Dann erhob er sich und machte Bastian ein Zeichen ihm zu folgen. Ehe sie aus der Hütte traten, fasste er ihn mit hartem Griff an der Schulter und raunte ihm ins Ohr:

»Aber kein Wort, kein Laut, verstanden? Was du sehen wirst, ist meine Arbeit von vielen Jahren. Jedes Geräusch kann sie zerstören. Darum schweige und tritt leise auf!«

Bastian nickte und sie verließen die Hütte. Hinter dieser war ein hölzerner Förderturm errichtet, unter dem ein Schacht senkrecht in die Erdentiefe hinunterführte. Sie gingen daran vorbei in die Weite der Schneefläche hinaus. Und nun sah Bastian die Bilder, die hier lagen wie in weiße Seide gebettet, als wären es kostbare Juwelen.

Das Michael-Ende-Lesebuch

Es waren hauchdünne Tafeln aus einer Art Marienglas, durchsichtig und farbig und in allen Größen und Formen, rechteckige und runde, bruchstückartige und unversehrte, manche groß wie Kirchenfenster, andere klein wie Miniaturen auf einer Dose. Sie lagen, ungefähr nach Größe und Form geordnet, in Reihen, die sich bis zum Horizont der weißen Ebene erstreckten.

Was diese Bilder darstellten, war rätselhaft. Da gab es vermummte Gestalten, die in einem großen Vogelnest dahinzuschweben schienen, oder Esel, die Richtertalare trugen, es gab Uhren, die wie weicher Käse zerflossen, oder Gliederpuppen, die auf grell beleuchteten, menschenleeren Plätzen standen. Da waren Gesichter und Köpfe, die ganz aus Tieren zusammengebaut waren, und andere, die eine Landschaft bildeten. Aber es gab auch ganz gewöhnliche Bilder, Männer, die ein Kornfeld abmähten, und Frauen, die auf einem Balkon saßen. Es gab Gebirgsdörfer und Meereslandschaften, Kriegsszenen und Zirkusaufführungen, Straßen und Zimmer und immer wieder Gesichter, alte und junge, weise und einfältige, Narren und Könige, finstere und heitere. Da waren grausige Bilder, Hinrichtungen und Totentänze, und lustige Bilder von jungen Damen auf einem Walross oder von einer Nase, die herumspazierte und von allen Vorübergehenden gegrüßt wurde.

Je länger sie an den Bildern entlangwanderten, desto weniger konnte Bastian ergründen, was es mit ihnen auf sich hatte. Nur eines war ihm klar: Es gab einfach alles auf ihnen zu sehen, wenn auch meistens in eigentümlicher Zusammenstellung.

Die unendliche Geschichte

Nachdem er viele Stunden neben Yor an den Reihen der Tafeln vorübergegangen war, senkte sich die Dämmerung über die weite Schneefläche. Sie kehrten zur Hütte zurück. Als sie die Tür hinter sich geschlossen hatten, fragte Yor mit leiser Stimme:

»War eines dabei, das du erkannt hast?«

»Nein«, erwiderte Bastian.

Der Bergmann wiegte bedenkenvoll den Kopf.

»Warum?«, wollte Bastian wissen. »Was sind das für Bilder?«

»Es sind die vergessenen Träume aus der Menschenwelt«, erklärte Yor. »Ein Traum kann nicht zu nichts werden, wenn er einmal geträumt wurde. Aber wenn der Mensch, der ihn geträumt hat, ihn nicht behält – wo bleibt er dann? Hier bei uns in Phantásien, dort unten in der Tiefe unserer Erde. Dort lagern sich die vergessenen Träume ab in feinen, feinen Schichten, eine über der anderen. Je tiefer man hinuntergräbt, desto dichter liegen sie. Ganz Phantásien steht auf Grundfesten aus vergessenen Träumen.«

»Sind auch meine dabei?«, fragte Bastian mit großen Augen.

Yor nickte nur.

»Und du meinst, ich muss sie finden?«, forschte Bastian weiter.

»Wenigstens einen. Einer genügt«, antwortete Yor.

»Aber wozu?«, wollte Bastian wissen.

Der Bergmann wandte ihm sein Gesicht zu, das jetzt nur noch vom Schein des kleinen Feuers auf dem Herd erleuchtet

147

Das Michael-Ende-Lesebuch

wurde. Seine blinden Augen blickten wieder durch Bastian hindurch wie in weite Ferne.

»Hör zu, Bastian Balthasar Bux«, sagte er, »ich rede nicht gern viel. Die Stille ist mir lieber. Aber dieses eine Mal sage ich es dir. Du suchst das Wasser des Lebens. Du möchtest lieben können, um zurückzufinden in deine Welt. Lieben – das sagt sich so! Das Wasser des Lebens wird dich fragen: Wen? Lieben kann man nämlich nicht einfach so irgendwie und allgemein. Aber du hast alles vergessen außer deinem Namen. Und wenn du nicht antworten kannst, wirst du nicht trinken dürfen. Drum kann dir nur noch ein vergessener Traum helfen, den du wiederfindest, ein Bild, das dich zur Quelle führt. Aber dafür wirst du das Letzte vergessen müssen, was du noch hast: dich selbst. Und das bedeutet harte und geduldige Arbeit. Bewahre meine Worte gut, denn ich werde sie nie wieder aussprechen.«

Danach legte er sich auf seine Holzpritsche und schlief ein. Bastian blieb nichts anders übrig, als mit dem harten, kalten Boden als Lagerstätte vorlieb zu nehmen. Aber das machte ihm nichts aus.

Als er am nächsten Morgen mit klammen Gliedern wieder erwachte, war Yor schon fortgegangen. Wahrscheinlich war er in der Grube Minroud eingefahren. Bastian nahm sich selber einen Teller der heißen Suppe, die ihn erwärmte, aber ihm nicht besonders mundete. In ihrer Salzigkeit erinnerte sie ein wenig an den Geschmack von Tränen und Schweiß.

Dann ging er hinaus und wanderte durch den Schnee der weiten Ebenen an den unzähligen Bildern vorüber. Eines nach

148

Die unendliche Geschichte

dem anderen betrachtete er aufmerksam, denn nun wusste er ja, was für ihn davon abhing, aber er konnte keines entdecken, das ihn in irgendeiner Weise besonders anrührte. Sie waren ihm alle ganz gleichgültig.

Gegen Abend sah er Yor in einem Förderkorb aus dem Schacht des Bergwerks aufsteigen. Auf dem Rücken trug er in einem Gestell einige verschieden große Tafeln des hauchdünnen Marienglases. Bastian begleitete ihn schweigend, während er noch einmal weit hinausging auf die Ebene und seine neuen Funde mit größter Behutsamkeit am Ende einer Reihe in den weichen Schnee bettete. Eines der Bilder stellte einen Mann dar, dessen Brust ein Vogelkäfig war, in dem zwei Tauben saßen. Ein anderes zeigte eine steinerne Frau, die auf einer großen Schildkröte ritt. Ein sehr kleines Bild ließ nur einen Schmetterling erkennen, dessen Flügel Flecken in der Form von Buchstaben aufwiesen. Es waren noch einige andere Bilder da, aber keines sagte Bastian irgendetwas.

Als er mit dem Bergmann wieder in der Hütte saß, fragte er:

»Was geschieht mit den Bildern, wenn der Schnee schmilzt?«

»Hier ist immer Winter«, entgegnete Yor.

Das war ihre ganze Unterhaltung an diesem Abend.

Während der folgenden Tage suchte Bastian weiter unter den Bildern nach einem, das er wieder erkannte oder das ihm wenigstens etwas Besonderes bedeutete – aber vergebens. Abends saß er mit dem Bergmann in der Hütte, und da dieser schwieg, gewöhnte Bastian sich daran, ebenfalls zu schweigen. Auch die behutsame Art sich zu bewegen, um kein Ge-

149

Das Michael-Ende-Lesebuch

räusch zu machen, das die Bilder zerfallen lassen könnte, übernahm er nach und nach von Yor.

»Jetzt habe ich alle Bilder gesehen«, sagte Bastian eines Abends, »für mich ist keines darunter.«

»Schlimm«, antwortete Yor.

»Was soll ich tun?«, fragte Bastian. »Soll ich auf die neuen Bilder warten, die du heraufbringst?«

Yor überlegte eine Weile, dann schüttelte er den Kopf.

»Ich an deiner Stelle«, flüsterte er, »würde selbst in die Grube Minroud einfahren und vor Ort graben.«

»Aber ich habe nicht deine Augen«, meinte Bastian, »ich kann in der Finsternis nicht sehen.«

»Hat man dir denn kein Licht gegeben auf deiner weiten Reise«, fragte Yor und blickte wieder durch Bastian hindurch, »keinen leuchtenden Stein, gar nichts, was dir jetzt helfen könnte?«

»Doch«, antwortete Bastian traurig, »aber ich habe Al'Tashir zu etwas anderem gebraucht.«

»Schlimm«, wiederholte Yor mit steinernem Gesicht.

»Was rätst du mir?«, wollte Bastian wissen.

Der Bergmann schwieg wieder lange, ehe er erwiderte:

»Dann musst du eben im Dunkeln arbeiten.«

Bastian überlief ein Schauer. Zwar hatte er noch immer alle Kraft und Furchtlosigkeit, die ihm AURYN verliehen hatte, doch bei der Vorstellung, so tief, tief dort unten im Inneren der Erde in völliger Finsternis zu liegen, wurde das Mark seiner Knochen zu Eis. Er sagte nichts mehr und beide legten sich schlafen.

Die unendliche Geschichte

Am nächsten Morgen rüttelte ihn der Bergmann an der Schulter.

Bastian richtete sich auf.

»Iss deine Suppe und komm!«, befahl Yor kurz angebunden.

Bastian tat es.

Er folgte dem Bergmann zu dem Schacht, bestieg mit ihm zusammen den Förderkorb und dann fuhr er in die Grube Minroud ein. Tiefer und tiefer ging es hinunter. Längst war der letzte spärliche Lichtschein, der durch die Öffnung des Schachtes drang, geschwunden und noch immer sank der Korb in der Finsternis abwärts. Dann endlich zeigte ein Ruck, dass sie auf dem Grunde angelengt waren. Sie stiegen aus.

Hier unten war es sehr viel wärmer als oben auf der winterlichen Ebene und schon nach kurzem begann Bastian der Schweiß am ganzen Körper auszubrechen, während er sich bemühte, den Bergmann, der rasch vor ihm herging, nicht im Dunkeln zu verlieren. Es war ein verschlungener Weg durch zahllose Stollen, Gänge und bisweilen auch Hallen, wie aus einem leisen Echo ihrer Schritte zu erraten war. Bastian stieß sich mehrmals sehr schmerzhaft an Vorsprüngen und Stützbalken, doch Yor nahm keine Notiz davon.

An diesem ersten Tag und auch noch an einigen folgenden unterwies der Bergmann ihn schweigend, nur indem er Bastians Hände führte, in der Kunst, die feinen, hauchzarten Marienglasschichten voneinander zu trennen und behutsam abzuheben. Es gab dazu Werkzeuge, die sich wie hölzerne oder hörnerne Spachtel anfühlten, zu Gesicht bekam er sie nie-

151

Das Michael-Ende-Lesebuch

mals, denn sie blieben an der Arbeitsstelle liegen, wenn das Tagewerk getan war.

Nach und nach erlernte er, sich dort unten in der völligen Dunkelheit zurechtzufinden. Er erkannte die Gänge und Stollen mit einem neuen Sinn, den er nicht hätte erklären können. Und eines Tages wies Yor ihn wortlos, nur durch Berührung mit seinen Händen an, von nun an allein in einem niedrigen Stollen zu arbeiten, in den man nur kriechend eindringen konnte. Bastian gehorchte. Es war sehr eng vor Ort, und über ihm lag die Berglast des Urgesteins.

Eingerollt wie ein ungeborenes Kind im Leib seiner Mutter lag er in den dunklen Tiefen der Grundfesten Phantásiens und schürfte geduldig nach einem vergessenen Traum, einem Bild, das ihn zum Wasser des Lebens führen konnte.

Da er nichts sehen konnte in der ewigen Nacht des Erdinneren, konnte er auch keine Auswahl und keine Entscheidung treffen. Er musste darauf hoffen, dass der Zufall oder ein barmherziges Schicksal ihn irgendwann den rechten Fund machen lassen würde. Abend für Abend brachte er nach oben ans verlöschende Tageslicht, was er in den Tiefen der Grube Minroud abzulösen vermocht hatte. Und Abend für Abend war seine Arbeit umsonst gewesen. Doch Bastian klagte nicht und empörte sich nicht. Er hatte alles Mitleid mit sich selbst verloren. Er war geduldig und still geworden. Obwohl seine Kräfte unerschöpflich waren, fühlte er sich oft sehr müde.

Wie lange diese harte Zeit dauerte, lässt sich nicht sagen, denn solche Arbeit lässt sich nicht nach Tagen oder Monaten

Die unendliche Geschichte

bemessen. Jedenfalls geschah es eines Abends, dass er ein Bild mitbrachte, das ihn auf der Stelle so sehr aufwühlte, dass er sich zurückhalten musste, keinen Überraschungslaut auszustoßen und damit alles zu zerstören.

Auf der zarten Marienglastafel – sie war nicht sehr groß, hatte nur etwa das Format einer gewöhnlichen Buchseite – war sehr klar und deutlich ein Mann zu sehen, der einen weißen Kittel trug. In der einen Hand hielt er ein Gipsgebiss. Er stand da und seine Haltung und der stille, bekümmerte Ausdruck in seinem Gesicht griffen Bastian ans Herz. Aber das, was ihn am meisten betroffen machten, war, dass der Mann in einen glasklaren Eisblock eingefroren war. Ganz und gar und von allen Seiten umgab ihn eine undurchdringliche, aber vollkommen durchsichtige Eisschicht.

Während Bastian das Bild betrachtete, das vor ihm im Schnee lag, erwachte in ihm Sehnsucht nach diesem Mann, den er nicht kannte. Es war ein Gefühl, das wie aus weiter Ferne herankam, wie eine Springflut im Meer, die man anfangs kaum wahrnimmt, bis sie näher und näher kommt und zuletzt zur gewaltigen, haushohen Woge wird, die alles mit sich reißt und hinwegschwemmt. Bastian ertrank fast darin und rang nach Luft. Das Herz tat ihm weh, es war nicht groß genug für eine so riesige Sehnsucht. In dieser Flutwelle ging alles unter, was er noch an Erinnerung an sich selbst besaß. Und er vergaß das Letzte, was er noch hatte: seinen eigenen Namen.

Als er später zu Yor in die Hütte trat, schwieg er. Auch der Bergmann sagte nichts, aber er blickte lange nach ihm hin, wobei seine Augen wieder wie in weite Ferne zu schauen

153

schienen, und dann ging zum ersten Mal in all dieser Zeit ein kurzes Lächeln über seine steingrauen Züge.

In dieser Nacht konnte der Junge, der nun keinen Namen mehr hatte, trotz aller Müdigkeit nicht einschlafen. Immerfort sah er das Bild vor sich. Ihm war, als ob der Mann ihm etwas sagen wollte, aber es nicht konnte, weil er in dem Eisblock eingeschlossen war. Der Junge ohne Namen wollte ihm helfen, wollte machen, dass dieses Eis taute. Wie in einem wachen Traum sah er sich selbst den Eisblock umarmen, um ihn mit der Wärme seines Körpers zum Schmelzen zu bringen. Aber alles war vergebens.

Doch dann hörte er plötzlich, was der Mann ihm sagen wollte, hörte es nicht mit den Ohren, sondern tief in seinem eigenen Herzen:

»Hilf mir bitte! Lass mich nicht im Stich! Allein komme ich aus diesem Eis nicht heraus. Hilf mir! Nur du kannst mich daraus befreien – nur du!«

Als sie am nächsten Morgen bei Tagesgrauen erhoben, sagte der Junge ohne Namen zu Yor:

»Ich fahre heute nicht mehr mit dir in die Grube Minroud ein.«

»Willst du mich verlassen?«

Der Junge nickte. »Ich will gehen und das Wasser des Lebens suchen.«

»Hast du das Bild gefunden, das dich führen wird?«

»Ja.«

»Willst du es mir zeigen?«

Der Junge nickte abermals. Beide gingen hinaus in den

Die unendliche Geschichte

Schnee, wo das Bild lag. Der Junge sah es an, aber Yor richtete seine blinden Augen auf das Gesicht des Jungen, als blicke er durch ihn hindurch in eine weite Ferne. Er schien lange auf etwas hinzuhorchen. Endlich nickte er.

»Nimm es mit«, flüsterte er, »und verliere es nicht. Wenn du es verlierst oder wenn es zerstört wird, dann ist für dich alles zu Ende. Denn in Phantásien bleibt dir nun nichts mehr. Du weißt, was das heißt.«

Der Junge, der keinen Namen mehr hatte, stand mit gesenktem Kopf und schwieg eine Weile. Dann sagte er ebenso leise:

»Danke, Yor, für das, was du mich gelehrt hast.«

Sie gaben sich die Hände.

»Du warst ein guter Bergknappe«, raunte Yor, »und hast fleißig gearbeitet.«

Damit wandte er sich ab und ging auf den Schacht der Grube Minroud zu. Ohne sich noch einmal umzudrehen, stieg er in den Förderkorb und fuhr in die Tiefe.

Der Junge ohne Namen hob das Bild aus dem Schnee auf und stapfte in die Weite der weißen Ebene hinaus.

Viele Stunden war er schon so gewandert, längst war Yors Hütte am Horizont hinter ihm verschwunden und nichts umgab ihn mehr als die weiße Fläche, die sich nach allen Seiten hin erstreckte. Aber er fühlte, wie das Bild, das er behutsam mit beiden Händen hielt, ihn in eine bestimmte Richtung zog.

Der Junge war entschlossen, dieser Kraft zu folgen, denn sie

155

Das Michael-Ende-Lesebuch

würde ihn an den richtigen Ort bringen, mochte der Weg nun lang sein oder kurz. Nichts mehr sollte ihn jetzt noch zurückhalten. Er wollte das Wasser des Lebens finden und er war sicher, dass er es konnte.

Da hörte er plötzlich Lärm hoch in den Lüften. Es war wie fernes Geschrei und Gezwitscher aus vielen Kehlen. Als er zum Himmel hinaufschaute, sah er eine dunkle Wolke, die wie ein großer Vogelschwarm aussah. Erst als dieser Schwarm näher herangekommen war, erkannte er, worum es sich in Wirklichkeit handelte, und vor Schreck blieb er wie angewurzelt stehen.

Es waren die Clowns-Motten, die Schlamuffen!

»Barmherziger Himmel«, dachte der Junge ohne Namen, »hoffentlich haben sie mich nicht gesehen! Sie werden mit ihrem Geschrei das Bild zerstören!«

Aber sie hatten ihn gesehen!

Mit ungeheurem Gelächter und Gejohle stürzte sich der Schwarm auf den einsamen Wanderer nieder und landete um ihn herum im Schnee.

»Hurra!«, krähten sie und rissen ihre bunten Münder auf. »Da haben wir ihn ja endlich wieder gefunden, unseren großen Wohltäter!«

Und sie wälzten sich im Schnee, bewarfen sich mit Schneebällen, machten Purzelbäume und Kopfstände.

»Leise! Seid bitte leise!«, flüsterte der Junge ohne Namen verzweifelt. Der ganze Chor schrie begeistert:

»Was hat er gesagt?« – »Er hat gesagt, wir sind zu leise!« – »Das hat uns noch niemand gesagt!«

Die unendliche Geschichte

»Was wollt ihr von mir?«, fragte der Junge. »Warum lasst ihr mich nicht in Ruhe?«

Alle wirbelten um ihn herum und schnatterten:

»Großer Wohltäter! Großer Wohltäter! Weißt du noch, wie du uns erlöst hast, als wir noch die Acharai waren? Damals waren wir die unglücklichsten Wesen in ganz Phantásien, aber jetzt hängen wir uns selbst zum Hals heraus. Was du da aus uns gemacht hast, war anfangs ganz lustig, aber jetzt langweilen wir uns zu Tode. Wir flattern so herum und haben nichts, woran wir uns halten können. Wir können nicht einmal ein richtiges Spiel spielen, weil wir keine Regeln haben. Lächerliche Hanswurste hast du aus uns gemacht mit deiner Erlösung! Du hast uns betrogen, großer Wohltäter!«

»Ich hab es doch gut gemeint«, flüsterte der Junge entsetzt.

»Jawohl, mit dir selbst!«, schrien die Schlamuffen im Chor. »Du bist dir ganz großartig vorgekommen. Aber wir haben die Zeche bezahlt für deine Güte, großer Wohltäter!«

»Was soll ich denn tun?«, fragte der Junge. »Was wollt ihr von mir?«

»Wir haben dich gesucht«, kreischten die Schlamuffen mit verzerrten Clownsgesichtern, »wir wollten dich einholen, ehe du dich aus dem Staub machen kannst. Und jetzt haben wir dich eingeholt. Und wir werden dich nicht mehr in Ruhe lassen, ehe du nicht unser Häuptling geworden bist. Du musst unser Ober-Schlamuffe werden, unser Haupt-Schlamuffe, unser General-Schlamuffe! Alles, was du willst!«

»Aber warum denn, warum?«, flüsterte der Junge flehend.

Und der Chor der Clowns kreischte zurück:

157

»Wir wollen, dass du uns Befehle gibst, dass du uns herumkommandierst, dass du uns zu irgendetwas zwingst, dass du uns irgendetwas verbietest! Wir wollen, dass unser Dasein zu irgendetwas da ist!«

»Das kann ich nicht! Warum wählt ihr nicht einen von euch?«

»Nein, nein, dich wollen wir, großer Wohltäter! Du hast doch aus uns gemacht, was wir jetzt sind!«

»Nein«, keuchte der Junge, »ich muss fort von hier. Ich muss zurückkehren!«

»Nicht so schnell, großer Wohltäter!«, schrien die Clownsmünder. »Du entkommst uns nicht. Das könnte dir so passen – dich einfach aus Phantásien verdrücken!«

»Aber ich bin am Ende!«, beteuerte der Junge.

»Und wir«, antwortete der Chor, »was sind wir?«

»Geht weg!«, rief der Junge. »Ich kann mich nicht mehr um euch kümmern!«

»Dann musst du uns zurückverwandeln!«, erwiderten die schrillen Stimmen. »Dann wollen wir lieber wieder Acharai werden. Der Tränensee ist ausgetrocknet und Amargánth sitzt auf dem Trockenen. Und niemand spinnt mehr das feine Silberfiligran. Wir wollen wieder Acharai sein.«

»Ich kann's nicht mehr!«, antwortete der Junge. »Ich habe keine Macht mehr in Phantásien.«

»Dann«, brüllte der ganze Schwarm und wirbelte durcheinander, »nehmen wir dich mit uns!«

Hunderte von kleinen Händen packten ihn und versuchten ihn in die Höhe zu reißen. Der Junge wehrte sich aus Leibes-

Die unendliche Geschichte

kräften und die Motten flogen nach allen Seiten. Aber hartnäckig wie gereizte Wespen kehrten sie immer wieder zurück.

Mitten in dieses Gezeter und Gekreische hinein ließ sich plötzlich von fernher ein leiser und doch mächtiger Klang vernehmen, der wie das Dröhnen einer großen Bronzeglocke tönte.

Und im Handumdrehen ergriffen die Schlamuffen die Flucht und verschwanden als dunkler Schwarm am Himmel.

Der Junge, der keinen Namen mehr hatte, kniete im Schnee. Vor ihm lag, zu Staub zerfallen, das Bild. Nun war alles verloren. Es gab nichts mehr, was ihn den Weg zum Wasser des Lebens führen konnte.

Als er aufblickte, sah er durch seine Tränen undeutlich in einiger Entfernung zwei Gestalten auf dem Schneefeld vor sich, eine große und eine kleine. Er wischte sich die Augen und sah noch einmal hin.

Es waren Fuchur, der weiße Glücksdrache, und Atréju.

Ein Schnurps grübelt

Also, es war einmal eine Zeit,
da war ich noch gar nicht da. –
Da gab es schon Kinder, Häuser und Leut
und auch Papa und Mama,
jeden für sich –
bloß ohne mich!

Ich kann mir's nicht denken. Das war gar nicht so.
Wo war ich denn, eh es mich gab?
Ich glaub, ich war einfach anderswo,
nur, dass ich's vergessen hab,
weil die Erinnerung daran verschwimmt –
ja, so war's bestimmt!

Und einmal, das sagte der Vater heut,
ist jeder Mensch nicht mehr hier.
Alles gibt's noch: Kinder, Häuser und Leut,
auch die Sachen und Kleider von mir.
Das bleibt dann für sich –
bloß ohne mich.

Das Michael-Ende-Lesebuch

Aber ist man dann weg? Ist man einfach fort?
Nein, man geht nur woanders hin.
Ich glaube, ich bin dann halt wieder dort,
wo ich vorher gewesen bin.
Das fällt mir dann bestimmt wieder ein.
Ja, so wird es sein!

Momo

ZWÖLFTES KAPITEL
Momo kommt hin, wo die Zeit herkommt

Momo stand in dem größten Saal, den sie je gesehen hatte. Er war größer als die riesigste Kirche und die geräumigste Bahnhofshalle. Gewaltige Säulen trugen eine Decke, die man hoch droben im Halbdunkel mehr ahnte als sah. Fenster gab es keine. Das goldene Licht, das diesen unermesslichen Raum durchwebte, kam von unzähligen Kerzen, die überall aufgesteckt waren und deren Flammen so reglos brannten, als seien sie mit leuchtenden Farben gemalt und brauchten kein Wachs zu verzehren, um zu strahlen.

Das tausendfältige Schnurren und Ticken und Klingen und Schnarren, welches Momo bei ihrem Eintritt vernommen hatte, kam von unzähligen Uhren jeder Gestalt und Größe. Sie standen und lagen auf langen Tischen, in Glasvitrinen, auf goldenen Wandkonsolen und in endlosen Regalen.

Das Michael-Ende-Lesebuch

Da gab es winzige, edelsteinverzierte Taschenührchen, gewöhnliche Blechwecker, Sanduhren, Spieluhren mit tanzenden Püppchen darauf, Sonnenuhren, Uhren aus Holz und Uhren aus Stein, gläserne Uhren und Uhren, die durch einen plätschernden Wasserstrahl getrieben wurden. Und an den Wänden hingen alle Sorten von Kuckucksuhren und anderen Uhren mit Gewichten und schwingenden Perpendikeln, manche, die langsam und gravitätisch gingen, und andere, deren winzige Perpendikelchen emsig hin und her zappelten. In Höhe des ersten Stockwerks lief ein Rundgang um den ganzen Saal, zu dem eine Wendeltreppe emporführte. Noch höher droben war ein zweiter Rundgang, darüber noch einer und noch einer. Und überall hingen, lagen und standen Uhren. Da gab es auch Weltzeituhren in Kugelform, welche die Zeit für jeden Punkt der Erde anzeigten, und kleine und große Planetarien mit Sonne, Mond und Sternen. In der Mitte des Saales erhob sich ein ganzer Wald von Standuhren, ein Uhr-Wald sozusagen, angefangen von gewöhnlichen Zimmerstanduhren bis hinauf zu richtigen Turmuhren.

Ununterbrochen schlug oder klingelte irgendwo ein Spielwerk, denn von allen diesen Uhren zeigte jede eine andere Zeit an. Aber es war kein unangenehmer Lärm, der dadurch entstand, sondern es war ein gleichmäßiges, summendes Rauschen wie in einem Sommerwald.

Momo ging umher und betrachtete mit großen Augen all die Seltsamkeiten. Sie stand gerade vor einer reich verzierten Spieluhr, auf der zwei winzige Figuren, ein Frauchen und ein Männchen, einander zum Tanz die Hand reichten. Eben

164

wollte sie ihnen mit dem Finger einen kleinen Stups geben, um zu sehen, ob sie sich dadurch bewegen würden, als sie plötzlich eine freundliche Stimme sagen hörte: »Ah, da bist du ja wieder, Kassiopeia! Hast du mir denn die kleine Momo nicht mitgebracht?«

Das Kind drehte sich um und sah in einer Gasse zwischen den Standuhren einen zierlichen alten Herrn mit silberweißem Haar, der sich niederbückte und die Schildkröte anblickte, die vor ihm auf dem Boden saß. Er trug eine lange goldbestickte Jacke, blauseidene Kniehosen, weiße Strümpfe und Schuhe mit großen Goldschnallen darauf. An den Handgelenken und am Hals kamen Spitzen aus der Jacke hervor und sein silberweißes Haar war am Hinterkopf zu einem kleinen Zopf geflochten. Momo hatte eine solche Tracht noch nie gesehen, aber jemand, der weniger unwissend gewesen wäre, hätte sofort erkannt, dass es eine Mode war, die man vor zweihundert Jahren getragen hatte.

»Was sagst du?«, fuhr jetzt der alte Herr – noch immer zur Schildkröte gebeugt – fort. »Sie ist schon da? Wo ist sie denn?«

Er zog eine kleine Brille hervor, ähnlich der, die der alte Beppo hatte, nur war diese aus Gold, und blickte suchend um sich.

»Hier bin ich!«, rief Momo.

Der alte Herr kam mit erfreutem Lächeln und ausgestreckten Händen auf sie zu.

Und während er dies tat, schien es Momo, als ob er mit jedem Schritt, den er näher kam, immer jünger und jünger wurde. Als er schließlich vor ihr stand, ihre beiden Hände er-

Das Michael-Ende-Lesebuch

griff und herzlich schüttelte, sah er kaum älter aus als Momo selbst.

»Willkommen!«, rief er vergnügt. »Herzlich willkommen im Nirgend-Haus. Gestatte, kleine Momo, dass ich mich dir vorstelle. Ich bin Meister Hora – Secundus Minutius Hora.«

»Hast du mich wirklich erwartet?«, fragte Momo erstaunt.

»Aber gewiss doch! Ich habe dir doch eigens meine Schildkröte Kassiopeia geschickt, um dich abzuholen.«

Er zog eine flache, diamantenbesetzte Taschenuhr aus der Weste und ließ deren Deckel aufspringen.

»Du bist sogar ungewöhnlich pünktlich gekommen«, stellte er lächelnd fest und hielt ihr die Uhr hin.

Momo sah, dass auf dem Ziffernblatt weder Zeiger noch Zahlen waren, sondern nur zwei feine, feine Spiralen, die in entgegengesetzter Richtung übereinander lagen und sich langsam drehten. An den Stellen, wo die Linien sich überschnitten, leuchteten manchmal winzige Pünktchen auf.

»Dies«, sagte Meister Hora, »ist eine Sternstunden-Uhr. Sie zeigt zuverlässig die seltenen Sternstunden an und jetzt eben hat eine solche angefangen.«

»Was ist denn eine Sternstunde?«, fragte Momo.

»Nun, es gibt manchmal im Lauf der Welt besondere Augenblicke«, erklärte Meister Hora, »wo es sich ergibt, dass alle Dinge und Wesen, bis zu den fernsten Sternen hinauf, in ganz einmaliger Weise zusammenwirken, sodass etwas geschehen kann, was weder vorher noch nachher je möglich wäre. Leider verstehen die Menschen sich im Allgemeinen nicht darauf, sie zu nützen, und so gehen die Sternstunden oft unbemerkt vorüber. Aber wenn es jemand gibt, der sie erkennt, dann geschehen große Dinge auf der Welt.«

»Vielleicht«, meinte Momo, »braucht man dazu eben so eine Uhr.«

Meister Hora schüttelte lächelnd den Kopf. »Die Uhr allein würde niemand nützen. Man muss sie auch lesen können.«

Er klappte die Uhr wieder zu und steckte sie in die Westentasche. Als er Momos erstaunten Blick sah, mit dem sie seine Erscheinung musterte, schaute er nachdenklich an sich hinunter, runzelte die Stirn und sagte: »Oh, aber *ich* habe mich, glaube ich, ein wenig verspätet – in der Mode, meine ich. Wie unaufmerksam von mir! Ich werde das sofort korrigieren.«

Er schnippte mit den Fingern und stand im Nu in einem Bratenrock mit hohem Stehkragen vor ihr.

»Ist es so besser?«, fragte er zweifelnd. Aber als er Momos nun erst recht verwundertes Gesicht sah, fuhr er gleich fort: »Aber natürlich nicht! Wo habe ich nur meine Gedanken!«

Und er schnippte abermals und nun trug er plötzlich eine Kleidung, wie weder Momo noch sonst irgendjemand sie je gesehen hat; denn es war die Mode, die erst in hundert Jahren getragen werden wird.

»Auch nicht?«, erkundigte er sich bei Momo. »Nun, beim Orion, das muss doch herauszukriegen sein! Warte, ich versuch's noch mal.«

Er schnippte zum dritten Mal mit den Fingern und nun endlich stand er in einem gewöhnlichen Straßenanzug, wie man ihn heutzutage trägt, vor dem Kind.

Das Michael-Ende-Lesebuch

»So ist es richtig, nicht wahr?«, sagte er und zwinkerte Momo zu. »Ich hoffe nur, ich habe dich nicht erschreckt, Momo. Es war nur ein kleiner Spaß von mir. Aber nun darf ich dich vielleicht erst einmal zu Tisch bitten, liebes Mädchen. Das Frühstück ist bereit. Du hast einen lange Weg hinter dir und ich hoffe, es wird dir schmecken.« Er nahm sie bei der Hand und führte sie mitten in den Uhr-Wald hinein. Die Schildkröte folgte ihnen und blieb etwas zurück. Der Pfad verlief wie in einem Irrgarten kreuz und quer und mündete schließlich in einem kleinen Raum, der durch die Rückwände einiger riesiger Uhrenkästen gebildet wurde. In einer Ecke standen ein Tischchen mit geschwungenen Beinen und ein zierliches Sofa nebst dazupassenden Polsterstühlen. Auch hier war alles von dem goldenen Licht der reglosen Kerzenflammen erleuchtet.

Auf dem Tischchen stand eine dickbauchige goldene Kanne, zwei kleine Tassen, dazu Teller, Löffelchen und Messer, alles aus blankem Gold. In einem Körbchen lagen goldbraune, knusprige Semmeln, in einem Schüsselchen befand sich goldgelbe Butter und in einem anderen Honig, der schlechthin wie flüssiges Gold aussah. Meister Hora schenkte aus der dickbauchigen Kanne in beide Tassen Schokolade und sagte mit einladender Gebärde: »Bitte, mein kleiner Gast, greif tüchtig zu!«

Das ließ sich Momo nicht zweimal sagen. Dass es Schokolade gab, die man trinken konnte, hatte sie bisher noch nicht einmal gewusst. Auch Semmeln, mit Butter und Honig bestrichen, gehörten zu den größten Seltenheiten in ihrem

Momo

Leben. Und so köstlich wie diese hier hatte ihr überhaupt noch nie etwas geschmeckt.

So war sie zunächst einmal ganz und gar von diesem Frühstück in Anspruch genommen und schmauste mit vollen Backen, ohne an irgendetwas anderes zu denken. Merkwürdigerweise wich durch dieses Essen auch alle Müdigkeit von ihr, sie fühlte sich frisch und munter, obgleich sie doch die ganze Nacht keinen Augenblick geschlafen hatte. Je länger sie aß, desto besser schmeckte es ihr. Es war ihr, als könnte sie tagelang so weiteressen.

Meister Hora schaute ihr dabei freundlich zu und war taktvoll genug, sie zunächst nicht durch Gespräche zu stören. Er verstand, dass es der Hunger vieler Jahre war, den sein Gast stillen musste. Und vielleicht war das der Grund, weshalb er beim Zusehen nach und nach wieder älter aussah, bis er wieder ein Mann mit weißen Haaren war. Als er merkte, dass Momo mit dem Messer nicht gut zu Rande kam, strich er die Brötchen und legte sie ihr auf den Teller. Er selbst aß nur wenig, sozusagen nur zur Gesellschaft.

Aber schließlich war Momo doch satt. Während sie ihre Schokolade austrank, blickte sie über den Rand ihrer goldenen Tasse hinweg prüfend ihren Gastgeber an und begann zu überlegen, wer und was er wohl sein mochte. Dass er niemand Gewöhnliches war, hatte sie natürlich gemerkt, aber bis jetzt wusste sie eigentlich noch nicht mehr von ihm als seinen Namen.

»Warum«, fragte sie und setzte die Tasse ab, »hast du mich denn von der Schildkröte holen lassen?«

Das Michael-Ende-Lesebuch

»Um dich vor den grauen Herren zu schützen«, antwortete Meister Hora ernst. »Sie suchen dich überall und du bist nur hier bei mir vor ihnen sicher.«

»Wollen sie mir denn was tun?«, erkundigte sich Momo erschrocken.

»Ja, Kind«, seufzte Meister Hora, »das kann man wohl sagen.«

»Warum?«, fragte Momo.

»Sie fürchten dich«, erklärte Meister Hora, »denn du hast ihnen das Schlimmste angetan, was es für sie gibt.«

»Ich hab ihnen nichts getan«, sagte Momo.

»Doch. Du hast einen von ihnen dazu gebracht, sich zu verraten. Und du hast es deinen Freunden erzählt. Ihr wolltet sogar allen Leuten die Wahrheit über die grauen Herren mitteilen. Glaubst du, dass das nicht ausreicht, um sie dir zu Todfeinden zu machen?«

»Aber wir sind doch mitten durch die Stadt gegangen, die Schildkröte und ich«, meinte Momo. »Wenn sie mich überall suchen, dann hätten sie mich doch ganz leicht kriegen können. Und wir sind auch ganz langsam gegangen.«

Meister Hora nahm die Schildkröte, die inzwischen wieder zu seinen Füßen saß, auf den Schoß und kraulte sie am Hals. »Was meinst du, Kassiopeia?«, fragte er lächelnd. »Hätten sie euch kriegen können?«

Auf dem Rückenpanzer erschienen die Buchstaben »NIE!« und sie flimmerten so lustig, dass man förmlich glaubte, ein Gekicher zu hören.

»Kassiopeia«, erklärte Meister Hora, »kann nämlich ein wenig in die Zukunft sehen. Nicht viel, aber immerhin so etwa eine halbe Stunde.«

»GENAU!«, erschien auf dem Rückenpanzer.

»Verzeihung«, verbesserte sich Meister Hora, »genau eine halbe Stunde. Sie weiß mit Sicherheit vorher, was jeweils in der nächsten halben Stunde sein wird. Deshalb weiß sie natürlich auch, ob sie beispielsweise den grauen Herren begegnen wird oder nicht.«

»Ach«, sagte Momo verwundert, »das ist aber praktisch! Und wenn sie vorher weiß, da und da würde sie den grauen Herren begegnen, dann geht sie einfach einen anderen Weg?«

»Nein«, antwortete Meister Hora, »ganz so einfach ist die Sache leider nicht. An dem, was sie vorher weiß, kann sie nichts ändern, denn sie weiß ja nur das, was wirklich geschehen wird. Wenn sie also wüsste, da und da begegnet sie den grauen Herren, dann würde sie ihnen eben auch begegnen. Dagegen könnte sie nichts machen.«

»Das versteh ich nicht«, meinte Momo etwas enttäuscht, »dann nützt es doch gar nichts, etwas vorher zu wissen.«

»Manchmal doch«, erwiderte Meister Hora, »in deinem Fall zum Beispiel wusste sie, dass sie den und den Weg gehen und dabei den grauen Herren *nicht* begegnen würde. Das ist doch schon etwas wert, findest du nicht?«

Momo schwieg. Ihre Gedanken verwickelten sich wie ein aufgegangenes Fadenknäuel.

»Um aber wieder auf dich und deine Freunde zu kommen«, fuhr Meister Hora fort, »muss ich dir mein Kompliment machen. Eure Plakate und Inschriften haben mich außerordentlich beeindruckt.«

»Hast du sie denn gelesen?«, fragte Momo erfreut.

»Alle«, antwortete Meister Hora, »und Wort für Wort!«

»Leider«, meinte Momo, »hat sie sonst niemand gelesen, scheint's.«

Meister Hora nickte bedauernd. »Ja, leider. Dafür haben die grauen Herren gesorgt.«

»Kennst du sie gut?«, forschte Momo.

Wieder nickte Meister Hora und seufzte: »Ich kenne sie und sie kennen mich.«

Momo wusste nicht recht, was sie von dieser merkwürdigen Antwort halten sollte.

»Warst du schon oft bei ihnen?«

»Nein, noch nie. Ich verlasse das Nirgend-Haus niemals.«

»Aber die grauen Herren, ich meine – besuchen sie dich manchmal?«

Meister Hora lächelte. »Keine Sorge, kleine Momo. Hier herein können sie nicht kommen. Selbst wenn sie den Weg bis zur Niemals-Gasse wüssten. Aber sie wissen ihn nicht.«

Momo dachte eine Weile nach. Die Erklärung Meister Horas beruhigte sie zwar, aber sie wollte gern etwas mehr über ihn erfahren.

»Woher weißt du das eigentlich alles«, begann sie wieder, »das mit unseren Plakaten und den grauen Herren?«

»Ich beobachte sie ständig und alles, was mit ihnen zusammenhängt«, erklärte Meister Hora. »So habe ich eben auch dich und deine Freunde beobachtet.«

Momo

»Aber du gehst doch nie aus dem Haus?«

»Das ist auch nicht notwendig«, sagte Meister Hora und wurde dabei wieder zusehends jünger, »ich habe doch meine Allsicht-Brille.« Er nahm seine kleine goldene Brille ab und reichte sie Momo.

»Willst du einmal durchgucken?«

Momo setzte sie auf, blinzelte, schielte und sagte: »Ich kann überhaupt nichts erkennen.« Denn sie sah nur einen Wirbel von lauter verschwommenen Farben, Lichtern und Schatten. Es wurde ihr geradezu schwindelig davon.

»Ja«, hörte sie Meister Horas Stimme, »das geht einem am Anfang so. Es ist nicht ganz einfach, mit der Allsicht-Brille zu sehen. Aber du wirst dich gleich dran gewöhnen.«

Er stand auf, trat hinter Momos Stuhl und legte beide Hände sacht an die Bügel der Brille auf Momos Nase. Sofort wurde das Bild klar.

Momo sah zuerst die Gruppe der grauen Herren mit den drei Autos am Rand jenes Stadtteils mit dem seltsamen Licht. Sie waren gerade dabei, ihre Wagen zurückzuschieben.

Dann blickte sie weiter hinaus und sah andere Gruppen in den Straßen der Stadt, die aufgeregt gestikulierend miteinander redeten und sich eine Botschaft zuzurufen schienen.

»Sie reden von dir«, erklärte Meister Hora, »sie können nicht begreifen, dass du ihnen entkommen bist.«

»Warum sehen sie eigentlich so grau im Gesicht aus?«, wollte Momo wissen, während sie weiterguckte.

»Weil sie von etwas Totem ihr Dasein fristen«, antwortete Meister Hora. »Du weißt ja, dass sie von der Lebenszeit der

Das Michael-Ende-Lesebuch

Menschen existieren. Aber diese Zeit stirbt buchstäblich, wenn sie von ihrem wahren Eigentümer losgerissen wird. Denn jeder Mensch hat *seine* Zeit. Und nur so lang sie wirklich die seine ist, bleibt sie lebendig.«

»Dann sind die grauen Herren also gar keine Menschen?«

»Nein, sie haben nur Menschengestalt angenommen.«

»Aber was sie sie dann?«

»In Wirklichkeit sind sie nichts.«

»Und wo kommen sie her?«

»Sie entstehen, weil die Menschen ihnen die Möglichkeit geben zu entstehen. Das genügt schon, damit es geschieht. Und nun geben die Menschen ihnen auch noch die Möglichkeit sie zu beherrschen. Und auch das genügt, damit es geschehen kann.«

»Und wenn sie keine Zeit mehr stehlen könnten?«

»Dann müssten sie ins Nichts zurück, aus dem sie gekommen sind.« Meister Hora nahm Momo die Brille ab und steckte sie ein.

»Aber leider«, fuhr er nach einer Weile fort, »haben sie schon viele Helfershelfer unter den Menschen. Das ist das Schlimme.«

»Ich«, sagte Momo entschlossen, »lass mir meine Zeit von niemand wegnehmen!«

»Ich will es hoffen«, antwortete Meister Hora. »Komm, Momo, ich will dir meine Sammlung zeigen.«

Jetzt sah er plötzlich wieder wie ein alter Mann aus.

Er nahm Momo bei der Hand und führte sie in den großen Saal hinaus.

Momo

Dort zeigte er ihr diese und jene Uhr, ließ Spielwerke laufen, führte ihr Weltzeituhren und Planetarien vor und wurde angesichts der Freude, die sein kleiner Gast an all den wunderlichen Dingen hatte, allmählich wieder jünger.

»Löst du eigentlich gern Rätsel?«, fragte er beiläufig, während sie weitergingen.

»Oh, ja, sehr gern!«, antwortete Momo. »Weißt du eines?«

»Ja«, sagte Meister Hora und blickte Momo lächelnd an, »aber es ist sehr schwer. Die wenigsten können es lösen.«

»Das ist gut«, meinte Momo, »dann werde ich es mir merken und später meinen Freuden aufgeben.«

»Ich bin gespannt«, erwiderte Meister Hora, »ob du es herauskriegen wirst. Hör gut zu:

Drei Brüder wohnen in einem Haus,
die sehen wahrhaftig verschieden aus,
doch willst du sie unterscheiden,
gleicht jeder den anderen beiden.
Der erste ist *nicht* da, er kommt erst nach Haus.
Der zweite ist *nicht* da, er ging schon hinaus.
Nur der dritte ist da, der Kleinste der drei,
denn ohne ihn gäb's nicht die anderen zwei.
Und doch gibt's den dritten, um den es sich handelt,
nur weil sich der erst in den zweiten verwandelt.
Denn willst du ihn anschaun, so siehst du nur wieder
immer einen der anderen Brüder!
Nun sage mir: »Sind die drei vielleicht einer?
Oder sind es nur zwei? Oder ist es gar – keiner?

175

Das Michael-Ende-Lesebuch

Und kannst du, mein Kind, ihre Namen mir nennen,
so wirst du drei mächtige Herrscher erkennen.
Sie regieren gemeinsam ein großes Reich –
und sind es auch selbst! Darin sind sie gleich.«

Meister Hora schaute Momo an und nickte aufmunternd. Sie
hatte gespannt zugehört. Da sie ein ausgezeichnetes Gedächtnis hatte, wiederholte sie nun das Rätsel langsam und
Wort für Wort. »Hui«, seufzte sie dann, »das ist aber wirklich
schwer. Ich hab keine Ahnung, was es sein könnte. Ich weiß
überhaupt nicht, wo ich anfangen soll.«

»Versuch's nur«, sagte Meister Hora.

Momo murmelte noch einmal das ganze Rätsel vor sich
hin. Dann schüttelte sie den Kopf.

»Ich kann's nicht«, gab sie zu.

Inzwischen war die Schildkröte nachgekommen. Sie saß
neben Meister Hora und guckte Momo aufmerksam an.

»Nun, Kassiopeia«, sagte Meister Hora, »du weißt doch
alles eine halbe Stunde voraus. Wird Momo das Rätsel lösen?«

»SIE WIRD!«, erschien auf Kassiopeias Rückenpanzer.

»Siehst du«, meinte Meister Hora, zu Momo gewandt, »du
wirst es lösen. Kassiopeia irrt sich nie.«

Momo zog ihre Stirn kraus und begann wieder angestrengt
nachzudenken. Was für drei Brüder gab es überhaupt, die zusammen in einem Haus wohnten? Dass es sich dabei nicht um
Menschen handelte, war klar. In Rätseln waren Brüder immer
Apfelkerne oder Zähne oder so was, jedenfalls Sachen von der
gleichen Art. Aber hier waren es drei Brüder, die sich irgend-

Momo

wie ineinander verwandelten. Was gab es denn, was sich ineinander verwandelt? Momo schaute sich um. Da standen zum Beispiel die Kerzen mit den reglosen Flammen. Da verwandelte sich das Wachs durch die Flamme in Licht. Ja, das waren drei Brüder. Aber es ging doch nicht, denn sie waren ja alle drei da. Und zwei davon sollten ja *nicht* da sein. Also war es vielleicht so etwas wie Blüte, Frucht und Samenkorn. Ja, tatsächlich, da stimmte schon vieles. Das Samenkorn war das Kleinste von den Dreien. Und wenn es da war, waren die anderen *nicht* da. Und ohne es gäb's nicht die anderen zwei. Aber es ging doch nicht! Denn ein Samenkorn konnte man doch sehr gut anschauen. Und es hieß doch, dass man immer einen der anderen Brüder sieht, wenn man den Kleinsten der drei anschauen will.

Momos Gedanken irrten umher. Sie konnte und konnte einfach keine Spur finden, die sie weitergeführt hätte. Aber Kassiopeia hatte ja gesagt, sie würde die Lösung finden. Sie begann also noch einmal von vorn und murmelte die Worte des Rätsels langsam vor sich hin. Als sie zu der Stelle kam: »Der erste ist *nicht* da, er kommt erst nach Haus ...«, sah sie, dass die Schildkröte ihr zuzwinkerte. Auf ihrem Rücken erschienen die Worte: »DAS, WAS ICH WEISS!«, und erloschen gleich wieder.

»Still, Kassiopeia!«, sagte Meister Hora schmunzelnd, ohne dass er hingeguckt hatte. »Nicht einsagen! Momo kann es ganz allein.«

Momo hatte die Worte auf dem Panzer der Schildkröte natürlich gesehen und begann nun nachzudenken, was ge-

177

Das Michael-Ende-Lesebuch

meint sein könnte. Was war es denn, was Kassiopeia wusste? Sie wusste, dass Momo das Rätsel lösen würde. Aber das ergab keinen Sinn.

Was wusste sie also noch? Sie wusste immer alles, was geschehen würde. Sie wusste ...

»Die Zukunft!«, rief Momo laut. »Der erste ist nicht da, er kommt erst nach Haus – das ist die Zukunft!«

Meister Hora nickte.

»Und der zweite«, fuhr Momo fort, »ist *nicht* da, er ging schon hinaus – das ist dann die Vergangenheit!«

Wieder nickte Meister Hora und lächelte erfreut.

»Aber jetzt«, meinte Momo nachdenklich, »jetzt wird es schwierig. Was ist denn der dritte? Er ist der Kleinste der drei, aber ohne ihn gäb's nicht die anderen zwei, heißt es. Und er ist der Einzige, der da ist.« Sie überlegte und rief plötzlich: »Das ist jetzt! Dieser Augenblick! Die Vergangenheit sind ja die gewesenen Augenblicke und die Zukunft sind die, die kommen! Also gäb's beide nicht, wenn es die Gegenwart nicht gäbe. Das ist ja richtig!«

Momos Backen begannen vor Eifer zu glühen. Sie fuhr fort: »Aber was bedeutet das, was jetzt kommt?

Und doch gibt's den dritten, um den es sich handelt,
nur weil sich der erst in den zweiten verwandelt ...

Das heißt also, dass es die Gegenwart nur gibt, weil sich die Zukunft in Vergangenheit verwandelt!«

Sie schaute Meister Hora überrascht an. »Das stimmt ja!

Momo

Daran hab ich noch nie gedacht. Aber dann gibt's ja den Augenblick eigentlich gar nicht, sondern bloß Vergangenheit und Zukunft? Denn jetzt zum Beispiel, dieser Augenblick – wenn ich darüber rede, ist er ja schon wieder Vergangenheit! Ach, jetzt versteh ich, was das heißt: ›Denn willst du ihn anschaun, so siehst du nur wieder immer einen der anderen Brüder!‹ Und jetzt versteh ich auch das Übrige, weil man meinen kann, dass es überhaupt nur einen von den drei Brüdern gibt: nämlich die Gegenwart oder nur Vergangenheit und Zukunft. Oder eben gar keinen, weil es ja jeden bloß gibt, wenn es die anderen auch gibt! Da dreht sich einem ja alles im Kopf!«

»Aber das Rätsel ist noch nicht zu Ende«, sagte Meister Hora. »Was ist denn das große Reich, das die drei gemeinsam regieren und das sie zugleich selber sind?«

Momo schaute ihn ratlos an. Was konnte das wohl sein? Was war denn Vergangenheit, Gegenwart und Zukunft, alles zusammen?

Sie schaute in dem riesigen Saal umher. Ihr Blick wanderte über die tausend und abertausend Uhren und plötzlich blitzte es in ihren Augen.

»Die Zeit!«, rief sie und klatschte in die Hände. »Ja, das ist die Zeit! Die Zeit ist es!« Und sie hüpfte vor Vergnügen ein paar Mal.

»Und nun sag mir auch noch, was das Haus ist, in dem die drei Brüder wohnen!«, forderte Meister Hora sie auf.

»Das ist die Welt«, antwortete Momo.

»Bravo!«, rief nun Meister Hora und klatschte ebenfalls in die Hände.

Das Michael-Ende-Lesebuch

»Meinen Respekt, Momo! Du verstehst dich aufs Rätsellösen! Das hat mir wirklich Freude gemacht!«

»Mir auch!«, antwortete Momo und wunderte sich im Stillen ein wenig, warum Meister Hora sich so darüber freute, dass sie das Rätsel gelöst hatte.

Sie gingen weiter durch den Uhrensaal und Meister Hora zeigte ihr noch andere, seltene Dinge, aber Momo war noch immer in Gedanken bei dem Rätsel.

»Sag mal«, fragte sie schließlich, »was ist denn die Zeit eigentlich?«

»Das hast du doch gerade selbst herausgefunden«, antwortete Meister Hora.

»Nein, ich meine«, erklärte Momo, »die Zeit selbst – sie muss doch irgendetwas sein. Es gibt sie doch. Was ist sie denn wirklich?«

»Es wäre schön«, sagte Meister Hora, »wenn du auch das selbst beantworten könntest.«

Momo überlegte lange.

»Sie ist da«, murmelte sie gedankenverloren, »das *ist* jedenfalls sicher. Aber anfassen kann man sie nicht. Und festhalten auch nicht. Vielleicht ist sie so was wie ein Duft? Aber sie ist auch etwas, das immerzu vorbeigeht. Also muss sie auch irgendwo herkommen. Vielleicht ist sie so was wie der Wind? Oder nein! Jetzt weiß ich's! Vielleicht ist sie eine Art Musik, die man bloß nicht hört, weil sie immer da ist. Obwohl, ich glaub, ich hab sie schon manchmal gehört, ganz leise.«

»Ich weiß«, nickte Meister Hora, »deswegen konnte ich dich ja zu mir rufen.«

180

»Aber es muss noch was anderes dabei sein«, meinte Momo, die dem Gedanken noch weiter nachhing, »die Musik ist nämlich von weit her gekommen, aber geklungen hat sie ganz tief in mir drin. Vielleicht ist es mit der Zeit auch so.«

Sie schwieg verwirrt und fügte dann hilflos hinzu: »Ich meine, so wie die Wellen auf dem Wasser durch den Wind entstehen. Ach, das ist wahrscheinlich alles Unsinn, was ich rede!«

»Ich finde«, sagte Meister Hora, »das hast du sehr schön gesagt. Und deshalb will ich dir nun ein Geheimnis anvertrauen: Hier aus dem Nirgend-Haus in der Niemals-Gasse kommt die Zeit aller Menschen.«

Momo blickte ihn ehrfürchtig an.

»Oh«, sagte sie leise, »machst du sie selbst?«

Meister Hora lächelte wieder. »Nein, mein Kind, ich bin nur der Verwalter. Meine Pflicht ist es, jedem Menschen die Zeit zuzuteilen, die ihm bestimmt ist.«

»Könntest du es dann nicht ganz einfach so einrichten«, fragte Momo, »dass die Zeit-Diebe den Menschen keine Zeit mehr stehlen können?«

»Nein, das kann ich nicht«, antwortete Meister Hora, »denn was die Menschen mit ihrer Zeit machen, darüber müssen sie selbst bestimmen. Sie müssen sie auch selbst verteidigen. Ich kann sie ihnen nur zuteilen.«

Momo blickte sich im Saal um, dann fragte sie: »Hast du dazu die vielen Uhren? Für jeden Menschen eine, ja?«

»Nein, Momo«, erwiderte Meister Hora, »diese Uhren sind nur eine Liebhaberei von mir. Sie sind nur höchst unvollkommene Nachbildungen von etwas, das jeder Mensch in seiner Brust hat. Denn so, wie ihr Augen habt, um das Licht zu sehen und Ohren um Klänge zu hören, so habt ihr ein Herz, um damit die Zeit wahrzunehmen. Und alle Zeit, die nicht mit dem Herzen wahrgenommen wird, ist so verloren wie die Farben des Regenbogens für einen Blinden oder das Lied eines Vogels für einen Tauben. Aber es gibt leider blinde und taube Herzen, die nichts wahrnehmen, obwohl sie schlagen.«

»Und wenn mein Herz einmal aufhört zu schlagen?«, fragte Momo.

»Dann«, erwiderte Meister Hora, »hört auch die Zeit für dich auf, mein Kind. Man könnte auch sagen, du selbst bist es, die durch die Zeit zurückgeht, durch all deine Tage und Nächte, Monate und Jahre. Du wanderst durch dein Leben zurück, bis du zu dem großen runden Silbertor kommst, durch das du einst hereinkamst. Dort gehst du wieder hinaus.«

»Und was ist auf der anderen Seite?«

»Dann bist du dort, wo die Musik herkommt, die du manchmal schon ganz leise gehört hast. Aber dann gehörst du dazu, du bist selbst ein Ton darin.«

Er blickte Momo prüfend an. »Aber das kannst du wohl noch nicht verstehen?«

»Doch«, sagte Momo leise, »ich glaube schon.«

Sie erinnerte sich an ihren Weg durch die Niemals-Gasse, in der sie alles rückwärts erlebt hatte und sie fragte: »Bist du der Tod?«

Meister Hora lächelte und schwieg eine Weile, ehe er ant-

Momo

wortete: »Wenn die Menschen wüssten, was der Tod ist, dann hätten sie keine Angst mehr vor ihm. Und wenn sie keine Angst mehr vor ihm hätten, dann könnte niemand ihnen mehr die Lebenszeit stehlen.«

»Dann braucht man es ihnen doch bloß zu sagen«, schlug Momo vor.

»Meinst du?«, fragte Meister Hora. »Ich sage es ihnen mit jeder Stunde, die ich ihnen zuteile. Aber ich fürchte, sie wollen es gar nicht hören. Sie wollen lieber denen glauben, die ihnen Angst machen. Das ist auch ein Rätsel.«

»Ich hab keine Angst«, sagte Momo.

Meister Hora nickte langsam. Er blickte Momo lange an, dann fragte er: »Möchtest du sehen, wo die Zeit herkommt?«

»Ja«, flüsterte sie.

»Ich werde dich hinführen«, sagte Meister Hora. »Aber an jenem Ort muss man schweigen. Man darf nichts fragen und nichts sagen. Versprichst du mir das?«

Momo nickte stumm.

Da beugte sich Meister Hora sich zu ihr herunter, hob sie hoch und nahm sie fest in seine Arme. Er schien ihr auf einmal sehr groß und unaussprechlich alt, aber nicht wie ein alter Mann, sondern wie ein uralter Baum oder wie ein Felsenberg. Dann deckte er ihr mit der Hand die Augen zu und es fühlte sich an wie leichter, kühler Schnee, der auf ihr Gesicht fiel.

Momo war es, als ob Meister Hora mit ihr durch einen langen dunklen Gang schritte. Aber sie fühlte sich ganz geborgen und hatte keine Angst. Anfangs meinte sie das Pochen ihres eigenen Herzens zu hören, aber dann schien es ihr mehr und

183

Das Michael-Ende-Lesebuch

mehr, als sei es in Wirklichkeit der Widerhall von Meister Horas Schritten.

Es war ein langer Weg, aber schließlich setzte er Momo ab. Sein Gesicht war nahe vor dem ihren, er blickte sie groß an und hatte den Finger an die Lippen gelegt. Dann richtete er sich auf und trat zurück. Goldene Dämmerung umgab sie.

Nach und nach erkannte Momo, dass sie unter einer gewaltigen, vollkommen runden Kuppel stand, die ihr so groß schien wie das ganze Himmelsgewölbe. Und diese riesige Kuppel war aus reinstem Gold. Hoch oben in der Mitte war eine kreisrunde Öffnung, durch die eine Säule von Licht senkrecht herniederfiel auf einen ebenso kreisrunden Teich, dessen schwarzes Wasser glatt und reglos lag wie ein dunkler Spiegel.

Dicht über dem Wasser funkelte etwas in der Lichtsäule wie ein heller Stern. Es bewegte sich mit majestätischer Langsamkeit dahin und Momo erkannte ein ungeheures Pendel, welches über dem schwarzen Spiegel hin- und zurückschwang. Aber es war nirgends aufgehängt. Es schwebte und schien ohne Schwere zu sein.

Als das Sternenpendel sich nun langsam immer mehr dem Rande des Teiches näherte, tauchte dort aus dem dunklen Wasser eine große Blütenknospe auf. Je näher das Pendel kam, desto weiter öffnete sie sich, bis sie schließlich voll erblüht auf dem Wasserspiegel lag.

Es war eine Blüte von solcher Herrlichkeit, wie Momo noch nie zuvor eine gesehen hatte. Sie schien aus nichts als

184

Momo

leuchtenden Farben zu bestehen. Momo hatte nie geahnt, dass es diese Farben überhaupt gab. Das Sternenpendel hielt eine Weile über der Blüte an und Momo versank ganz und gar in den Anblick und vergaß alles um sich her. Der Duft allein schien ihr wie etwas, wonach sie sich immer gesehnt hatte, ohne zu wissen, was es war.

Doch dann schwang das Pendel langsam, langsam wieder zurück. Und während es sich ganz allmählich entfernte, gewahrte Momo zu ihrer Bestürzung, dass die herrliche Blüte anfing zu verwelken. Ein Blatt nach dem anderen löste sich und versank in der dunklen Tiefe. Momo empfand es so schmerzlich, als ob etwas Unwiederbringliches für immer von ihr fortginge.

Als das Pendel über der Mitte des schwarzen Teiches angekommen war, hatte die herrliche Blüte sich vollkommen aufgelöst. Gleichzeitig aber begann auf der gegenüberliegenden Seite eine Knospe aus dem dunklen Wasser aufzusteigen. Und als das Pendel sich dieser nun langsam näherte, sah Momo, dass es eine noch viel herrlichere Blüte war, die da aufzubrechen begann. Das Kind ging um den Teich herum, um sie aus der Nähe zu betrachten.

Sie war ganz und gar anders als die vorhergehende Blüte. Auch ihre Farben hatte Momo noch nie zuvor gesehen, aber es schien ihr, als sei diese hier noch viel reicher und kostbarer. Sie duftete ganz anders, viel herrlicher, und je länger Momo sie betrachtete, umso mehr wundervolle Einzelheiten entdeckte sie.

Aber wieder kehrte das Sternenpendel um und die Herr-

185

lichkeit verging und löste sich auf und versank, Blatt für Blatt, in den unergründlichen Tiefen des schwarzen Teiches.

Langsam, langsam wanderte das Pendel zurück auf die Gegenseite, aber es erreichte nun nicht mehr dieselbe Stelle wie vorher, sondern es war um ein kleines Stück weitergewandert. Und dort, einen Schritt neben der Stelle, begann abermals eine Knospe aufzusteigen und sich allmählich zu entfalten.

Diese Blüte war nun die allerschönste, wie es Momo schien. Dies war die Blüte aller Blüten, ein einziges Wunder!

Momo hätte am liebsten laut geweint, als sie sehen musste, dass auch diese Vollkommenheit anfing hinzuwelken und in den dunklen Tiefen zu versinken. Aber sie erinnerte sich an das Versprechen, das sie Meister Hora gegeben hatte und schwieg still.

Auch auf der Gegenseite war das Pendel nun einen Schritt weiter gewandert und eine neue Blume stieg aus den dunklen Wassern auf.

Allmählich begriff Momo, dass jede neue Blume immer ganz anders war als alle vorherigen und dass ihr jeweils diejenige, die gerade blühte, die allerschönste zu sein schien.

Immer rund um den Teich wandernd, schaute sie zu, wie Blüte um Blüte entstand und wieder verging. Und es war ihr, als könne sie dieses Schauspiels niemals müde werden.

Aber nach und nach wurde sie gewahr, dass hier immerwährend noch etwas anderes vorging, etwas, das sie bisher nicht bemerkt hatte.

Die Lichtsäule, die aus der Mitte der Kuppel herniederstrahlte, war nicht nur zu sehen – Momo begann sie nun auch zu hören!

Anfangs war es wie ein Rauschen, so wie von Wind, den man fern in den Wipfeln der Bäume hört. Aber dann wurde das Brausen mächtiger, bis es dem eines Wasserfalls glich oder dem Donnern der Meereswogen gegen eine Felsenküste.

Und Momo vernahm immer deutlicher, dass dieses Tosen aus unzähligen Klängen bestand, die sich untereinander ständig neu ordneten, sich wandelten und immerfort andere Harmonien bildeten. Es war Musik und war doch zugleich etwas ganz anderes. Und plötzlich erkannte Momo sie wieder: Es war die Musik, die sie manchmal leise und wie von fern gehört hatte, wenn sie unter dem funkelnden Sternenhimmel der Stille lauschte.

Aber nun wurden die Klänge immer klarer und strahlender. Momo ahnte, dass dieses klingende Licht es war, das jede der Blüten in anderer, jede in einmaliger und unwiederholbarer Gestalt aus den Tiefen des dunklen Wassers hervorrief und bildete. Je länger sie zuhörte, desto deutlicher konnte sie einzelne Stimmen unterscheiden.

Aber es waren keine menschlichen Stimmen, sondern es klang, als ob Gold und Silber und alle anderen Metalle sangen. Und dann tauchten, gleichsam dahinter, Stimmen ganz anderer Art auf, Stimmen aus undenkbaren Fernen und von unbeschreibbarer Mächtigkeit. Immer deutlicher wurden sie, sodass Momo nun nach und nach Worte hörte, Worte einer Sprache, die sie noch nie vernommen hatte und die sie doch verstand. Es waren Sonne und Mond und die Planeten und

Das Michael-Ende-Lesebuch

alle Sterne, die ihre eigenen, ihre wirklichen Namen offenbarten. Und in diesen Namen lag beschlossen, was sie tun und wie sie alle zusammenwirken, um jede einzelne dieser Stunden-Blumen entstehen und wieder vergehen zu lassen.

Und auf einmal begriff Momo, dass alle diese Worte an sie gerichtet waren! Die ganze Welt bis hinaus zu den fernsten Sternen war ihr zugewandt wie ein einziges, unausdenkbar großes Gesicht, das sie anblickte und zu ihr redete!

Und es überkam sie etwas, das größer war als Angst.

In diesem Augenblick sah sie Meister Hora, der ihr schweigend mit der Hand winkte. Sie stürzte auf ihn zu, er nahm sie auf den Arm und sie verbarg ihr Gesicht an seiner Brust. Wieder legten sich seine Hände schneeleise auf ihre Augen und es wurde dunkel und still und sie fühlte sich geborgen. Er ging mit ihr den langen Gang zurück.

Als sie wieder in dem kleinen Zimmer zwischen den Uhren waren, bettete er sie auf das zierliche Sofa.

»Meister Hora«, flüsterte Momo, »ich hab nie gewusst, dass die Zeit aller Menschen so …« – sie suchte nach dem richtigen Wort und konnte es nicht finden – »so groß ist«, sagte sie schließlich.

»Was du gesehen und gehört hast, Momo«, antwortete Meister Hora, »das war nicht die Zeit aller Menschen. Es war nur deine eigene Zeit. In jedem Menschen gibt es diesen Ort, an dem du eben warst. Aber dort hinkommen kann nur, wer sich von mir tragen lässt. Und mit gewöhnlichen Augen kann man ihn nicht sehen.«

»Aber wo war ich denn?«

»In deinem eigenen Herzen«, sagte Meister Hora und strich ihr sanft über ihr struppiges Haar.

»Meister Hora«, flüsterte Momo wieder, »darf ich meine Freunde auch zu dir bringen?«

»Nein«, antwortete er, »das kann jetzt noch nicht sein.«

»Wie lang darf ich denn bei dir bleiben?«

»Bis es dich selbst zu deinen Freunden zurückzieht, mein Kind.«

»Aber darf ich ihnen erzählen, was die Sterne gesagt haben?«

»Du darfst es. Aber du wirst es nicht können.«

»Warum nicht?«

»Dazu müssten die Worte dafür in dir erst wachsen.«

»Ich möchte ihnen aber davon erzählen, allen! Ich möchte ihnen die Stimmen vorsingen können. Ich glaube, dann würde alles wieder gut werden.«

»Wenn du das wirklich willst, Momo, dann musst du warten können.«

»Warten macht mir nichts aus.«

»Warten, Kind, wie ein Samenkorn, das in der Erde schläft einen ganzen Sonnenkreis lang, ehe es aufgehen kann. So lang dauert es, bis die Worte in dir gewachsen sein werden. Willst du das?«

»Ja«, flüsterte Momo.

»Dann schlafe«, sagte Meister Hora und strich ihr über die Augen, »schlafe!«

Und Momo holte tief und glücklich Atem und schlief ein.

Die Rüpelschule

Im Lande *Hule-Sule,*
zehntausend Tagereisen weit,
da gibt es eine Schule
für Ungezogenheit.
    Da prahlt man und protzt man,
    da motzt man und trotzt man,
und wer dort am lautesten tobt,
wird sehr von den Lehrern gelobt.

Erst sind die Kinder reinlich,
bescheiden, still und artig nur.
Es klingt ganz unwahrscheinlich:
So sind sie von Natur!
    Und erst in der Schule
    im Land *Hule-Sule*
lernt jedes mit Mühe und Fleiß
was hier schon das kleinste Kind weiß.

Erst lernt man dort die Sitte,
dass man sich nimmt, bevor man fragt,
und dass man auch nicht Bitte
und niemals Danke sagt.

Das Michael-Ende-Lesebuch

Beim Essen zu schmatzen,
dazwischenzuschwatzen,
das lernen die meisten im Nu;
zu dumm ist fast keines dazu.

Doch in den nächsten Klassen,
da übt man, wie man sich beschmutzt.
Man muss die Seife hassen,
kein Wasser man benutzt.
    Der Hals samt den Ohren
    bis tief in die Poren
muss schwarz sein so wie das Gesicht:
So lautet die bittere Pflicht!

Nun wird die Sache schwierig,
weil man jetzt auch noch lernen soll:
Wie macht man Möbel schmierig
und saut die Wohnung voll?
    Das Spritzen und Matschen,
    das Kleckern und Platschen,
wer das nicht beherrscht wie im Schlaf,
bleibt sitzen und gilt als ein Schaf.

Und weiter ohne Säumen
studiert man nun die Schlamperei:
Sein Zeug nicht aufzuräumen,
das ist die Kunst dabei!
    Den Kamm zu den Würsten,

Die Rüpelschule

das Buch zu den Bürsten,
wirf alles dorthin, wo es stört –
nur ja nicht, wohin es gehört!

Nun gilt's gut aufzupassen!
Der Lehrer spornt die Kinder an:
»Ihr müsst euch gehen lassen,
sonst kommt ihr nie voran!«
    Sich flezen und räkeln
    und quengeln und mäkeln,
wie fällt das doch manchen so schwer!
Da schwitzen die Kinder schon sehr.

Das große Nerven-Sägen
erlernen nur die Besten gut:
Sich auf den Boden legen
und strampeln voller Wut.
    Auch heulen und maulen
    und kreischen und jaulen,
krakeelen und poltern mit Kraft
manch einer hat's niemals geschafft!

Zum Schlusse prüft man jeden
sehr streng in Bosheit, Zank und Streit,
Zerstören, frechen Reden
und Rücksichtslosigkeit
    wie schubsen und drängeln
    und Nasen zerdängeln!

Das Michael-Ende-Lesebuch

Nur wer das Examen bestand,
wird rühmlich zum *»Rüpel«* ernannt!

Ich kenne ein paar Kinder,
(dabei hab ich nicht dich im Sinn)
für die wär's viel gesünder,
man schickte sie dorthin.
    Doch fern liegt das Land
    Hule-Sule genannt,
drum müssen bei uns sie versauern,
was wir nur mit ihnen bedauern.

Der satanarchäolügenialko-höllische Wunschpunsch

Zauberei – gleich, ob gute oder böse – ist durchaus keine einfache Angelegenheit. Die meisten Laien glauben zwar, es genüge schon, irgendeine geheime Hokuspokus-Formel zu murmeln, äußerstenfalls gehöre vielleicht noch ein Zauberstab dazu, mit dem man ein bisschen herumfuchtelt wie ein Kapellmeister – und fertig sei die Verwandlung oder Erscheinung oder sonst was.

Aber so ist das eben nicht. In Wirklichkeit ist jede Art von magischer Handlung ungeheuer kompliziert; man braucht dazu ein enormes Wissen, eine Unmenge von Zubehör, Material, das meist sehr schwer zu beschaffen ist, und tagelange, manchmal monatelange Vorbereitung. Dazu kommt noch, dass die Sache immer höchst gefährlich ist, denn schon der kleinste Fehler kann völlig unabsehbare Folgen haben.

Beelzebub Irrwitzer lief mit wehendem Schlafrock durch die Zimmer und Korridore seines Hauses auf der verzweifelten Suche nach einem Mittel zu seiner Rettung. Dabei wusste er selbst nur zu gut, dass es schon für alles zu spät war. Er stöhnte und seufzte wie ein unseliger Geist und führte gemurmelte Selbstgespräche. Seine Schritte hallten durch die Stille des Hauses.

Den Vertrag konnte er nicht mehr erfüllen, es ging ihm jetzt nur noch darum, die eigene Haut zu retten, sich irgendwie oder irgendwo vor dem höllischen Gerichtsvollzieher zu verstecken.

Gewiss, er konnte sich verwandeln, zum Beispiel in eine Ratte oder einen biederen Schneemann – oder in ein Feld von elektromagnetischen Schwingungen (wodurch er dann allerdings auf allen Fernsehschirmen der Stadt als Bildstörung zu sehen sein würde), aber er wusste genau, dass er damit den Abgesandten seiner Höllischen Exzellenz nicht täuschen konnte. Der würde ihn in jeder Gestalt erkennen.

Ebenso aussichtslos war es, irgendwohin zu fliehen, weit fort, in die Wüste Sahara oder an den Nordpol oder auf die Bergspitzen Tibets, denn räumliche Entfernungen spielten für diesen Besucher überhaupt keine Rolle. Einen Augenblick lang dachte der Zauberer sogar daran, sich im Münster der Stadt hinter dem Altar oder auf dem Turm zu verstecken, aber er verwarf das sofort wieder, denn es schien ihm keineswegs

Der satanarchäolügenialkohöllische Wunschpunsch

sicher, dass höllische Amtspersonen heutzutage noch irgendwelche Schwierigkeiten haben, dort nach Belieben ein- und auszugehen.

Irrwitzer eilte durch die Bibilothek, wo in vielen Reihen übereinander uralte Folianten und nagelneue Nachschlagwerke standen. Er überflog die Titel auf den Lederrücken der Bücher. »Abschaffung des Gewissens – ein Lehrgang für Fortgeschrittene« stand da oder »Leitfaden für Brunnenvergiftung« oder »Enzyklopädisches Lexikon der Flüche und Verwünschungen«, aber nichts, was ihm in seiner bedrängten Lage nützen konnte.

Er hastete weiter von Raum zu Raum.

Die Villa Albtraum war ein riesiger, finsterer Kasten, außen voller windschiefer Türmchen und Erker, innen voller verwinkelter Zimmer, krummer Gänge, wackeliger Treppen und spinnwebverhangener Gewölbe – genau so, wie man sich ein richtiges Zauberhaus vorstellt. Irrwitzer selbst hatte einstmals die Pläne zu diesem Haus entworfen, denn in architektonischer Hinsicht war sein Geschmack ganz konservativ. In Stunden guter Laune pflegte er die Villa oft sein »gemütliches kleines Heim« zu nennen. Aber von solchen Scherzen war er im Augenblick weit entfernt.

Er befand sich jetzt in einem langen, finsteren Korridor, an dessen Wänden in hohen Gestellen hunderte und tausende von großen Einmachgläsern in Reih und Glied standen. Es war die Sammlung, die er Herrn Made hatte zeigen wollen und die er sein »Naturkundemuseum« nannte. In jedem dieser Gläser befand sich ein gefangenes Elementar-

Das Michael-Ende-Lesebuch

geistchen. Da gab es alle Sorten von Zwergen, Heinzelmännchen, Koboldchen und Blumenelfen, daneben Undinen und kleine Nixen mit bunten Fischschwänzchen, Wassermännlein und Sylfen, sogar ein paar Feuergeisterchen, Salamander genannt, die sich in Irrwitzers Kamin versteckt gehalten hatten. Alle Behälter waren säuberlich etikettiert und mit der genauen Bezeichnung des Inhalts und dem Datum des Fangs beschriftet.

Die Wesen saßen vollkommen reglos in ihren Gefängnissen, denn der Zauberer hatte sie unter Dauerhypnose gesetzt. Er pflegte sie nur jeweils aufzuwecken, um seine grausamen Experimente an ihnen zu machen.

Übrigens gab es darunter auch ein besonders scheußliches kleines Monster, ein so genanntes Büchernörgele, im Volksmund auch Klugscheißerchen oder Korinthenkackerli genannt. Diese kleinen Geister verbringen normalerweise ihr Dasein damit, dass sie an Büchern herumnörgeln. Es ist bisher noch nicht eindeutig erforscht, wozu es solche Wesen überhaupt gibt, und der Zauberer hielt sich dieses nur, um durch längere Beobachtung dahinter zu kommen. Er war ziemlich sicher gewesen, dass es sich irgendwie für seine Zwecke verwenden ließ. Aber jetzt interessierte es ihn auch nicht mehr. Nur aus Gewohnheit klopfte er im Vorübergehen mit dem Fingerknöchel da und dort an die Glaswand eines Behälters. Nirgends regte sich etwas.

Schließlich gelangte er zu einem bestimmten kleinen Erkerzimmer, auf dessen Tür stand:

198

Der satanarchäolügenialkohöllische Wunschpunsch

KAMMERSÄNGER MAURIZIO DI MAURO

Der kleine Raum war mit allem ausgestattet, was eine verwöhnte Katze sich an Luxus nur wünschen kann. Da gab es mehrere alte Polstermöbel, um daran die Krallen zu schärfen; überall lagen Wollknäuel und anderes Spielzeug herum; auf einem niedrigen Tischchen stand ein Teller mit süßer Sahne und mehrere andere mit lauter verschiedenen appetitlichen Häppchen; es gab sogar einen Spiegel in Katzenhöhe, vor dem man sich putzen und dabei selbst bewundern konnte, und als Krönung des Ganzen ein behagliches Körbchen in Gestalt eines kleinen Himmelbetts mit blauen Sammetpolstern und Vorhängen.

In diesem Bettchen lag zusammengerollt ein dicker kleiner Kater und schlief. Das Wort dick ist vielleicht nicht ganz ausreichend, in Wirklichkeit war er kugelrund. Da sein Fell dreifarbig war – rostbraun, schwarz und weiß – sah er eher aus wie ein lächerlich geflecktes, prall ausgestopftes Sofakissen mit vier ziemlich kurzen Beinchen und einem jämmerlichen Schwanz.

Als Maurizio vor etwas mehr als einem Jahr im geheimen Auftrag des Hohen Rates der Tiere hierher gekommen war, war er krank und struppig und so abgemagert gewesen, dass man alle seine Rippen einzeln zählen konnte. Dem Zauberer gegenüber hatte er sich zunächst so gestellt, als sei er ihm einfach zugelaufen, und er war sich dabei sehr schlau vorgekommen. Als er dann aber merkte, dass er nicht nur nicht weggejagt, sondern sogar ausgesprochen verwöhnt wurde, vergaß er sehr schnell seine Mission. Bald war er geradezu begeistert von dem Mann. Er war allerdings ziemlich leicht zu begeistern – hauptsächlich von allem, was ihm schmeichelte und seiner Vorstellung von einer eleganten Lebensweise entsprach.

»Wir Leute aus der vornehmen Welt«, so hatte er dem Zauberer öfters erklärt, »wissen eben, worauf es ankommt. Auch im Elend halten wir das Niveau.«

Das war eines seiner Lieblingswörter, obwohl er selbst nicht ganz genau wusste, was es eigentlich bedeutete.

Und ein paar Wochen später hatte er dem Zauberer dann Folgendes erzählt:

»Vielleicht haben Sie mich anfangs mit einer ganz gewöhnlichen streundenden Katze verwechselt. Ich nehme Ihnen das nicht übel. Wie hätte Sie denn ahnen können, dass ich in Wirklichkeit aus einem uralten Rittergeschlecht stamme. In der Familie di Mauro gab es auch viele berühmte Sänger. Sie werden es mir vielleicht nicht glauben, weil meine Stimme zur Zeit ein wenig brüchig klingt« – tatsächlich klang sie eher nach einem Frosch als nach einem Kater –, »aber auch ich war früher ein berühmter Minnesänger und habe mit meinen Liebesliedern die stolzesten Herzen erweicht. Meine Ahnen stammen nämlich aus Neapel, woher bekanntlich alle wahrhaft großen Sänger stammen. Unser Wappenspruch hieß ›Schönheit und Kühnheit‹ und einem von beidem hat jeder in meiner Sippe gedient. Aber dann wurde ich krank. Fast alle Katzen in der Gegend, wo ich lebte, wurden plötzlich krank. Jedenfalls diejenigen, die Fisch gegessen hatten. Und

Der satanarchäolügenialkohöllische Wunschpunsch

vornehme Katzen essen eben am liebsten Fisch. Aber die Fische waren giftig, weil der Fluss, aus dem sie kamen, vergiftet war. Dabei habe ich meine wundervolle Stimme verloren. Die anderen sind fast alle gestorben. Meine ganze Familie ist jetzt beim Großen Kater im Himmel.«

Irrwitzer hatte so getan, als sei er ganz erschüttert von der Sache, obwohl er ja nur zu gut wusste, wieso der Fluss vergiftet war. Er hatte Maurizio schrecklich bedauert und ihn sogar einen »tragischen Helden« genannt; das hatte dem kleinen Kater ganz besonders gut gefallen.

»Wenn du willst und mir vertraust«, waren die Worte des Zauberers gewesen, »dann werde ich dich gesund pflegen und dir deine Stimme wiedergeben. Ich werde eine geeignete Medizin für dich finden. Aber du musst Geduld haben, es braucht Zeit. Und vor allem musst du tun, was ich dir sage. Einverstanden?«

Das war Maurizio natürlich. Von diesem Tag an nannte er Irrwitzer nur noch seinen »lieben Maestro«. An den Auftrag des Hohen Rates der Tiere dachte er kaum noch.

Er ahnte natürlich nicht, dass Beelzebub Irrwitzer durch seinen schwarzen Spiegel und andere magische Informationsmittel längst darüber Bescheid wusste, wozu ihm der Kater ins Haus geschickt worden war. Und der Geheime Zauberrat hatte sofort beschlossen Maurizios kleine Schwäche auszunützen, um ihn auf eine Art unschädlich zu machen, die ganz bestimmt nicht dessen Verdacht wecken würde. Der kleine Kater fühlte sich tatsächlich wie im Schlaraffenland. Er aß und schlief und schlief und aß und wurde immer fetter und

Das Michael-Ende-Lesebuch

immer bequemer und war inzwischen selbst zum Mäusefangen zu faul geworden.

Dennoch, niemand kann durch viele Wochen und Monate hindurch ununterbrochen schlafen, nicht mal ein Kater. Und so war Maurizio eben doch hin und wieder aufgestanden und auf seinen kurzen Beinen, mit einem Bäuchlein, das inzwischen fast den Boden berührte, im Haus herumgestreift. Irrwitzer hatte ständig vor ihm auf der Hut sein müssen, um nicht doch bei einer seiner schlimmen Zaubereien von ihm überrascht zu werden. Und das hatte ihn eben in die verzweifelte Lage gebracht, in der er sich jetzt befand.

Nun stand er also vor dem Himmelbettchen und blickte mordlüstern auf die buntscheckige, atmende Fellkugel hinunter, die da in den Sammetkisse lag.

»Vermaledeiter Katzenbastard«, flüsterte er, »alles ist deine Schuld!«

Der kleine Kater begann im Schlaf zu schnurren.

»Wenn ich sowieso verloren bin«, murmelte Irrwitzer, »dann will ich mir wenigstens noch das Vergnügen gönnen, dir den Hals umzudrehen.«

Seine langen, knotigen Finger zuckten nach Maurizios Genick, der sich, ohne aufzuwachen, auf den Rücken drehte, alle viere von sich streckte und genüsslich seine Kehle darbot.

Der Zauberer wich zurück.

»Nein«, sagte er leise, »es hilft mir nichts und außerdem – dazu ist immer noch Zeit.«

Kurze Zeit später saß der Zauberer wieder im Labor beim Schein einer Lampe am Tisch und schrieb.

Er hatte beschlossen sein Testament zu verfassen.

In seiner schnörkeligen und fahrigen Handschrift stand da bereits Folgendes auf dem Blatt:

Mein Letzter Wille
Im Vollbesitz meiner geistigen Kräfte bestimme ich, Beelzebub Irrwitzer, Geheimer Zauberrat, Professor, Doktor und so weiter... am heutigen Tage einhundertsiebenundachtzig Jahre, einen Monat und zwei Wochen alt...

Er unterbrach sich und kaute an seinem Füllfederhalter, der Blausäure als Tinte enthielt.

»Wirklich ein schönes Alter«, murmelte er, »aber für meinesgleichen immer noch jung – jedenfalls viel zu jung, um schon zur Hölle zu fahren.«

Seine Tante zum Beispiel, die Hexe, zählte schon fast dreihundert Lenze, aber sie war immer noch beruflich äußerst aktiv.

Er schrak ein wenig zusammen, weil plötzlich der kleine

Das Michael-Ende-Lesebuch

Kater zu ihm auf den Tisch sprang, gähnte, wobei er seine Zunge zierlich aufrollte, sich ausgiebig vorn und hinten streckte und ein paar Mal herzhaft nieste.

»Auweia!«, maunzte er. »Was stinkt denn hier so abscheulich?« Er setzte sich mitten auf das Testament und begann sich zu putzen.

»Haben der Herr Kammersänger gut geschlafen?«, fragte der Zauberer gereizt und schob ihn mit einer unsanften Handbewegung beiseite.

»Ich weiß nicht«, antwortete Maurizio klagend, »ich bin immer so schrecklich müde. Ich weiß auch nicht, warum. Wer war denn inzwischen da?«

»Niemand«, brummte der Zauberer unfreundlich, »störe mich jetzt gefälligst nicht. Ich muss arbeiten und es ist sehr dringend.«

Maurizio schnupperte in der Luft herum.

»Es riecht aber doch so komisch. Irgendein Fremder war da.«

»Ach was!«, sagte Irrwitzer. »Das bildest du dir ein. Und jetzt halte den Mund.«

Der Kater begann sich das Gesicht mit den Pfoten zu waschen, doch plötzlich unterbrach er sich und schaute den Zauberer groß an.

»Was ist los, lieber Maestro? Sie sehen so schrecklich deprimiert aus.«

Irrwitzer winkte nervös ab. »Nichts ist los. Und nun lass mich endlich in Ruhe, verstanden?«

Aber das tat Maurizio nicht.

Der satanarchäolügenialkohöllische Wunschpunsch

Im Gegenteil, er setzte sich von neuem auf das Testament, rieb seinen Kopf an der Hand des Zauberers und schnurrte leise.

»Ich kann mir schon denken, warum Sie traurig sind, Maestro. Heute, am Silvesterabend, wo alle Welt in fröhlicher Gesellschaft feiert, sitzen Sie hier mutterseelenallein und verlassen da. Sie tun mir so Leid.«

»Ich bin nicht alle Welt«, knurrte Irrwitzer.

»Das stimmt«, pflichtete der kleine Kater bei. »Sie sind ein Genie und ein großer Wohltäter von Mensch und Tier. Und die wahrhaft Großen sind immer einsam. Ich weiß das schließlich. Aber wollen Sie nicht vielleicht doch ausnahmsweise ein bisschen ausgehen und sich amüsieren? Es würde Ihnen bestimmt einmal gut tun.«

»Eine typische Kateridee«, antwortete der Zauberer immer gereizter. »Ich mag keine fröhliche Gesellschaft.«

»Aber Maestro«, fuhr Maurizio eifrig fort, »heißt es denn nicht, geteilte Freude sei doppelte Freude?«

Irrwitzer schlug mit der Hand auf den Tisch.

»Es ist wissenschaftlich erwiesen«, sagte er scharf, »dass der Teil von etwas immer weniger ist als das Ganze. Ich teile mit niemandem, merk dir das!«

»Schon gut«, antwortete der Kater erschrocken. Und dann setzte er in schmeichelndem Ton hinzu: »Schließlich haben Sie ja mich.«

»Ja«, grollte der Zauberer, »du hast mir gerade noch gefehlt.«

»Wirklich?«, fragte Maurizio erfreut. »Habe ich Ihnen gefehlt?«

205

Das Michael-Ende-Lesebuch

Irrwitzer schnaubte ungeduldig.

»Verschwinde jetzt endlich! Hau ab! Geh in dein Zimmer! Ich muss nachdenken. Ich habe Sorgen.«

»Kann ich Ihnen vielleicht irgendwie behilflich sein, lieber Maestro?«, erkundigte sich der kleine Kater diensteifrig.

Der Zauberer stöhnte und verdrehte die Augen.

»Also meinetwegen«, seufzte er dann, »wenn du unbedingt willst, dann rühre die Essenz Nummer 92 um, dort im Kessel über dem Kaminfeuer. Aber gib Acht, dass du dabei nicht wieder einpennst und wer weiß was passiert.«

Maurizio sprang vom Tisch, hoppelte auf seinen kurzen Beinen zum Kamin und ergriff mit den Vorderpfoten den Bergkristallstab.

»Sicher ein sehr wichtiges Heilmittel«, vermutete er, während er behutsam umzurühren begann. »Ist es vielleicht die Medizin für meine Stimme, nach der Sie schon so lang forschen?«

»Wirst du jetzt endlich gefälligst den Mund halten!«, fuhr ihn der Zauberer an.

»Jawohl, Maestro«, antwortete Maurizio folgsam.

Längere Zeit war es still, nur das Pfeifen des Schneesturms ums Haus war zu hören.

Der satanarchäolügenialkohöllische Wunschpunsch

»Maestro«, ließ sich schließlich wieder der kleine Kater fast flüsternd vernehmen, »Maestro, ich hab etwas auf dem Herzen.«

Da Irrwitzer nicht antwortete, sondern nur mit einer erschöpften Gebärde den Kopf in die Hand stützte, fuhr er etwas lauter fort: »Ich muss Ihnen etwas gestehen, das schon seit langem mein Gewissen bedrückt.«

»Gewissen...« Irrwitzer verzog den Mund. »Sieh mal einer an, sogar Kater haben so was.«

»Oh, sogar sehr«, versicherte Maurizio ernsthaft, »nicht alle vielleicht, aber ich schon. Schließlich bin ich aus altem Ritteradel.«

Der Zauberer lehnte sich zurück und schloss mit leidendem Gesichtsausdruck die Augen.

»Es ist nämlich so«, erklärte Maurizio stockend, »ich bin nicht der, als der ich erscheine.«

»Wer ist das schon«, sagte Irrwitzer zweideutig.

Der Kater fuhr fort umzurühren. Er starrte in die schwarze Brühe.

»Ich habe Ihnen all die Zeit, die ich hier bin, etwas verschwiegen, Maestro. Und dafür schäme ich mich jetzt

Das Michael-Ende-Lesebuch

schrecklich. Deshalb habe ich beschlossen Ihnen an diesem heutigen, besonderen Abend alles zu gestehen.«

Der Zauberer schlug die Augen auf und musterte Maurizio durch seine dicken Brillengläser. Um seine Lippen zuckte es spöttisch, aber das bemerkte der kleine Kater nicht.

»Sie wissen ja besser als jeder andere, Maestro, dass überall auf der Welt etwas Schlimmes vorgeht. Immer mehr Geschöpfe werden krank, immer mehr Bäume sterben, immer mehr Gewässer sind vergiftet. Deshalb haben wir Tiere vor längerer Zeit eine große Versammlung einberufen, geheim natürlich, und dabei wurde beschlossen herauszufinden, von wem oder was all dieses Elend verursacht wird. Dazu hat unser Hoher Rat überallhin Geheimagenten ausgeschickt, die beobachten sollten, was eigentlich geschieht. Und so bin ich zu Ihnen gekommen, lieber Maestro – um Sie auszuspionieren.«

Er machte eine Pause und blickte den Zauberer aus großen, glühenden Augen an.

»Glauben Sie mir«, fuhr er dann fort, »es ist mir sehr schwer gefallen, Maestro, denn diese Tätigkeit entspricht nicht meiner vornehmen Gesinnung. Ich habe es getan, weil ich es tun musste. Es war meine Pflicht gegenüber den anderen Tieren.«

Wieder machte er eine Pause und fügte dann etwas kleinlaut hinzu: »Sind Sie mir jetzt sehr böse?«

»Vergiss nicht umzurühren!«, sagte der Zauberer, der trotz seiner finsteren Stimmung Mühe hatte, ein Kichern zu unterdrücken.

»Können Sie mir verzeihen, Maestro?«

»Schon gut, Maurizio, ich verzeihe dir. Schwamm drüber!«

»Oh«, hauchte der kleine Kater ergriffen, »was für ein edles Herz! Sowie ich wieder gesund und nicht mehr so müde bin, werde ich mich zum Hohen Rat der Tiere schleppen und dort berichten, was Sie für eine Seele von einem Menschen sind. Das verspreche ich Ihnen feierlich zum neuen Jahr.«

Diese letzte Erwähnung ließ den Zauberer schlagartig wieder in üble Laune versinken.

»Lass den rührseligen Quatsch!«, stieß er heiser hervor. »Du gehst mir auf die Nerven damit.«

Maurizio schwieg verdattert. Er konnte sich seines Maestros plötzliche Unfreundlichkeit absolut nicht erklären.

In diesem Augenblick klopfte es.

Der Zauberer richtete sich kerzengerade auf.

Es klopfte zum zweiten Mal, laut und deutlich.

Maurizio hatte zu rühren aufgehört und bemerkte einfältig: »Ich glaube, Maestro, es hat geklopft.«

»Pst!«, zischte der. »Still!«

Der Wind rüttelte an den Fensterläden.

Das Michael-Ende-Lesebuch

»Nicht jetzt schon!«, knirschte Irrwitzer. »Bei allen chemischen Keulen, das ist unfair!«

Es klopfte zum dritten Mal, nun schon ziemlich ungeduldig.

Der Zauberer hielt sich mit beiden Händen die Ohren zu.

»Man soll mich in Ruhe lassen. Ich bin nicht da.«

Das Pochen wurde zu einem Hämmern und man hörte durch das Sturmsausen draußen undeutlich eine krächzende Stimme, die ziemlich erbost klang.

»Maurizio«, raunte der Zauberer, »liebes Käterchen, wärst du wohl so freundlich aufzumachen und zu sagen, ich sei ganz plötzlich verreist. Sag einfach, ich sei zu meiner alten Tante Tyrannja Vamperl gefahren, um mit ihr Silvester zu feiern.«

»Aber, Maestro«, sagte der Kater verwundert, »das wäre doch eine glatte Lüge. Verlangen Sie das wirklich von mir?«

Der Zauberer drehte die Augen gen Himmel und stöhnte.

»Ich kann es ja schließlich nicht gut selber sagen.«

»Schon gut, Maestro, schon gut. Für Sie mache ich alles.«

Maurizio hoppelte zur Haustür, schob unter Aufbietung all seiner schwachen Kräfte einen Hocker unter die Klinke, kletterte hinauf, drehte den riesigen Schlüssel herum, bis das Schloss aufsprang, und hängte sich an die Klinke. Ein Windstoß riss die Tür auf und fauchte durch die Räume, dass die Papiere im Labor herumwirbelten und die grünen Flammen im Kamin sich waagrecht legten.

Aber da war niemand.

Der Kater machte ein paar vorsichtige Schritte vor die Tür, spähte nach allen Seiten in die Dunkelheit, kam wieder herein und schüttelte sich den Schnee aus dem Pelz.

»Nichts«, sagte er, »es muss ein Irrtum gewesen sein. Wo sind Sie denn, Maestro?«

Irrwitzer tauchte hinter dem Ohrenbackensessel auf.

»Wirklich niemand?«, fragte er.

»Bestimmt nicht«, versicherte Maurizio.

Der Zauberer rannte auf den Flur hinaus, schlug die Haustür krachend zu und sperrte mehrfach ab. Dann kam er wieder herein, warf sich in seinen Sessel und jammerte: »Sie können's nicht erwarten. Sie wollen mich jetzt schon in den Wahnsinn treiben.«

»Wer?«, fragte Maurizio verwundert.

Da klopfte es wieder und diesmal klang es geradezu rabiat.

Irrwitzers Gesicht verzerrte sich zu einer Fratze, die Angst und Wut gleichzeitig ausdrückte. Es war kein schöner Anblick.

»Mit mir nicht!«, stieß er hervor. »Nein, nicht mit mir! Das wollen wir doch mal sehen.«

Er schlich auf den Flur hinaus, der kleine Kater schlich eifrig mit.

Das Michael-Ende-Lesebuch

Der Zauberer trug an seiner linken Hand einen Ring, den ein großer Rubin zierte. Selbstverständlich handelte es sich um einen magischen Stein; er konnte Licht in ungeheurer Menge aufschlucken und speichern. Wenn er richtig aufgeladen war, stellte er eine vernichtende Waffe dar.

Irrwitzer hob langsam die Hand, kniff ein Auge zu, zielte – und ein fadendünner, roter Laserstrahl zischte durch den Korridor und hinterließ in der dicken Haustür einen nadelfeinen, rauchenden Einschlag. Der Zauberer schoss ein zweites Mal und ein drittes und immer wieder und wieder, bis die massiven Holzbohlen völlig durchsiebt waren und die Energie des Rubins sich erschöpft hatte.

»So, das war's dann wohl«, sagte er und atmete tief durch, »jetzt ist es still.«

Er ging ins Labor zurück und setzte sich wieder an den Tisch, um weiterzuschreiben.

»Aber Maestro«, stammelte der kleine Kater ganz entsetzt, »wenn Sie nun da draußen jemanden getroffen haben …?«

»Dann geschieht es ihm recht«, knurrte Irrwitzer. »Was treibt er sich vor meinem Haus herum.«

»Aber Sie wissen doch überhaupt nicht, wer es war! Vielleicht war es ja ein Freund von Ihnen.«

»Ich habe keine Freunde.«

»Oder jemand, der Ihre Hilfe braucht.«

Der Zauberer stieß ein kurzes, freudloses Lachen aus.

»Du kennst die Welt nicht, mein Kleiner. Wer zuerst schießt, schießt am besten. Merk dir das.«

Da klopfte es abermals.

Der satanarchäolügenialkohöllische Wunschpunsch

Irrwitzer malmte nur noch stumm mit den Kinnbacken.

»Das Fenster!«, rief Maurizio. »Ich glaube, Maestro, es ist am Fenster.«

Er sprang auf das Sims, öffnete einen Flügel und lugte durch einen Spalt des Fensterladens hinaus.

»Da sitzt jemand«, raunte er, »es scheint ein Vogel zu sein, so eine Art Rabe, glaube ich.«

Irrwitzer sagte noch immer nichts. Er hob nur abwehrend die Hände.

»Vielleicht geht es um einen Notfall«, meinte der kleine Kater. Und ohne auf die Anweisung des Zauberers zu warten, stieß er den Fensterladen auf.

Zusammen mit einer Schneewolke flatterte ein Vogel ins Labor, der so zerrupft aussah, dass er eher einer großen, unförmigen Kartoffel glich, in die jemand kreuz und quer ein paar schwarze Federn gesteckt hat.

Er landete mitten auf dem Boden, rutschte auf seinen dünnen Beinen noch ein Stück weiter, ehe er zum Halten kam, plusterte sein kümmerliches Gefieder und sperrte seinen ansehnlichen Schnabel auf.

»Aber! Aber! Aber!«, kreischte er mit eindrucksvoller Laut-

213

Das Michael-Ende-Lesebuch

stärke.«Ihr lasst euch aber vielleicht Zeit, bis ihr aufmacht. Da kann sich eins ja den Tod holen. Und geschossen wird auch noch auf einen. Da, bitte schön – meine letzte Schwanzfeder ist jetzt auch hin, durchlöchert. Is das vielleicht eine Art? Wo sind wir denn?«

Dann wurde er sich plötzlich bewusst, dass da ein Kater war, der ihn mit großen glühenden Augen ansah. Er zog den Kopf zwischen die Flügel, wodurch er irgendwie bucklig wirkte, und krächzte nur noch kleinlaut: »Uijeh, ein Vogelfresser! Das auch noch! Na, ich dank schön, das wird böse enden.«

Maurizio, der in seinem kurzen Leben bisher noch keinen einzigen Vogel gefangen hatte – schon gar nicht einen so großen und unheimlichen – begriff zunächst überhaupt nicht, dass er gemeint war.

»Hallo!«, maunzte er würdevoll. »Willkommen, Fremdling!«

Der Zauberer starrte das seltsame Federvieh noch immer wortlos und voller Misstrauen an.

Der Rabe fühlte sich zunehmend unbehaglicher. Er blickte mit schiefem Kopf zwischen Kater und Zauberer hin und her und schnarrte endlich:

»Wenn's euch nix ausmacht, Herrschaften, dann wär ich dafür, dass einer das Fenster wieder zumacht, weil es kommt nämlich keiner mehr hinter mir nach, aber es zieht saumäßig und ich hab im linken Flügel sowieso schon den Reißmatissimus oder wie das heißt.«

Der Kater schloss das Fenster, sprang vom Sims und begann

Der satanarchäolügenialkohöllische Wunschpunsch

in einem großen Kreis um den Eindringling herumzuschleichen. Er wollte nur sehen, ob dem Raben etwas fehlte, doch der schien Maurizios Interesse anders aufzufassen.

Irrwitzer hatte inzwischen die Sprache wiedergefunden.

»Maurizio«, befahl er, »frage diesen Galgenvogel, wer er ist und was er hier zu suchen hat.«

»Mein guter Maestro will wissen«, sagte der Kater in möglichst vornehmem Ton, »welchen Namen du trägst und was dein Begehr ist.«

Dabei wurden seine Kreise immer enger.

Der Vogel drehte den Kopf mit und ließ Maurizio nicht aus den Augen.

»Sag deinem Maestro einen schönen Gruß von mir« – dabei zwinkerte er dem Kater verzweifelt mit einem Auge zu – »und mein werter Name is Jakob Krakel, wenn's recht wär, und ich bin sozusagen der luftige Laufbursch von Madam Tyrannja Vamperl, seiner hochverehrten Tante« – dabei zwinkerte er mit dem anderen Auge – »und außerdem bin ich durchaus kein Galgenvogel nicht, wenn's beliebt, sondern ein alter, vom Leben hart geprüfter Rabe, man kann schon direkt sagen, ein Unglücksrabe, kann man sagen.«

»Sieh an, ein Rabe!«, sagte Irrwitzer höhnisch. »Das musst du allerdings dazusagen, sonst erkennt man's nicht.«

»Ha ha, sehr witzig«, schnarrte Jakob Krakel halblaut in sich hinein.

»Unglück?«, erkundigte sich Maurizio teilnahmsvoll. »Von welchem Unglück redest du? Sprich ohne Scheu, mein guter Maestro wird dir helfen.«

Das Michael-Ende-Lesebuch

»Ich red vom Pech, wo ich immer hab«, erklärte Jakob düster, »zum Beispiel, dass ich hier jetzt ausgerechnet einen mordsmäßigen Vogelfresser treffen muss; und die Federn sind mir ausgegangen, wie ich seinerzeit in eine Giftwolke hineingeraten bin. Die gibt's ja in letzter Zeit immer öfter, warum weiß keiner nicht.« Wieder zwinkerte er dem Kater zu. »Und deinem guten Maestro kannst du von mir ausrichten, er braucht mich ja nicht anzuschauen, wenn ihm meine lumpige Garderobe was ausmacht. Ich hab halt keine bessere nicht mehr.«

Maurizio blickte zu Irrwitzer empor.

»Sehen Sie, Maestro, also doch ein Notfall.«

»Frage diesen Raben einmal«, sagte der Zauberer, »warum er dir mehrmals heimlich zugezwinkert hat.«

Jakob Krakel kam dem Kater zuvor.

»Das is unabsichtlich, Herr Zauberrat, das bedeutet gar nix. Es sind bloß die Nerven.«

»So, so«, meinte Irrwitzer gedehnt, »und warum sind wir denn so nervös?«

»Weil ich was gegen solche aufgeblasenen Typen hab, die wo so geschwollen daherreden und so scharfe Krallen haben und zwei so Schlusslichter im Gesicht wie der da.«

Maurizio dämmerte es nun doch, dass er da eben beleidigt worden war. Das konnte er natürlich nicht auf sich sitzen lassen. Er gab sich ein möglichst imponierendes Aussehen, sträubte sein Fell, legte die Ohren zurück und fauchte: »Maestro, erlauben Sie mir, dass ich diesen unverschämten Schandschnabel rupfe?«

Der satanarchäolügenialkohöllische Wunschpunsch

Der Zauberer nahm den Kater auf den Schoß und streichelte ihn.

»Noch nicht, mein kleiner Held. Beruhige dich. Er sagt doch, dass er von meiner hochverehrten Tante kommt. Wir wollen hören, was er zu sagen hat. Ich frage mich nur, ob man ihm überhaupt irgendetwas glauben kann. Was meinst du?«

»Manieren hat er jedenfalls nicht«, schnurrte Maurizio.

Der Rabe ließ die Flügel hängen und krächzte wütend: »Ach, pickt mich doch am Bürzel, alle beide!«

»Man muss sich wundern«, sagte Irrwitzer und fuhr fort den Kater zu kraulen, »man muss sich wirklich wundern, mit was für ordinärem Personal mein bisher so feines Tantchen sich neuerdings umgibt.«

»Was?!«, kreischte der Rabe. »Jetzt haut's mir aber doch gleich den Stopsel hinaus! Wer is hier ordinär? Das is doch kein Spaß nicht, wenn einer in meinem Zustand durch Nacht und Sturm flattert, um seine Chefin anzumelden, und dann kommt er grad zum Abendessen recht, aber nicht, wo er was zum Schnabeln kriegt, sondern wo er selber auf der Speisekarte steht. Da möcht ich schon recht hörbar fragen, wer hier vielleicht ordinär is.«

»Was sagst du da, Rabe?«, fragte Irrwitzer alarmiert. »Tante Tyrannja will herkommen? Wann denn?«

Jakob Krakel war immer noch wütend und hopste auf dem Boden herum.

»Jetzt! Sofort! Sogleich! Augenblicklich! Jeden Moment! Sie is schon fast da!«

Das Michael-Ende-Lesebuch

Irrwitzer sank in seinen Sessel zurück und stöhnte: »Ach, du dicke Warze! Auch das noch!«

Der Rabe beobachtete ihn mit schiefem Kopf und schnarrte befriedigt vor sich hin: »Aha, eine Unglücksbotschaft, scheint's. Das is typisch für mich.«

»Ich habe Tante Tyti seit einem halben Jahrhundert nicht mehr persönlich zu Gesicht bekommen«, jammerte der Zauberer. »Was will sie denn so plötzlich hier? Gerade heute kommt sie mir sehr ungelegen.«

Der Rabe zuckte die Flügel.

»Sie sagt, sie muss unbedingt den heutigen Silvesterabend mit ihrem heiß geliebten Neffen verbringen, sagt sie, weil der Neffe, sagt sie, irgend so ein besonderes Rezept hat, für einen Punsch oder so was, sagt sie, das wo ihr selbst dringend fehlen tut, hat sie gesagt.«

Irrwitzer schubste den Kater von seinem Schoß und sprang auf.

»Sie weiß alles«, stieß er hervor, »bei allen teuflischen Tumoren, sie will nur meine Lage ausnützen. Unter der Maske verwandtschaftlicher Gefühle will sie sich bei mir einschleichen, um geistigen Diebstahl zu verüben. Ich kenne sie, oh, ich kenne sie!«

Danach stieß er einen ellenlangen babylonischen oder altägyptischen Fluch aus, woraufhin alle Glasgeräte im Raum zu klirren oder zu tönen anfingen und ein Dutzend Kugelblitze im Zickzack über den Boden zischten.

Maurizio, der seinen Maestro bisher von dieser Seite noch nicht erlebt hatte, erschrak so, dass er sich mit einem Riesen-

218

Der satanarchäolügenialkohöllische Wunschpunsch

satz auf den Kopf eines ausgestopften Haifischs rettete, der unter anderen präparierten Trophäen an einer der Wände hing.

Zu seinem neuerlichen Entsetzen musste er dort feststellen, dass der Rabe das Gleiche getan hatte und dass sie sich, ohne es zu bemerken, gegenseitig umklammert hielten. Peinlich berührt ließen sich beide sofort wieder los.

Der Geheime Zauberrat suchte mit bebenden Händen zwischen den Bergen von Papier auf seinem Schreibtisch herum, warf alles durcheinander und brüllte: »Beim sauren Regen, sie soll keine Kommastelle von meinen kostbaren Berechnungen erfahren! Diese heimtückische Hyäne glaubt wohl, jetzt könne sie meine Forschungsergebnisse umsonst bekommen. Aber da hat sie sich geschnitten! Nichts soll sie erben, gar nichts! Ich werde die Akten mit den wichtigsten Formeln unverzüglich in meinem absolut zaubersicheren Geheimkeller einlagern. Nie wird sie dort hineinkommen, sie nicht und auch kein anderer.«

Er wollte schon fortrennen, bremste sich aber noch einmal ab und suchte mit wilden Augen im Labor herum.

»Maurizio, zum Pestizid noch mal, wo steckst du?«

»Hier, Maestro«, antwortete Maurizio vom Haifischkopf herunter.

»Hör zu«, rief der Zauberer zu ihm hinauf, »solange ich weg bin, bewachst du mir scharf dieses impertinente Rabenaas da, verstanden! Aber schlaf nicht wieder ein. Gib Acht, dass er seinen Schnabel nicht in Sachen steckt, die ihn nichts angehen. Am besten bringst du ihn in deine Kammer und setzt dich vor die Tür. Trau ihm auf keinen Fall, lass dich auf keine Gespräche und keine Anbiederungsversuche ein. Du bist mir verantwortlich.«

Er hastete davon und sein giftgrüner Schlafrock flatterte hinter ihm drein.

Schnurpsenklage

Wenn ich sing aus voller Kehle,
hoch und tief und ohne Noten,
heißt es gleich: »Lass das Gegröle!«
Liedchensingen ist verboten.

Komm ich mal vom Spiel nach Haus,
dreckverklebt Gesicht und Pfoten,
heißt es gleich: »Wie siehst du aus!«
Schmutzigmachen ist verboten.

Sind wir auf das Dach geklettert,
spielen dort Weltraumpiloten,
»Runter da!«, wird gleich gewettert.
Auf-dem-Dach-Sein ist verboten.

Spiel ich Fußball mal im Zimmer
auf dem Teppich, auf dem roten,
»Höre auf!« – so heißt es immer.
Zimmerfußball ist verboten.

Findet man in meiner Tasche
einen Frosch mal, einen toten,

heißt es gleich: »Wirf das zur Asche!«
Tote Frösche sind verboten.

Spiel ich in dem Badewasser
Sturmorkan mit meinen Booten,
heißt's: »Das Haus wird nass und nasser!«
Wasserplantschen ist verboten.

Mach ich wo ein Feuerlein,
dass es qualmt wie aus zehn Schloten,
heißt's: »Du bist dafür zu klein!«
Feuermachen ist verboten.

Reparier ich unsre Wecker,
weil sie stillzustehen drohten,
gibt's ein schreckliches Gemecker,
Uhrzerlegen ist verboten.
Ob man dies macht oder das macht –
alles falsch! Und überhaupt:
Was von allem, das mir Spaß macht,
ist denn *eigentlich erlaubt?*

Jim Knopf und Lukas der Lokomotivführer

SECHZEHNTES KAPITEL,

*in dem Jim Knopf eine wesentliche
Erfahrung macht*

Jedermann, der einmal eine Wüste durchreist hat, weiß, dass die Sonnenuntergänge dort von ganz besonderer Pracht sind. Der Abendhimmel strahlt in allen Farben, vom feurigsten Orange bis zum zartesten Rosa, Hellgrün und Violett.

Lukas und Jim saßen auf dem Dach ihrer Lokomotive und baumelten mit den Beinen. Dabei aßen sie die Reste aus dem Proviantkorb auf und tranken den letzten Tee aus der goldenen Thermosflasche.

»Jetzt gibt's nichts mehr, bis wir neuen Proviant finden«, meinte Lukas sorgenvoll.

Die Hitze hatte etwas nachgelassen. Es war sogar ein leichter Wind aufgekommen, der beinahe kühl über sie hinstrich.

Das Michael-Ende-Lesebuch

Die Luftspiegelungen waren verschwunden außer einer einzigen, die sich hartnäckig noch eine Weile zu halten versuchte. Es war aber nur eine ganz kleine Naturerscheinung: ein halbes Fahrrad, auf dem ein Igel saß. Es fuhr noch eine Viertelstunde lang etwas verloren in der Wüste umher, dann löste es sich auf.

Jetzt durften die beiden Freunde ziemlich sicher sein, dass die eben am Horizont untergehende Sonne die wirkliche Sonne war. Und da die Sonne bekanntlich immer im Westen untergeht, konnte Lukas jetzt ganz leicht bestimmen, wo Norden war und wie er zu fahren hatte. Die Abendsonne musste zum linken Fenster hereinschauen. Das war ganz einfach und so dampften sie los. Als sie eine Weile unterwegs waren und die Sonne sich anschickte, hinter dem Horizont zu versinken, fiel Jim etwas Merkwürdiges auf. Bisher waren die Geier ihnen beständig hoch oben in der Luft gefolgt, aber nun drehten plötzlich alle zugleich um und flogen davon.

Sie schienen es sogar besonders eilig zu haben. Jim teilte Lukas seine Beobachtung mit.

»Vielleicht haben sie's endlich aufgegeben«, knurrte Lukas zufrieden.

Doch in diesem Augenblick stieß Emma plötzlich einen gellenden Pfiff aus, der wie ein Entsetzensschrei klang, und zugleich machte sie ganz von selbst kehrt und raste wie verrückt davon.

Lukas griff nach der Bremse und brachte Emma zum Stehen. Sie hielt zitternd und schnaufte, stoßweise keuchend.

»Nanu, Emma!«, rief Lukas. »Was sind denn das für neumodische Sitten?«

Jim Knopf und Lukas der Lokomotivführer

Jim wollte etwas sagen, als er zufällig nach hinten hinaus-
blickte, und da blieb ihm das Wort im Halse stecken.

»Da!«, konnte er nur noch flüstern.

Lukas fuhr herum. Und was er nun draußen sah, das übertraf einfach alles, was ihm jemals vor Augen gekommen war.

Am Horizont stand ein Riese von so ungeheurer Größe,
dass selbst das himmelhohe Gebirge »Die Krone der Welt«
neben ihm wie ein Haufen Streichholzschachteln gewirkt
hätte. Offenbar war er ein sehr alter Riese, denn er hatte einen
langen weißen Bart, der ihm bis auf die Knie herabhing und
merkwürdigerweise zu einem dicken Zopf geflochten war.
Wahrscheinlich, weil es auf diese Weise einfacher war, den
Bart in Ordnung zu halten. Man kann sich ja vorstellen, wie
mühsam es sein muss, einen solchen Urwald jeden Tag zu
kämmen! Auf dem Kopf trug der Riese einen alten Strohhut.
Wo in aller Welt mochte es nur so riesige Strohhalme geben?
Der gewaltige Leib steckte in einem alten, langen Hemd, das
freilich größer war als die allergrößten Schiffssegel.

»Oh!«, stieß Jim hervor. »Das ist keine Fata! Schnell fort,
Lukas! Vielleicht hat er uns noch nicht gesehen.«

»Immer mit der Ruhe!«, erwiderte Lukas und paffte kleine
Wölkchen. Dabei beobachtete er den Riesen scharf. »Ich
finde«, stellte er fest, »außer seiner Größe sieht der Riese ganz
manierlich aus.«

»W... w... was?«, stotterte Jim entsetzt.

»Nun ja«, meinte Lukas ruhig, »bloß weil er so groß ist,
braucht er doch noch lange kein Ungeheuer zu sein.«

»Ja, aber ...«, stammelte Jim, »wenn er aber doch eins is?«

Jetzt streckte der Riese sehnsüchtig die Hand aus. Dann ließ er sie hoffnungslos wieder sinken und ein tiefer Seufzer schien seine Brust zu heben. Zu hören war allerdings seltsamerweise nichts. Es blieb ganz still.

»Wenn er uns was tun wollte«, sagte Lukas, die Pfeife zwischen den Zähnen, »dann hätte er das längst gekonnt. Er scheint gutartig zu sein. Möchte bloß wissen, warum er nicht näher kommt. Ob er sich am Ende vor uns fürchtet?«

»Oh, Lukas!«, stöhnte Jim, dem vor Angst die Zähne zu klappern anfingen. »Jetzt is es aus mit uns!«

»Glaub ich nicht«, erwiderte Lukas. »Vielleicht kann uns der Riese sogar sagen, wie wir aus der verflixten Wüste herauskommen!«

Jim verschlug es die Rede. Er wusste nicht mehr, was er denken sollte.

Plötzlich hob der Riese beide Hände, faltete sie und rief mit einem ganz dünnen, armseligen Stimmchen:

»Bitte, bitte, ihr Fremden, lauft nicht fort! Ich will euch gewiss nichts tun!«

Bei seiner Größe hätte die Stimme eigentlich wie ein Donnerwetter klingen müssen. Das war aber keineswegs der Fall. Was konnte das für einen Grund haben?

»Mir scheint«, brummte Lukas, »das ist ein ganz harmloser Riese. Er kommt mir sogar sehr nett vor. Nur mit seiner Stimme ist irgendwas nicht in Ordnung.«

»Vielleicht verstellt er sich!«, rief Jim voller Angst. »Er will uns wahrscheinlich fangen und einkochen. Ich hab mal von so einem Riesen gehört. Bestimmt, Lukas!«

»Du traust ihm nicht, bloß, weil er so mächtig groß ist«, antwortete Lukas. »Aber das ist kein Grund. Dafür kann er schließlich nichts.«

Jetzt ließ sich der Riese am Horizont auf die Knie nieder und rief mit flehentlich gefalteten Händen:

»Ach bitte, bitte, glaubt mir doch! Ich will euch nichts tun, ich will nur mit euch reden. Ich bin so allein, so schrecklich allein!«

Wieder klang die Stimme seltsam kläglich und dünn.

»Der arme Kerl kann einem ja Leid tun«, sagte Lukas. »Ich werd ihm mal winken, damit er merkt, dass wir nichts Böses im Sinn haben.«

Mit Entsetzen beobachtete Jim, wie Lukas sich aus dem Fenster beugte, höflich die Mütze zog und mit seinem Taschentuch winkte. Jetzt würde das Unheil gleich über sie hereinbrechen! Der Riese erhob sich langsam. Er schien unschlüssig und ganz verwirrt.

»Heißt das«, rief er mit seinem dürftigen Stimmchen, »ich darf näher treten?«

»Jawohl!«, schrie Lukas durch die hohle Hand und winkte freundlich mit dem Taschentuch. Der Riese machte vorsichtig einen Schritt auf die Lokomotive zu. Dann hielt er inne und wartete.

»Er glaubt uns nicht«, knurrte Lukas. Kurz entschlossen stieg er aus und ging dem Riesen winkend entgegen.

Jim verschwamm vor Entsetzen alles vor den Augen. Vielleicht hatte Lukas einen Sonnenstich bekommen?

Aber wie auch immer, Jim konnte seinen Freund Lukas un-

Das Michael-Ende-Lesebuch

möglich allein in eine solche Gefahr hineinlaufen lassen. Also stieg er ebenfalls aus und rannte hinter Lukas her, obwohl ihm dabei die Knie zitterten.

»Warte doch, Lukas!«, keuchte er. »Ich komm mit!«

»Na, siehst du!«, sagte Lukas und schlug ihm freundschaftlich auf die Schulter: »Das ist schon viel besser! Angst taugt nämlich nichts. Wenn man Angst hat, sieht meistens alles viel schlimmer aus, als es in Wirklichkeit ist.«

Als der Riese sah, wie der Mann und der kleine Junge aus der Lokomotive ausstiegen und winkend auf ihn zukamen, wurde ihm klar, dass er wirklich unbesorgt sein durfte. Sein unglückliches Gesicht hellte sich auf.

»Also, Freunde«, rief er mit seiner dünnen Stimme, »dann komme ich jetzt!«

Und damit setzte er sich in Bewegung und schritt auf Jim und Lukas zu. Aber was nun geschah, war so erstaunlich, dass Jim Mund und Nase aufsperrte und Lukas an seiner Pfeife zu ziehen vergaß. Der Riese kam Schritt für Schritt näher und bei jedem Schritt wurde er ein Stückchen kleiner. Als er etwa noch hundert Meter entfernt war, schien er nicht mehr viel größer zu sein als ein hoher Kirchturm. Nach weiteren fünfzig Metern hatte er nur noch die Höhe eines Hauses. Und als er schließlich bei Emma anlangte, war er genauso groß wie Lukas der Lokomotivführer. Er war sogar fast einen halben Kopf kleiner. Vor den beiden staunenden Freunden stand ein magerer alter Mann mit einem feinen und gütigen Gesicht. »Guten Tag!«, sagte er und nahm seinen Strohhut ab. »Ich weiß gar nicht, wie ich euch danken soll, dass ihr nicht vor mir weggelaufen seid.

Jim Knopf und Lukas der Lokomotivführer

Seit vielen Jahren schon sehne ich mich danach, dass einmal jemand so viel Mut aufbringen würde. Aber niemand hat mich bis jetzt näher kommen lassen. Dabei sehe ich doch nur von ferne so schrecklich groß aus. Ach, übrigens – ich habe ganz vergessen mich vorzustellen: Mein Name ist Tur Tur. Mit Vornamen heiße ich Tur und mit Nachnamen auch Tur.«

»Guten Tag, Herr Tur Tur«, antwortete Lukas höflich und nahm seine Mütze ab, »mein Name ist Lukas der Lokomotivführer.« Er ließ sich seine Verwunderung kein bisschen anmerken und tat, als sei die sonderbare Begegnung ganz selbstverständlich. Lukas war eben wirklich ein Mann, der wusste, was sich gehört! Nun raffte sich auch Jim auf, der Herr Tur Tur noch immer mit offenem Mund angestarrt hatte und sagte: »Ich heiße Jim Knopf.«

»Ich freue mich wirklich ungemein«, sagte Herr Tur Tur, diesmal zu Jim gewendet. »Vor allem darüber, dass ein so junger Mann wie Sie, mein lieber Herr Knopf, schon so außergewöhnlich beherzt ist. Sie haben mir einen bedeutenden Dienst erwiesen.«

»Oh … ach … ich … eigentlich …«, stotterte Jim und errötete unter seiner schwarzen Haut bis an beide Ohren. Er schämte sich plötzlcih ganz gewaltig, denn in Wahrheit war er ja durchaus nicht mutig gewesen. Und im Stillen nahm er sich vor, nie wieder vor irgendetwas oder irgendwem Angst zu haben, bevor er ihn oder es nicht aus der Nähe betrachtet hätte. Man konnte ja nie wissen, ob es nicht so ähnlich war wie mit Herrn Tur Tur. Er gab sich in Gedanken selbst das Ehrenwort, immer daran zu denken.

229

Das Michael-Ende-Lesebuch

»Wissen Sie«, sagte Herr Tur Tur jetzt wieder zu Lukas, »in Wirklichkeit bin ich nämlich gar kein Riese. Ich bin nur ein Scheinriese. Aber das ist eben das Unglück. Deshalb bin ich so einsam.«

»Das müssen Sie uns näher erklären, Herr Tur Tur«, entgegnete Lukas. »Sie sind nämlich der erste Scheinriese, dem wir begegnen, müssen Sie wissen.«

»Ich will es Ihnen gern erklären, so gut ich kann«, versicherte Herr Tur Tur. »Aber nicht hier. Darf ich mir erlauben, meine Herren, Sie in meine bescheidene Hütte zu Gast zu laden?«

»Wohnen Sie denn hier?«, fragte Lukas erstaunt. »Mitten in der Wüste?«

»Allerdings«, antwortete Herr Tur Tur lächelnd, »ich wohne mitten im ›Ende der Welt‹. Nämlich bei der Oase.«

»Was is eine Oase?«, fragte Jim vorsichtig. Er befürchtete schon wieder irgendeine Überraschung.

»Oase«, erklärte Herr Tur Tur, »nennt man eine Quelle oder eine andere Wasserstelle in der Wüste. Ich werde Sie hinführen.«

Aber Lukas wollte lieber mit Emma fahren. Schon damit Emma bei der Gelegenheit neues Wasser tanken konnte. Es dauerte jedoch eine ganze Weile, bis Lukas und Jim den ängstlichen Scheinriesen davon überzeugt hatten, dass es ganz ungefährlich sei, mit einer Lokomotive zu fahren. Schließlich stiegen alle drei auf und dampften los.

230

SIEBZEHNTES KAPITEL,

*in dem der Scheinriese seine Eigenart erklärt
und sich dankbar erweist*

Herrn Tur Turs Oase bestand aus einem klaren, kleinen Teich, in dessen Mitte eine Quelle wie ein Springbrunnen plätscherte. Rundherum wuchs frisches saftiges Grün und mehrere Palmen und Obstbäume hoben ihre Wipfel in den Wüstenhimmel. Unter diesen Bäumen lag ein niedriges, blitzsauberes, weißes Häuschen mit grünen Fensterläden. In einem kleinen Garten vor der Haustür zog der Scheinriese sogar Blumen und Gemüse.

Lukas, Jim und Herr Tur Tur setzten sich in der Stube um den runden Holztisch und aßen zu Abend. Es gab verschiedene leckere Gemüsesorten und zum Nachtisch einen herrlichen Obstsalat.

Herr Tur Tur war nämlich Vegetarier. So nennt man Leute, die niemals Fleisch essen. Herr Tur Tur war ein großer Tierfreund und deshalb mochte er keine Tiere töten und aufessen. Dass die Tiere trotzdem vor ihm flohen, weil er eben ein Scheinriese war, das stimmte ihn oft sehr traurig.

Während die drei friedlich um den Tisch saßen, stand die alte Emma draußen neben dem Springbrunnen. Lukas hatte die Kuppel hinter ihrem Schornstein aufgeklappt und nun ließ sie behaglich das frische Wasser in ihren Kessel hineinplätschern. Sie war ziemlich durstig von der großen Hitze des Tages.

Das Michael-Ende-Lesebuch

Nach dem Essen zündete sich Lukas seine Pfeife an, lehnte sich zurück und sagte: »Danke für die gute Mahlzeit, Herr Tur Tur. Aber nun bin ich gespannt auf Ihre Geschichte.«

»Ja«, drängte Jim, »erzählen Sie doch bitte!«

»Nun«, meinte Herr Tur Tur, »da ist eigentlich nicht viel zu erzählen. Eine Menge Menschen haben doch irgendwelche besonderen Eigenschaften. Herr Knopf zum Beispiel hat eine schwarze Haut. So ist er von Natur aus und dabei ist weiter nichts Seltsames, nicht wahr? Warum soll man nicht schwarz sein? Aber so denken leider die meisten Leute nicht. Wenn sie selber zum Beispiel weiß sind, dann sind sie überzeugt, nur ihre Farbe wäre richtig und haben etwas dagegen, wenn jemand schwarz ist. So unvernünftig sind die Menschen bedauerlicherweise oft.«

»Und dabei«, warf Jim ein, »is es doch manchmal sehr praktisch, eine schwarze Haut zu haben, zum Beispiel für Lokomotivführer.« Herr Tur Tur nickte ernst und fuhr fort:

»Sehen Sie, meine Freunde: Wenn einer von Ihnen jetzt aufstünde und wegginge, würde er doch immer kleiner und kleiner werden, bis er am Horizont schließlich nur noch wie ein Punkt aussähe. Wenn er dann wieder zurückkäme, würde er langsam immer größer werden, bis er zuletzt in seiner wirklichen Größe vor uns stünde. Sie werden aber zugeben, dass der Betreffende dabei in Wirklichkeit immer gleich groß bleibt. Es scheint nur so, als ob er erst immer kleiner und dann wieder größer würde.«

»Richtig!«, sagte Lukas.

»Nun«, erklärte Herr Tur Tur, »bei mir ist das einfach um-

232

Jim Knopf und Lukas der Lokomotivführer

gekehrt. Das ist alles. Je weiter ich entfernt bin, desto größer sehe ich aus. Und je näher ich komme, desto mehr erkennt man meine wirkliche Gestalt.«

»Sie meinen«, fragte Lukas, »Sie werden gar nicht wirklich kleiner, wenn Sie näher kommen? Und Sie sind auch nicht wirklich so riesengroß, wenn Sie weit entfernt sind, sondern es sieht nur so aus?«

»Sehr richtig«, antwortete Herr Tur Tur. »Deshalb sagte ich, ich bin ein Scheinriese. Genauso, wie man die anderen Menschen Scheinzwerge nennen könnte, weil sie ja von weitem wie Zwerge aussehen, obwohl sie es gar nicht sind.«

»Das ist wirklich sehr interessant«, murmelte Lukas und paffte nachdenklich ein paar kunstvolle Rauchringe. »Aber sagen Sie, Herr Tur Tur, wie ist denn das gekommen? Oder waren Sie schon immer so, auch als Kind?«

»Ich war schon immer so«, sagte Herr Tur Tur bekümmert. »Und ich kann nichts dafür. In meiner Kinderzeit war diese Eigenschaft noch nicht so stark ausgeprägt, nur ungefähr halb so stark wie jetzt. Trotzdem hatte ich niemals Spielkameraden, weil sich alle vor mir fürchteten. Sie können sich vielleicht vorstellen, wie traurig ich war. Ich bin nämlich ein sehr friedlicher und geselliger Mensch. Aber wo ich auch auftauchte, lief alles entsetzt weg.«

»Und warum wohnen Sie jetzt hier in der Wüste ›Das Ende der Welt‹?«, erkundigte sich Jim teilnahmsvoll. Der feine alte Mann tat ihm richtig Leid.

»Das kam so«, erklärte Herr Tur Tur. »Ich bin in Laripur geboren. Das ist eine große Insel im Norden von Feuerland.

233

Das Michael-Ende-Lesebuch

Meine Eltern waren die einzigen Menschen, die keine Angst vor mir empfanden. Es waren überhaupt sehr liebe Eltern. Als sie gestorben waren, beschloss ich auszuwandern. Ich wollte ein Land suchen, wo die Leute keine Angst vor mir hätten. Ich bin durch die ganze Welt gezogen, aber es war überall das Gleiche. Da bin ich zuletzt in die Wüste gegangen, damit niemand mehr durch mich erschreckt würde. Sie beide, meine Freunde, sind seit meinen Eltern die ersten Menschen, die sich nicht vor mir fürchten. Ich habe mich unbeschreiblich danach gesehnt, einmal noch, ehe ich sterbe, mit jemandem reden zu können.

Sie beide haben mir diesen Wunsch erfüllt. Nun werde ich immer, wenn ich mich einsam fühle, an Sie denken und es wird mir ein großer Trost sein, dass ich irgendwo in der Welt Freunde habe. Zum Dank dafür möchte ich gern etwas für Sie tun.«

Lukas dachte eine Weile schweigend über das Gehörte nach. Auch Jim war tief in Gedanken versunken. Er hätte Herrn Tur Tur gerne irgendetwas Hilfreiches gesagt, aber es fiel ihm nichts Passendes ein.

Endlich unterbrach Lukas die Stille:

»Wenn Sie wollen, Herr Tur Tur, dann können Sie uns tatsächlich einen wichtigen Dienst erweisen.«

Und dann erzählte er, woher sie kamen und dass sie auf dem Wege in die Drachenstadt seien, um die Prinzessin Li Si zu befreien und Jim Knopfs Geheimnis auf die Spur zu kommen.

Als Lukas fertig war, blickte Herr Tur Tur die beiden Freunde voller Hochachtung an und meinte:

Jim Knopf und Lukas der Lokomotivführer

»Sie sind wirklich zwei sehr mutige Männer. Ich zweifle nicht, dass Ihnen die Rettung der Prinzessin gelingen wird, obgleich es gewiss sehr gefährlich ist, in die Drachenstadt einzudringen.«

»Können Sie uns vielleicht den Weg dorthin beschreiben?«, fragte Lukas.

»Das wäre zu unsicher«, antwortete Herr Tur Tur. »Ich werde Sie am besten selbst aus der Wüste hinausbegleiten. Allerdings kann ich nur bis zur Region der ›Schwarzen Felsen‹ mitkommen. Von dort aus müssen Sie allein weiterfinden.«

Er überlegte ein paar Augenblicke, dann fuhr er fort:

»Da ist aber noch eine Schwierigkeit. Ich lebe nun zwar schon so viele Jahre hier und kenne die Wüste wie meine eigene Tasche, aber tagsüber würde sogar ich mich rettungslos verirren. Die Fata Morgana ist in den letzten Jahren immer schlimmer geworden.«

»Da haben wir ja mächtiges Glück gehabt, dass wir Sie getroffen haben, Herr Tur Tur«, warf Lukas ein.

»Oh, ja!«, erwiderte Herr Tur Tur ernst und runzelte die Stirn. »Allein wären Sie aus dieser Wüste nie wieder herausgekommen. Morgen oder spätestens übermorgen hätten die Geier Sie ganz sicher verspeist.« Jim schauderte.

»Also fahren wir gleich ab«, schlug Lukas vor. »Der Mond ist auch schon aufgegangen.«

Herr Tur Tur machte schnell noch Brote zurecht und füllte die goldene Thermosflasche des Kaisers von Mandala mit neuem Tee. Dann gingen alle drei hinaus zu der Lokomotive.

Das Michael-Ende-Lesebuch

Ehe sie abfuhren, wollte Jim gerne noch einmal die sonderbare Riesen-Eigenschaft von Herrn Tur Tur sehen und Herr Tur Tur erklärte sich bereit sie vorzuführen.

Der Mond schien so hell und klar, dass man fast so gut sehen konnte wie bei Tage. Jim und Lukas blieben neben Emma stehen und Herr Tur Tur ging ein Stück weit in die Wüste hinein. Sie beiden Freunde konnten beobachten, wie er immer größer wurde, je weiter er sich von ihnen entfernte. Als er wieder zurückkam, wurde er kleiner und kleiner, bis er schließlich wieder in ganz normaler Größe vor ihnen stand.

Dann blieb Lukas allein stehen und Jim ging mit Herrn Tur Tur weg, um zu sehen, ob er wirklich nur scheinbar größer wurde. Als sie ein Stück von Lukas entfernt waren, drehten sie sich um und Jim rief:

»Was siehst du, Lukas?«

Lukas antwortete:

»Du bist jetzt nur noch so groß wie mein kleiner Finger und Herr Tur Tur ist so lang wie ein Telegrafenmast.«

Dabei konnte Jim leicht feststellen, dass Herr Tur Tur, neben dem er ja stand, wirklich nicht gewachsen war, sondern immer noch genauso aussah wie vorher.

Und zuletzt blieb Jim neben Emma stehen und Lukas ging mit Herrn Tur Tur ein Stück weit fort. Nun konnte Jim beobachten, wie Lukas immer kleiner wurde und Herr Tur Tur immer größer. Als die beiden zurückgekommen waren, sagte Jim befriedigt:

»Ja, Herr Tur Tur, Sie sind wirklich ein Scheinriese!«

Jim Knopf und Lukas der Lokomotivführer

»Daran besteht kein Zweifel«, bestätigte Lukas. »Und nun fahren wir ab, Leute.«

Sie stiegen alle drei in das Führerhäuschen, schlossen die Türen und fuhren in die Wüste hinein. Die Dampfwölkchen aus dem Schornstein der guten dicken Emma stiegen in den Nachthimmel empor, immer höher und höher und zergingen endlich ganz hoch droben, wo leuchtend der große silberne Mond stand.

ACHTZEHNTES KAPITEL,

in dem die Reisenden von dem Scheinriesen
Abschied nehmen und vor dem »Mund des Todes«
nicht mehr weiterkönnen

Die Wüste war flach wie ein Nudelbrett und sah nach allen Seiten ganz gleich aus. Aber Herr Tur Tur war keinen Augenblick unsicher, in welche Richtung sie fahren mussten. Und so dauerte es noch nicht einmal drei Stunden, da hatten sie schon die nördliche Grenze der Wüste »Das Ende der Welt« erreicht.

Die Landschaft lag im hellen Schein des Mondes, aber dort, wo der Rand der Wüste war, hörte plötzlich alles auf. Es war nichts mehr da, kein Boden, kein Himmel. Einfach *gar nichts.* Von weitem sah das aus wie eine riesige kohlpechrabenschwarze Finsternis, die vom Wüstensaum aufstieg bis in den Himmel hinein.

»Merkwürdig!«, sagte Lukas. »Was ist das?«

Das Michael-Ende-Lesebuch

»Das ist die Region der ›Schwarzen Felsen‹«, erklärte Herr Tur Tur. Sie fuhren ganz dicht bis dahin, wo das Dunkel begann. Lukas hielt Emma an und sie stiegen aus.

»Die Stadt der Drachen«, fing Herr Tur Tur an zu erklären, »liegt irgendwo im ›Land der tausend Vulkane‹. Das ist eine gewaltige Hochebene, die mit tausenden von großen und kleinen Feuer speienden Bergen bedeckt ist. Wo die Stadt der Drachen genau liegt, weiß ich leider auch nicht. Aber das werden Sie schon herausbekommen.«

»Gut«, meinte Lukas. »Aber was ist dieses Schwarze hier?«

»Müssen wir da vielleicht durch?«, fragte Jim.

»Das wird sich nicht vermeiden lassen«, antwortete Herr Tur Tur. »Sehen Sie, meine Freunde, es ist so: Das ›Land der tausend Vulkane‹ ist, wie ich schon sagte, eine Hochebene und liegt siebenhundert Meter höher als ›Das Ende der Welt‹. Der einzig Weg, der dort hinaufführt, geht hier durch die Region der ›Schwarzen Felsen‹.«

»Hier?«, fragte Jim verwundert. »Ich seh aber gar keinen Weg.«

»Nein«, sagte Herr Tur Tur ernst. »Man kann ihn auch nicht sehen. Das ist eben das Geheimnis der ›Schwarzen Felsen‹. Sie sind nämlich so vollkommen schwarz, dass alle Helligkeit aufgeschluckt wird. Es ist einfach kein Licht zum Sehen mehr da. Nur an besonders strahlenden Sonnentagen bleibt ein ganz kleiner Schimmer übrig. Dann kann man oben am Himmel einen schwachen violetten Fleck erkennen. Das ist die Sonne. Aber sonst gibt es hier nur tiefes Dunkel.«

Jim Knopf und Lukas der Lokomotivführer

»Aber wenn nichts zu sehen ist«, fragte Lukas bedenklich, »wie kann man denn da den Weg finden?«

»Die Straße führt von hier ganz schnurgerade hinauf«, erklärte Herr Tur Tur. »Sie ist ungefähr hundert Meilen lang. Wenn Sie immer ganz genau geradeaus fahren, kann nichts passieren. Aber Sie dürfen auf keinen Fall von der Richtung abkommen! Links und rechts gähnen nämlich tiefe, schreckliche Abgründe neben dem Weg, in die Sie unfehlbar hinunterstürzen würden.«

»Schöne Aussichten!«, knurrte Lukas und kratzte sich hinter dem Ohr. Jim murmelte erschrocken »Ojemine« vor sich hin.

»An der höchsten Stelle«, fuhr Herr Tur Tur fort, »führt die Straße durch ein großes Felsentor. Es heißt ›Der Mund des Todes‹. Dort ist es am allerdunkelsten und selbst an einem strahlend hellen Sonnentag herrscht dort eine ganz undurchdringliche Finsternis. Sie werden den ›Mund des Todes‹ sofort an einem fürchterlichen Heulen und Stöhnen erkennen.«

»Warum heult er denn?«, fragte Jim, dem recht unbehaglich wurde.

»Das macht der Wind, der ständig durch dieses Felsentor weht«, antwortete Herr Tur Tur. »Ich rate Ihnen übrigens, die Türen der Lokomotive fest geschlossen zu halten. Da in dieser Region ewige Nacht herrscht, ist der Wind so kalt, dass ein Wassertropfen zu Eis gefriert, ehe er auf dem Boden ankommt. Sie dürfen auch die Lokomotive nicht verlassen. Um keinen Preis! Sie würden sofort vor Kälte erstarren.«

»Danke für die guten Ratschläge!«, sagte Lukas. »Ich

Das Michael-Ende-Lesebuch

denke, wir warten mit der Abfahrt lieber bis Sonnenaufgang. Wenn's auch noch so wenig Licht gibt, besser als gar nichts ist es immer noch. Was meinst du, Jim?«

»Ich glaub auch«, erwiderte Jim.

»Dann ist es wohl das Beste, ich verabschiede mich jetzt«, meinte Herr Tur Tur. »Ich habe Ihnen alles gesagt, was ich weiß, meine Freunde. Und ich möchte lieber nach Hause kommen, ehe es Tag wird. Sie wissen ja, wegen der Fata Morgana.«

Sie schüttelten sich die Hände und sagten sich Lebewohl und Herr Tur Tur bat, wenn die beiden Freunde wieder einmal in die Wüste »Das Ende der Welt« kämen, dann sollten sie ihn doch ja besuchen. Jim und Lukas versprachen es. Und dann machte sich der Scheinriese auf den Heimweg nach seiner Oase.

Die Freunde sahen ihm nach. Seine Gestalt wurde mit jedem Schritt größer und immer größer, bis er schließlich wieder riesenhaft am fernen Horizont stand. Dort drehte er sich noch einmal um und winkte und Jim und Lukas winkten zurück. Dann schritt Herr Tur Tur weiter und wurde noch größer, aber auch undeutlicher, bis seine ungeheure Gestalt zuletzt am nächtlichen Himmel verschwamm.

»Ein netter Mensch!«, sagte Lukas und paffte heftig. »Kann einem wirklich Leid tun.«

»Ja«, meinte Jim gedankenvoll. »Schade, dass er so allein sein muss.«

Und dann gingen sie schlafen, um für die Fahrt durch die Region der »Schwarzen Felsen« Kräfte zu sammeln.

Jim Knopf und Lukas der Lokomotivführer

Am nächsten Morgen ging die Sonne strahlend hell über der Wüste auf. Jim und Lukas frühstückten, dann riegelten sie die Türen des Führerhäuschens fest zu, schlossen sorgfältig die Fenster und fuhren los, mitten hinein in die kohlpechrabenschwarze Finsternis.

Es war tatsächlich, wie Herr Tur Tur gesagt hatte: Die blendend helle Sonne war bald nicht mehr zu erkennen. Nur ein matter violetter Fleck stand irgendwo hoch oben am schwarzen Himmel. Rundherum war alles vollkommen dunkel.

Lukas knipste an einem Schalter und ließ die Scheinwerfer aufleuchten. Aber es nützte nichts. Das Licht wurde von den schwarzen Felsen aufgeschluckt und es blieb so finster wie zuvor.

Je länger sie unterwegs waren, desto kälter wurde es. Jim und Lukas hängten sich ihre Schlafdecken über, aber bald half auch das nichts mehr. Obwohl Lukas ganz gewaltig einheizte, drang der Frost doch immer schneidender durch die Fensterscheiben. Jim begann so zu frieren, dass ihm die Zähne aufeinander schlugen. Es ging nur sehr, sehr langsam vorwärts. Stunde um Stunde verrann und nach Lukas' Schätzung hatten sie erst die Hälfte der hundert Meilen zurückgelegt.

Jim half jetzt beim Heizen, denn Lukas kam allein gar nicht mehr nach. Immer rascher mussten sie Kohlen in das Feuerloch schaufeln, damit das Wasser im Kessel überhaupt zum Kochen kam und Dampf hergab. Emma schleppte sich von Minute zu Minute langsamer dahin. An ihrem Schornstein und den Ventilen hingen bereits dicke Eiszapfen.

Das Michael-Ende-Lesebuch

Lukas blickte sorgenvoll auf den Kohlenvorrat, der immer mehr und mehr zusammenschmolz.

»Hoffentlich kommen wir aus«, murmelte er.

»Wie lange reichen denn die Kohlen noch?«, erkundigte sich Jim und blies sich in die erstarrten Hände.

»Eine Stunde vielleicht noch«, antwortete Lukas, »oder vielleicht noch nicht mal so lange. Bei dem Verbrauch ist das schwer zu sagen.«

»Können wir's denn bis dahin geschafft haben?«, fragte Jim schnatternd vor Kälte. Seine roten Lippen waren bläulich angelaufen.

»Wenn nichts dazwischenkommt, vielleicht«, brummte Lukas und wärmte sich die eiskalten Finger an seiner Pfeife.

Jetzt war sogar der blasse violette Fleck am Himmel verschwunden. Sie näherten sich nun also wohl dem »Mund des Todes«. Einige Minuten verstrichen noch und dann hörten sie es plötzlich von weitem grässlich heulen und stöhnen:

»Huuuuiiiiuuuuiiiiooooohhhh!«

Es klang so schauerlich, dass es dafür einfach keine Beschreibung gibt. Man kann es sich nicht vorstellen, wenn man es nicht selbst gehört hat. Der Ton war nicht laut, aber er drang so jammervoll durch die schwarze Einsamkeit, dass es kaum zu ertragen war.

»Ojemine!«, stammelte Jim. »Ich glaub, ich stopf mir lieber wieder Wachs in die Ohren.«

Aber der Kerzenstummel war von der Kälte hart wie Stein geworden und ließ sich nicht kneten. Die Freunde mussten also die trostlosen Klagelaute aushalten.

Jim Knopf und Lukas der Lokomotivführer

»Aaaaaaauuuuuuuuuu!«, wimmerte es draußen, jetzt schon viel näher.

Lukas und Jim bissen die Zähne zusammen.

In diesem Augenblick blieb Emma stehen und stieß einen langen verzweiflungsvollen Pfiff aus. Irgendwie war sie von der schnurgeraden Linie abgekommen und nun spürte sie plötzlich, dass direkt vor ihren Rädern der Abgrund gähnte.

»Verflixt!«, sagte Lukas und versuchte nacheinander ein paar Hebel. Aber Emma zitterte bloß und weigerte sich weiterzufahren.

»Was hat sie denn?«, fragte Jim mit schreckensweiten Augen.

»Keine Ahnung«, knurrte Lukas. »Sie will nicht weiter. Wahrscheinlich haben wir den geraden Weg verloren.«

»Und was wird jetzt?«, flüsterte Jim.

Lukas antwortete nicht. Aber Jim kannte Lukas' Gesicht, wenn höchste Gefahr bestand. Dann wurde der Mund zu einem Strich, die Backenknochen traten hervor und die Augen wurden ganz schmal.

»Auf jeden Fall darf das Feuer nicht ausgehen«, sagte er schließlich. »Sonst sind wir verloren.«

»Aber wir können doch nicht einfach hier stehen bleiben«, wandte Jim ein.

Lukas zuckte nur die Achseln. Jim fragte nicht weiter. Wenn nicht mal Lukas wusste, was sie tun sollten, dann stand es wohl ziemlich schlimm.

Das Klagen des Windes hörte sich jetzt beinahe schaden-

Das Michael-Ende-Lesebuch

froh an. Es war, als ob der »Mund des Todes« schauerlich lachte:

»Huhuhuhuhohohoooooooo!«

»Gib die Hoffnung nicht auf, alter Junge!«, tröstete Lukas. Aber es klang nicht sehr überzeugend.

Sie warteten und warteten und dabei überlegten sie beide angestrengt, was zu tun wäre. Aussteigen konnten sie nicht wegen der Kälte. Außerdem hätte es ja auch nichts genützt. Rückwärts fahren ging nicht, denn Emma wagte nicht die kleinste Bewegung, weder vorwärts noch zurück. Was sollten sie tun? Nichts konnten sie tun.

Aber sie mussten irgendetwas unternehmen! Jede Sekunde, die sie verloren, brachte sie dem Augenblick näher, wo die Kohlen zu Ende waren.

Während sie schweigend weiterschürten und ihr Gehirn zermarterten, ohne dass ihnen etwas einfiel, bereitete sich draußen ihre Rettung vor. Der Dampf, der aus Emmas Schornstein aufstieg, gefror nämlich in der eiskalten Luft und fiel als Schnee herunter: Der klagende Wind trieb die Flocken vor sich hier und nach und nach bedeckte sich die Umgebung rings um die Lokomotive mit Schnee. Die weißen Wirbel senkten sich über die schwarzen Felsen und wo diese vom Schnee bedeckt waren, konnten sie das Licht nicht mehr aufschlucken und auf einmal war der Weg zu erkennen. Mitten im schwarzen Nichts schwebte plötzlich ein Stück weiße Straße.

Jim bemerkte es zuerst. Er hatte ein Loch in die Eisblumen am Fenster gehaucht und versuchte hinauszuspähen.

»He, Lukas!« rief er. »Schau doch mal!«

244

Jim Knopf und Lukas der Lokomotivführer

Lukas sah hinaus. Dann richtete er sich auf, nickte Jim ernst zu, holte tief Luft und sagte: »Wir sind gerettet.«

Und dann zündete er sich eine neue Pfeife an.

Nun war Emma auch zu bewegen weiterzufahren. Sie fand die gerade Linie wieder und von neuem ging es hinein in die kohlpechrabenschwarze Finsternis.

»Huuuuuooooochchchchchchch!«, stöhnte der Wind. Und es klang, als führen sie geradewegs in den geöffneten Todesrachen hinein.

»Ooooooaaaaaahhhhhhhhh!«, gähnte es. Und dann kamen sie auf der anderen Seite des Felsentores heraus und waren dem »Mund des Todes« entronnen.

»Hiiiiiiüüüü!«, seufzte es noch einmal hohl hinter ihnen her, aber es hörte sich schon viel ungefährlicher an. Und dann verhallte das Wehklagen hinter ihnen in der Ferne. Sie hatten jetzt nur noch zehn Schaufeln Kohle. Aber zum Glück führte der Weg nun abwärts, denn der »Mund des Todes« lag ja an der höchsten Stelle. Lukas warf jede Minute eine Schaufel Kohlen aufs Feuer: Eine Minute – zwei Minuten – drei Minuten – vier – fünf – sechs – sieben Minuten – acht – neun – und – zehn Minuten – – – jetzt war die letzte Schaufel Kohle verheizt. Aber es wurde nicht heller. Immer langsamer rollte die Lokomotive. Gleich würde sie stehen bleiben …

Da, im letzten Augenblick, war es, als glitten sie durch einen Vorhang hindurch. Licht drang durch die vereisten Fenster herein, helles Sonnenlicht. Emma blieb stehen.

»So, Jim«, sagte Lukas, »wie wär's mit einer kleinen Erholungspause?«

245

Das Michael-Ende-Lesebuch

»In Ordnung«, antwortete Jim und stieß einen tiefen Seufzer der Erleichterung aus.

Sie entfernten mühsam das dicke Eis von den Riegeln und stießen die Tür auf. Warme Luft strömte ihnen entgegen. Sie kletterten hinaus, um ihre erstarrten Glieder in der Sonne aufzutauen.

NEUNZEHNTES KAPITEL,

in dem Lukas und Jim einen kleinen Vulkan reparieren
und Emma ein anderes Gesicht bekommt

Die beiden Freude standen breitbeinig vor ihrer Lokomotive, die Hände in den Hosentaschen und schauten sich die Landschaft an. Vor ihnen lag das »Land der tausend Vulkane« mit tausenden und abertausenden von Feuer speienden Bergen in jeder Größe. Manche ragten hoch auf wie vielstöckige Häuser, andere wieder waren nur ganz klein, ungefähr wie Maulwurfshügel. Viele befanden sich gerade in voller Tätigkeit, das heißt, sie spuckten Feuer und Flammen, andere rauchten nur still vor sich hin. Aus einigen lief oben ein glühender Schlamm heraus, sie sahen aus wie Töpfe mit überkochendem Grießbrei.

Die Erde bebte ununterbrochen und die Luft war erfüllt von an- und abschwellendem Grollen und Donnern. Plötzlich gab es einen heftigen Stoß und mit lautem Krachen öffnete sich eine tiefe Erdspalte. Die ringsum liegenden Vulkane fingen an überzukochen und der glühende Brei füllte die Kluft

246

Jim Knopf und Lukas der Lokomotivführer

langsam wieder aus. Aber schon brach an einer anderen Stelle ein neuer Riss auf. In der Ferne erhob sich ein einzelner riesenhafter Gipfel. Er mochte wohl über tausend Meter hoch sein. Auch aus ihm rauchte es oben heraus. Lukas und Jim betrachteten eine ganze Weile stumm diese wenig anheimelnde Gegend.

»Ich möcht bloß wissen«, sagte Jim endlich, »was passiert, wenn dieser große Berg da in der Mitte mal überkocht. Dann wird vielleicht das ganze Land mit glühendem Brei zugedeckt. Was glaubst du, Lukas?«

»Schon möglich«, antwortete Lukas. Er war gerade mit ganz anderen Überlegungen beschäftigt.

»Irgendwo muss hier also die Stadt der Drachen sein«, murmelte er, »aber wo?«

»Ja, wo?«, sagte Jim. »Das müsste man wissen.«

»Selbst wenn wir's wüssten«, fuhr Lukas fort, »würde uns das auch nicht viel helfen. Wie sollten wir denn hinkommen?«

»Ja, wie?«, sagte Jim. »Hier können wir nicht weiterfahren. Wir würden im glühenden Brei stecken bleiben oder in eine Erdspalte stürzen. Man kann ja nie wissen, wo sie plötzlich aufbrechen.«

»Und selbst wenn wir das wüssten«, meinte Lukas, »würde es uns auch nichts nützen. Wir können nämlich nicht weiterfahren, weil wir keine Kohlen mehr haben.»

»Oh!«, antwortete Jim erschrocken. »Daran hab ich gar nicht gedacht. Das is aber eine unangenehme Sache.«

»Verflixt unangenehm«, brummte Lukas. »Holz scheint es

247

Das Michael-Ende-Lesebuch

hier auch nirgends zu geben. Jedenfalls kann ich nichts entdecken, was einem Baum auch nur im Entferntesten ähnlich sieht.«

Sie setzten sich erst einmal hin und aßen ein paar Butterbrote und tranken den Tee des Scheinriesen aus der goldenen Thermosflasche des Kaisers von Mandala. Es mochte ungefähr vier Uhr nachmittags sein, also Teezeit. Außerdem verspürten sie sowieso einen großen Appetit, weil sie ja nicht zu Mittag gegessen hatten. Als sie fertig waren, Lukas sich eine Pfeife ansteckte und Jim den Deckel auf die Thermosflasche schraubte, kam es ihnen plötzlich vor, als hätten sie ein Geräusch vernommen.

»Pst!«, sagte Jim. »Hör mal!« Sie lauschten. Und da war es wieder. Es klang, als weinte irgendwo ein kleines Schwein.

»Das hört sich an wie eine Stimme«, flüsterte Jim.

»Stimmt«, sagte Lukas, »wie ein Ferkel oder so was. Wollen doch mal sehen, was los ist.«

Sie standen auf und gingen dem Ton nach. Bald hatten sie die Stelle gefunden. Der Klagelaut kam aus einem Vulkan ganz in der Nähe. Aber dieser Vulkan schien erloschen. Er sprühte kein Feuer, es kam kein glühender Brei heraus, er rauchte nicht mal.

Jim und Lukas kletterten auf den Hügel hinauf, der ungefähr so groß war wie ein kleines Haus und schauten von oben in das Kraterloch hinein. Das Weinen war jetzt ganz deutlich zu hören. Sogar ein paar Worte konnten die Freunde verstehen:

»Ach, ich kann nicht mehr, ich kann einfach nicht mehr! Ooooh, ich armer Wurm …!«

Jim Knopf und Lukas der Lokomotivführer

Aber zu sehen war nichts, es war stockfinster im Innern des Vulkans.

»Hallo!«, rief Lukas hinunter. »Ist da jemand?«

Jetzt war es plötzlich totenstill. Auch das Jammern hatte aufgehört.

»Hallo, hallo!«, rief Jim mit heller Stimme. »Wer is denn da? Wer hat da eben ›armer Wurm‹ gesagt?«

Zunächst blieb es still, aber plötzlich ertönte ein fürchterliches Gekreisch. Im Innern des Vulkans polterte und rumorte es ganz entsetzlich. Die beiden Freunde traten ein wenig zurück, falls vielleicht doch Feuer oder glühende Lava herauskäme.

Aber es geschah nichts dergleichen, sondern es erschien ein dicker Kopf mit großen runden Augen, ein Kopf, der entfernt an ein Nilpferd erinnerte, nur dass er gelb und blau getüpfelt war. Der Kopf saß auf einem zarten Körperchen, an dessen anderem Ende ein langer dünner Schwanz hing, etwa wie bei einem noch nicht ausgewachsenen Krokodil. Breitbeinig stellte sich das eigenartige Wesen vor Lukas und Jim hin, stemmte die Ärmchen in die Seite und kreischte, so wild es nur konnte:

»Ich bin ein Drache! Puh!«

»Das freut mich«, sagte Lukas, »ich bin Lukas der Lokomotivführer.«

»Und ich bin Jim Knopf«, fügte Jim hinzu.

Der Drache schaute die beiden Freunde verdutzt aus seinen runden Augen an und fragte dann mit einer quiekenden Ferkelstimme:

Das Michael-Ende-Lesebuch

»Ja, habt ihr denn gar keine Angst vor mir?«

»Nein«, antwortete Lukas, »warum sollten wir denn?«

Da fing der Drache fürchterlich zu weinen an und dicke Tränen rollten aus seinen hervorstehenden Augen.

»Hu hu hu!«, heulte das kleine Ungeheuer. »Das hat mir gerade noch gefehlt. Nicht mal Menschen halten mich für einen richtigen Drachen! Das ist ein Unglückstag heute! Hu hu huuuuuuuu!«

»Aber natürlich finden wir, dass du ein richtiger Drache bist«, sagte Lukas begütigend. »Wenn wir überhaupt vor irgendwas in der Welt Angst hätten, dann wärst du es. Nicht wahr, Jim?«

Dabei zwinkerte er seinen Freund an.

»Natürlich«, bestätigte Jim. »Aber wir sind zufällig Leute, die niemals Angst haben. Sonst hätten wir schon welche vor dir und nicht zu wenig!«

»Ach«, jammerte der Drache und schluckte bekümmert, »ihr wollt mich nur trösten.«

»Nein, wirklich!«, versicherte Lukas. »Du siehst doch sehr schrecklich aus.«

»Ja«, meinte Jim, »ganz scheußlich und furchtbar.«

»Wirklich?«, fragte der Drache ungläubig und sein dickes Gesicht begann vor Vergnügen zu strahlen.

»Ganz bestimmt«, sagte Jim. »Findet denn jemand, dass du kein richtiger Drache bist?«

»Ja, huuuuuhuhuuuuuuuuuu!«, antwortete der Drache und fing aufs Neue bitterlich zu schluchzen an. »Die reinrassigen Drachen lassen mich nicht in die Drachenstadt hinein. Sie be-

Jim Knopf und Lukas der Lokomotivführer

haupten, ich wäre bloß ein Halbdrache. Nur weil meine Mutter ein Nilpferd war! Aber mein Vater war ein richtiger Drache.«

Lukas und Jim wechselten einen bedeutungsvollen Blick, der so viel hieß wie: Aha! Denn dieser Halbdrache konnte ihnen sicher verraten, wie sie weiterfahren mussten.

»Bist du deshalb so unglücklich?«, fragte Lukas.

»Ach nein«, schnüffelte der Halbdrache, »aber heute ist ein richtiger Unglückstag für mich. Mein Vulkan ist ausgegangen und ich bring und bring ihn nicht wieder zum Brennen. Ich hab schon alles versucht, aber es hilft nichts.«

»Na, dann lass uns doch mal nachsehen!«, bot Lukas an. »Wir sind Lokomotivführer und verstehen uns auf Sachen, die mit Feuer zusammenhängen.«

Der Halbdrache wischte sich sofort die Tränen ab und machte runde Augen.

»Ach, das wäre aber wunderbar!«, quiekte er. »Da wäre ich furchtbar dankbar. Es ist nämlich eine riesige Schande für unsereins, wenn einem der Vulkan ausgeht.«

»Ich verstehe«, sagte Lukas.

»Übrigens«, fuhr der Halbdrache eifrig fort. »Ich habe mich noch gar nicht vorgestellt. Ich heiße Nepomuk.«

»Das ist ein hübscher Name«, sagte Lukas.

»Aber das ist doch ein Menschenname«, warf Jim ein. »Passt der denn für einen Drachen?«

»Meine Mutter, das Nilpferd«, antwortete Nepomuk, »hat mich so getauft. Sie wohnte in einem Zoo und verkehrte viel mit Menschen. Daher kommt das. Drachen heißen meistens anders.«

251

Das Michael-Ende-Lesebuch

»Ach so!«, sagte Jim.

Dann stiegen sie nacheinander durch den Krater in den Vulkan hinein. Als sie unten waren, zündete Lukas ein Streichholz an und schaute sich um. Sie standen in einer geräumigen Höhle. Die eine Hälfte wurde von einem riesigen Kohlenberg ausgefüllt, auf der anderen Seite stand ein großer, offener Herd. Über dem Herd hing an einer Kette ein gewaltiger Kessel. Alles war rußgeschwärzt und es stank atemberaubend nach Schwefel und allem möglichen anderen Zeug.

»Hübsch hast du's hier, Nepomuk«, sagte Lukas höflich und blickte dabei nachdenklich auf den Kohlenhaufen.

»Aber du hast ja gar kein Bett!«, meinte Jim verwundert.

»Ach, wisst ihr«, sagte Nepomuk, der Halbdrache, »ich schlaf am liebsten auf den Kohlen. Das macht so angenehm schmutzig und man muss sich nicht jeden Morgen erst extra voll schmieren.«

Bei Drachen ist es nämlich umgekehrt wie bei Menschen. Menschen waschen sich morgens und abends, damit sie immer schön sauber sind und Drachen schmieren sich morgens und abends voll, damit sie immer hübsch schmutzig sind. Das gehört sich nun mal bei Drachen so.

Lukas hatte sich inzwischen an dem großen Herd zu schaffen gemacht. Nach ein paar Minuten hatte er den Fehler schon gefunden.

»Aha!«, sagte er. »Der Rost ist rausgefallen und der Durchzug ist verstopft.«

»Wird es lange dauern, das in Ordnung zu bringen?«, fragte Nepomuk und sah aus, als wollte er gleich wieder losweinen.

Lukas war eben dabei zu versichern, dass es gar nicht schwierig sei, als ihm etwas anderes einfiel. Er sagte:

»Ich will sehen, was ich tun kann. Eigentlich ist die Geschichte überhaupt nicht mehr zu reparieren. Du müsstest dir einen neuen Herd anschaffen. Aber vielleicht kann ich's noch mal richten. Du hast Glück, dass gerade zwei Lokomotivführer hergekommen sind.«

Er hatte nämlich so seinen Plan und da musste er schon ein bisschen übertreiben.

»Jim«, fuhr er mit tiefernster Miene fort, »klettere doch schnell mal hinaus und lauf zu unserer Lokomotive! Bring den Kasten mit den Spezialinstrumenten, du weißt schon, und vergiss nicht die Operationslampe!«

»In Ordnung«, antwortete Jim ebenso ernsthaft, kletterte hinaus und war im Nu mit dem Werkzeugkasten und der Taschenlampe wieder zurück.

»So, mein lieber Nepomuk!«, sagte Lukas mit gerunzelter Stirn. »Jetzt musst du uns ein bisschen allein lassen, bitte. Ich und mein Assistent, wir können nämlich nicht arbeiten, wenn uns jemand dabei zuschaut.«

Nepomuk warf einen ehrfürchtigen Blick auf den Kasten, in dem die Werkzeuge geheimnisvoll blinkten. Dann kletterte er aus dem Vulkan und setzte sich erwartungsvoll neben das Loch. Bald hörte er, wie unten gehämmert und gefeilt wurde. Die beiden Lokomotivführer schienen ja wirklich mächtig tüchtige Leute zu sein!

In Wirklichkeit hatte Lukas den Rost mit einem einzigen Handgriff eingesetzt und danach den Durchzug sauber ge-

Das Michael-Ende-Lesebuch

macht. Alles war wieder in Ordnung. Die beiden Freunde saßen jetzt ganz gemütlich nebeneinander, zwinkerten sich schmunzelnd zu und klopften mit Hämmern und Feilen gegen den Herd und den Kessel, dass es sich anhörte wie in einer Schmiedewerkstatt.

Nach einer Weile fragte Nepomuk durch das Loch herunter: »Kommt ihr gut vorwärts?«

»Es ist schwerer, als ich dachte!«, rief Lukas hinauf. »Aber ich hoffe, wir schaffen's!«

Und sie klopften und hämmerten weiter. Jim musste sich das Lachen verbeißen. Nepomuk saß oben neben dem Krater, hörte der Arbeit zu und war überaus dankbar, dass gerade im richtigen Augenblick zwei Lokomotivführer vorbeigekommen waren.

Nach einer Weile meinte Lukas leise zu Jim:

»So, ich denke, jetzt ist es genug.«

Sie hörten zu hämmern auf und Lukas zündete das Feuer im Herd an. Die Flammen züngelten auf und der Qualm zog oben zum Loch hinaus. Alles funktionierte ausgezeichnet.

Als Nepomuk den Rauch aufsteigen sah, geriet er ganz außer sich vor Freude. Er hatte zuletzt doch ein wenig daran gezweifelt, ob die beiden Lokomotivführer einen so entsetzlich schwierigen Schaden beheben könnten. Jetzt tanzte er oben um das Loch herum und quiekte mit seiner Ferkelstimme:

»Es geht! Es geht! Mein Vulkan brennt wieder! Hurra! Es funktioniert!«

Jim und Lukas kletterten zu ihm hinaus.

Jim Knopf und Lukas der Lokomotivführer

»Vielen Dank!«, sagte Nepomuk, als beide vor ihm standen.

»Bitte, gern geschehen!«, erwiderte Lukas bedächtig. »Ich habe nun allerdings auch eine kleine Bitte.«

»Ja? Was denn?«, fragte Nepomuk, der Halbdrache.

»Weißt du«, sagte Lukas, »mir sind nämlich gerade die Kohlen ausgegangen. Du hast doch einen ganz schönen Berg davon. Hättest du etwas dagegen, wenn wir unseren Tender aus deinem Vorrat neu auffüllen würden?«

»Aber gar nicht!«, rief Nepomuk und lächelte freundlich, soweit das bei seinem Riesenmaul möglich war. »Ich werde das gleich selbst besorgen.«

Jim und Lukas wollten helfen, aber Nepomuk bestand darauf, es allein zu tun.

»Ihr beide habt schwer für mich gearbeitet, ihr sollt euch jetzt ausruhen«, erklärte er.

Dann kletterte er in seinen Vulkan hinunter, tauchte gleich darauf mit einem großen Eimer voll Kohlen wieder auf, lief damit zu Emma hin und leere ihn in den Tender. Dann kehrte er in seine Höhle zurück und füllte den Eimer aufs Neue und das wiederholte er so oft, bis der Tender gehäuft voll war.

Die beiden Freunde schauten ihm zu und hatten ein etwas schlechtes Gewissen.

Endlich war der Halbdrache fertig.

»Uff!«, keuchte er und wischte sich den Schweiß von der Stirn. »Ich glaube, jetzt ist es genug! Es geht nichts mehr hinein!«

»Vielen Dank, Nepomuk!«, sagte Lukas beschämt. »Das

255

Das Michael-Ende-Lesebuch

war aber wirklich sehr, sehr liebenswürdig von dir. Würdest du vielleicht gern mit uns Abendbrot essen?«

Es war nämlich inzwischen ziemlich spät geworden und die Sonne senkte sich dem Horizont zu.

»Was habt ihr denn?«, erkundigte sich Nepomuk und bekam sofort ganz gierige Augen.

»Tee und belegte Brote«, antwortete Jim.

Nepomuk machte ein enttäuschtes Gesicht.

»Ach nein, danke«, sagte er, »solche Sachen verträgt mein Magen nicht. Ich esse lieber eine ordentliche Portion Lava.«

»Was is Lava?«, wollte Jim wissen. »Schmeckt das gut?«

»Lava ist die Lieblingsspeise aller Drachen«, erklärte Nepomuk mit würdevollem Stolz. »Es ist ein glühender Brei aus geschmolzenem Eisen und Schwefel und allerhand anderen feinen Sachen. Ich habe einen großen Kessel voll. Wollt ihr mal versuchen?«

»Lieber nicht«, sagten Jim und Lukas wie aus einem Mund.

Also holten sich die beiden Freunde ihren Proviant aus der Lokomotive und Nepomuk holte sich seinen Kessel voll Lava. Dann setzten sie sich zusammen und aßen zu Abend. Allerdings war Nepomuk kein sehr appetitlicher Tischgenosse. Er schmatzte und schlürfte und spritzte mit dem glühenden Brei um sich herum, dass Jim und Lukas richtig Acht geben mussten, damit sie nicht ganz und gar bekleckert und angesengt wurden. Nepomuk war zwar nur ein Halbdrache, aber er gab sich alle Mühe, sich möglichst wie ein reinrassiger Drache zu benehmen.

Als er endlich satt war, kippte er den Rest aus seinem Kessel einfach in eine Erdspalte in der Nähe. Dann leckte er sich das Maul, klopfte sich auf den prallen Bauch und rülpste herzhaft. Dabei stiegen ihm zwei schwefelgelbe Rauchkringel aus beiden Ohren.

Auch die beiden Freunde hatten ihre Mahlzeit beendet. Jim brachte die restlichen Brote und die Thermosflasche in die Lokomotive zurück, während Lukas sich seine Pfeife ansteckte. Dann unterhielten sie sich noch eine Weile über dies und das. Schließlich sagte Lukas beiläufig:

»Wir möchten gerne in die Drachenstadt. Weißt du, wie man dahin kommt, Nepomuk?«

»Natürlich weiß ich, wie man hinkommt«, erwiderte Nepomuk.

»Was wollt ihr denn dort?«

Sie erklärten ihm ihr Vorhaben in aller Kürze. Als sie damit fertig waren, meinte Nepomuk:

»Eigentlich sollten wir Drachen ja zusammenhalten und ich dürfte euch nichts verraten. Aber ihr habt mir geholfen und die Drachen in Kummerland sind immer nur hässlich zu uns Halbdrachen und lassen uns nicht hinein. Ich werde also zu euch halten, damit sich die Drachen ärgern. Ich werde Rache üben. Sehr ihr dort den hohen Gipfel?« Er zeigte mit der Tatze auf den riesenhaften Vulkan, der in der Mitte des Landes lag.

»In diesem Berg«, fuhr er fort, »liegt die Stadt der Drachen. Der Gipfel ist oben offen. Er ist nämlich ein Krater.«

»Was is das, ein Krater?«, erkundigte sich Jim.

»Ein Krater ist – na ja, ein Krater ist eben ein Krater«, ant-

Das Michael-Ende-Lesebuch

wortete Nepomuk verwirrt. »Der Berg ist innen hohl und nach oben offen, ungefähr wie eine große Schüssel oder so was.«

»Aha«, sagte Jim.

»Und auf dem Boden dieses Kraters«, erklärte Nepomuk weiter, »liegt eben die Drachenstadt Kummerland. Sie ist riesengroß und viele tausend Drachen wohnen dort. Sie haben sich dahin zurückgezogen, seit es auf der übrigen Welt für sie zu gefährlich geworden ist. Nur noch ganz selten machen einige von ihnen Ausflüge in andere Länder.«

»Aber woher kommt der Rauch, der oben aus dem Berg steigt?«, wollte Jim wissen. »Haben sie dort auch solche Herde wie du?«

»Natürlich«, antwortete Nepomuk, »aber hauptsächlich kommt er von den Drachen selber. Drachen speien doch Rauch und Feuer.«

Wie zum Beweis für seine Worte rülpste er wieder und ließ schwefelgelbe Dampfwölkchen und ein paar Funken aus seiner Nase und seinen Ohren aufsteigen. Es wirkte allerdings ein bisschen kümmerlich.

»Aha«, meinte Jim, »so is das!«

»Und wie kommt man in die Drachenstadt hinein?«, fragte Lukas und stieß ebenfalls ein paar Rauchwölkchen aus.

»Ja, das ist es eben«, seufzte Nepomuk und stützte den dicken Kopf nachdenklich in die linke Tatze. »Es ist ganz unmöglich hineinzukommen. Sogar für mich.«

»Aber es muss doch einen Eingang geben?«, fragte Jim.

»Allerdings«, entgegnete Nepomuk, »es gibt einen, eine

Jim Knopf und Lukas der Lokomotivführer

Höhle, die durch die Wand des Berges in die Drachenstadt hineinführt. Aber leider wird dieser Eingang Tag und Nacht von Drachenwächtern bewacht. Und die lassen niemanden an sich vorbei, der nicht wie ein richtiger Drache aussieht.«

»Gibt es denn keinen zweiten Eingang?«, forschte Lukas.

»Nein«, meinte Nepomuk, »nicht dass ich wüsste.«

»Zum Beispiel einen Fluss, der aus der Drachenstadt herausfließt?«, deutete Lukas vorsichtig an.

»Nein«, versicherte Nepomuk, »davon habe ich nie gehört. Dieser Fluss müsste ja durch das ›Land der tausend Vulkane‹ fließen und wir Halbdrachen würden ihn kennen. Nein, es gibt keinen Fluss und keinen zweiten Eingang.«

»Das ist seltsam«, brummte Lukas. »Wir dachten nämlich, der Gelbe Fluss entspränge in der Drachenstadt.«

Aber Nepomuk schüttelte nachdrücklich den Kopf und erklärte: »Das kann nicht sein!«

»Wie sehen denn eigentlich reinrassige Drachen aus?«, fragte Jim in Gedanken versunken.

»Ach, ganz verschieden«, antwortete Nepomuk. »Sie dürfen vor allem keinem anderen Tier ähnlich sehen, sonst sind sie nämlich nicht mehr reinrassig. Ich zum Beispiel sehe leider meiner Mutter, dem Nilpferd, entfernt ähnlich. Ja, und außerdem muss ein Drache eben Feuer und Rauch speien können.«

Alle drei dachten eine Weile nach. Endlich schlug Jim vor:

»Vielleicht könnten wir Emma einfach als Drachen verkleiden? Sie sieht keinem anderen Tier ähnlich und Feuer und Rauch speien kann sie auch.«

Das Michael-Ende-Lesebuch

»Jim!«, rief Lukas überrascht. »Das ist eine ganz famose Idee!«

»Ja, wirklich«, bestätigte Nepomuk. »Das wäre tatsächlich eine Möglichkeit. Ich kenne Drachen, die ganz ähnlich aussehen.«

»Jetzt bleibt nur noch die Frage«, meinte Lukas, »wie kommen wir bis zu dem Berg? Wir möchten natürlich nicht gern in eine Erdspalte fallen oder im glühenden Schlamm stecken bleiben.«

»Nun, das ist ganz einfach«, antwortete Nepomuk eifrig. »Ich führe euch hin, dann kann euch nichts passieren. Ich weiß nämlich genau, um welche Zeit und an welcher Stelle Erdspalten aufbrechen oder die Lavakessel ausgeleert werden. Ja, ja, wir Halbdrachen haben das natürlich untereinander festgelegt. Sonst würde je alles drunter und drüber gehen.«

»Ausgezeichnet!«, sagte Lukas vergnügt. »Dann wollen wir uns gleich ans Werk machen und unsere gute alte Emma als Drachen verkleiden.«

Nepomuk kletterte in seinen Vulkan hinab und schleppte einen Topf mit roter Rostschutzfarbe herbei. Außerdem setzte er einen Kessel Lava auf den Herd.

Jim und Lukas suchten alle Decken hervor und banden sie mit Stricken über das Führerhäuschen.

Als sie damit fertig waren, kam Nepomuk mit seiner Lava an, die inzwischen flüssig geworden war. Da er ein Halbdrache war, konnte er den glühenden Brei anfassen, ohne sich die Finger zu verbrennen. Er knetete und strich und patschte auf der Emma herum und modellierte ihr oben einen großen Buckel und vorn eine lange hässliche Nase und an den Seiten Stacheln und Schuppen. Die Lava wurde, sobald sie abkühlte, hart wie Beton. Und zuletzt bemalten sie das Ganze noch möglichst schauerlich mit der roten Farbe und pinselten der guten dicken Emma auf ihr gemütliches Gesicht eine grässliche Drachenfratze.

Emma ließ alles still über sich ergehen. Sie machte recht ratlose und dumme Augen dazu, denn sie verstand wieder einmal nichts von allem, war vorging.

Bei Sonnenuntergang war das Werk beendet. Lukas versteckte sich im Führerhäuschen und ließ Emma zur Probe ein bisschen herumfahren und Rauch und Feuerfunken speien. Es wirkte tatsächlich sehr drachenmäßig.

Dann verabredeten sie sich für den nächsten Morgen und gingen schlafen, Nepomuk auf seinen Kohlenhaufen und die beiden Freunde in das Führerhäuschen ihrer Drachen-Lokomotive.

Nieselpriem und Naselküss

Auf seiner Suche nach dem sagenumwobenen Lande Unsinnsibar entdeckte der weltberühmte Juxologe und Quatschonom Stanislaus Stups eines Tages mitten im Ozean eine Insel, die auf keiner Karte verzeichnet stand. Er befahl dem Kapitän seines Schiffes, vor der Küste Anker zu werfen, und ruderte mit einem Boot allein an Land.

Die ganze Insel hatte die Gestalt eines spitzen, ultramarinblauen Hutes. Der Strand war sozusagen die Krempe und nur zwanzig oder dreißig Meter breit, dahinter erhob sich ein kegelförmiger Berg aus rissigem Gestein. Irgendwelche Pflanzen schien es auf dieser Insel nicht zu geben, weder Bäume oder Büsche noch Gras oder Moos.

Als Stups um den Berg herumging und abzuschätzen versuchte, wie hoch er wohl sein mochte, stand er plötzlich vor einem Wegweiser, der nach zwei Richtungen wies. Auf dem Arm, der nach rechts zeigte, stand »Zum Nieselpriem«, der andere trug die Aufschrift »Zum Naselküss«.

Stups konnte sich zunächst nicht entscheiden, in welche Richtung er gehen sollte, denn er vermochte sich weder unter dem einen noch unter dem anderen Namen etwas vorzustellen. Doch dann entdeckte er etwas, das ihm die Wahl leicht machte: Es gab überhaupt nur einen Weg, nämlich den nach

263

Das Michael-Ende-Lesebuch

rechts. Auf der linken Seite, also dort, wo es zum Naselküss ging, lag nur unwegsames, schwer zu erkletterndes Felsgelände.

Stups entschied sich also für die bequeme, gut ausgebaute Straße zum Nieselpriem, die immer rechtsherum in einer großen Spirale um den Bergkegel aufwärts führte. Offenbar wohnte dieser Nieselpriem oben auf dem Gipfel.

Nachdem er etwa in halber Höhe angelangt war, blieb der Forschungsreisende stehen, um zu verschnaufen und zurückzublicken. Er blickte hinunter auf das Schiff, das draußen im Meer vor Anker lag, er sah auch das kleine Boot am Strand – aber wo war die Straße, auf der er gekommen war? Es gab keine Straße mehr, sie war spurlos verschwunden. Das heißt, hinter ihm gab es keine Straße mehr, denn das Stück, das noch vor ihm lag und sich bis zum Gipfel hinaufwand, war zweifellos vorhanden. Diese Entdeckung befremdete den Forscher, er hatte das ungute Gefühl, in eine Falle zu gehen.

Vorsichtig und Schritt für Schritt stieg er weiter bergan, wobei er immer wieder über die Schulter hinter sich blickte, und tatsächlich, er konnte beobachten, wie unmittelbar hinter seinen Fersen der Weg undeutlich wurde und verschwand, so spurlos verschwand, als sei er nie vorhanden gewesen. Stups hielt inne und überlegte. Sollte er überhaupt weitergehen oder war es nicht ratsamer, umzukehren? Aber umkehren, das hieß, über den rissigen, blauen Fels hinunterzuklettern. Wenn er dabei den Halt verlor, würde er abstürzen und sich Hals und Bein brechen. Außerdem, so sagte sich Stups, war dieser eine sonderbare Umstand mit dem verschwindenden

Weg noch kein ausreichender Grund aufzugeben. Die Entdeckung des sagenumwobenen Landes Unsinnsibar würde ihn sicherlich noch vor weitaus schwierigere Aufgaben stellen. Es war ja auch durchaus nicht gesagt, dass die Sache wirklich bedrohlich war, bisher jedenfalls war ihm schließlich noch nichts Schlimmes dabei zugestoßen.

Er fasste sich also ein Herz und stieg weiter aufwärts. Die Wegspirale wurde immer enger, je näher er dem Gipfel kam, und als er die letzte Biegung hinter sich hatte, stand er unversehens vor einer kleinen kreisrunden Holzhütte von ziemlich ärmlichem Aussehen. Der Weg endete vor der Tür dieser Hütte.

Stups trat näher und fand auf der Tür ein Schild mit der Aufschrift:

Nieselpriem
Besuche herzlich erwünscht, aber sinnlos.
Bitte mindestens siebenmal klopfen!

Stups pochte also siebenmal, und dann, wegen des Wörtchens »mindestens« noch weitere dreimal. Danach lauschte er und hörte aus dem Inneren der Hütte ein Geräusch näher kommen, das wie das Bimmeln zahlloser Glöckchen klang. Die Tür öffnete sich und in ihr stand eine höchst seltsame Gestalt. Es war ein kleiner Mann, kaum größer als Stups selbst, in einem knallroten Anzug, mit einem ebenso knallroten Zylinderhut auf dem Kopf und einem gewaltigen schwarzen Schnurrbart unter der dicken Nase, dessen Spitzen einen halben Meter nach links und nach rechts wegstanden wie zwei

Das Michael-Ende-Lesebuch

Türkensäbel. An Armen und Beinen, an der Krempe seines Hutes, an beiden Ohren, ja selbst an den Spitzen seines Schnurrbartes hingen silberne Schellen, die bei jeder Bewegung klingelten. Und an Bewegung ließ es der sonderbare Kerl nicht fehlen. Er hüpfte und zappelte fast ohne Unterbrechung. Dabei blickte er allerdings so jämmerlich und todtraurig drein, als sei ihm ganz und gar nicht nach Hüpfen zumute.

»Aha!«, rief er, als er des Forschungsreisenden ansichtig wurde. »Da steht zweifellos ein Besucher. Das hilft mir zwar nichts, aber ich möchte doch zumindest wissen, mit wem ich die Ehre habe.«

»Stups«, sagte Stups mit einer kleinen Verbeugung. »Stanislaus Stups, Juxologe und Quatschonom auf einer wichtigen Entdeckungsreise.«

»Jammerschade!«, antwortete der seltsame Bursche und machte einen Sprung, der alle Schellen bimmeln ließ. »Ich bin der Nieselpriem, aber es nicht der Mühe wert, verehrtester Herr, dass Sie sich das zu merken versuchen. Lassen Sie's sein!«

»Was ist jammerschade«, fragte Stups, »und warum ist es nicht der Mühe wert?«

»Ach, es ist sinnlos, dass ich Ihnen das erkläre, mein Bester, denn Sie werden es auf keinen Fall behalten.«

»Ich versichere Ihnen«, widersprach Stubs, »dass ich für gewöhnlich ein ziemlich gutes Gedächtnis habe.«

»Für gewöhnlich, für gewöhnlich!«, rief der Nieselpriem und winkte mutlos ab. »Das wird Ihnen bei mir absolut nichts nützen. Es dreht sich nicht um Ihr Gedächtnis, es liegt an mir.«

Nieselpriem und Naselküss

Stups hatte den Eindruck, vielleicht nicht ganz erwünscht zu sein, und sagte deshalb höflich, wie er nun einmal war: »Ich bitte sehr um Entschuldigung, falls ich Sie gestört haben sollte, Herr Nieselpriem. Vielleicht komme ich besser ein andermal, wenn es Ihre Zeit erlaubt.«

»Aber um Himmels willen, nein!«, erwiderte der Nieselpriem bestürzt. »Bitte, treten Sie doch ein – auch wenn es ganz und gar zwecklos ist.«

Stups folgte dem Hausherrn ins Innere der armseligen Hütte. Es bestand aus einem einzigen Raum, die wenigen Möbel waren aus morschen Holzbrettern zusammengenagelt – offenbar handelte es sich um angeschwemmtes Treibholz – und das Geschirr bestand aus verrosteten Blechbüchsen und Ähnlichem. Merkwürdigerweise war für zwei Personen gedeckt.

Der Nieselpriem forderte Stups auf, am Tisch Platz zu nehmen. Unter ständigem Seufzen goss er aus einem kleinen Fass zwei Büchsen voll. »Es ist Rum aus einem Schiffbruch«, erklärte er. »Bitte trinken Sie nur, er wird sowieso nicht lange vorhalten.«

»Haben Sie mich denn erwartet?«, fragte Stups. Die offensichtliche Verzweiflung seines Gastgebers erregte sein Mitgefühl.

»Nicht die Bohne«, antwortete der klagend. »Die zweite Büchse war eigentlich für meinen Bruder Naselküss bestimmt. Aber sie ist natürlich ganz überflüssig, denn er weiß ja überhaupt nichts von mir. Er hat mich vergessen, wie jeder andere mich vergisst. Das ist nun einmal mein Schicksal, lie-

Das Michael-Ende-Lesebuch

ber Herr.« Der Nieselpriem schien am Rande der Tränen zu sein.

»Das tut mir aufrichtig Leid«, murmelte Stups und trank einen kleinen Schluck des Feuerwassers. »Ich kann mir kaum vorstellen, dass man Sie vergessen kann, so wie Sie aussehen.«

Nieselpriem nickte kummervoll. »Ja, ich gebe mir wahrhaftig alle Mühe, in jeder Hinsicht aufzufallen. Diese Kleidung mit den Glöckchen trage ich keineswegs, weil es mir gefällt, sondern nur in der Hoffnung, vielleicht doch eines Tages jemandem im Gedächtnis haften zu bleiben. Aber ich weiß, ich weiß, dass alles vergeblich ist. Es ist eine Fähigkeit, die jeder andere hat, ohne sich je darüber zu wundern, aber mir, sehen Sie, mir mangelt sie vollständig. Und zwar immer schon. Es war nie anders um mich bestellt. Und auch Sie, verehrter Herr, nehmen mich nur wahr, solange Sie mich vor sich sehen. In dem Augenblick, in dem wir uns trennen, werden Sie nichts mehr von mir wissen. Sie werden mich so völlig vergessen haben, als wären wir uns niemals begegnet. Können Sie sich vorstellen, was das für einen wie mich bedeutet? Sie sehen vor sich eine tragische Person!« Er schluchzte kurz auf und trank seine Büchse auf einen Zug leer.

»Handelt es sich um eine Krankheit?«, wollte Stups wissen und nippte vorsichtig an der seinen.

Der Nieselpriem füllte sich noch einmal nach. »Ich war schon einmal bei einem Arzt deswegen, in meinen jungen Jahren, weil ich mir sagte: ›Nieselpriem, dir fehlt offenbar etwas! Dir fehlt eben genau das, was alle anderen befähigt, allen anderen im Gedächtnis zu bleiben.‹ Ich habe dem Doktor mein Leiden genau beschrieben. Er hat sich nachdenklich alles angehört und meinte dann, er wolle sich die Sache überlegen.« Wieder kippte der Nieselpriem seinen Rum auf einen Schluck hinunter.

»Und dann?«, fragte Stups.

»Nichts weiter«, antwortete der Nieselpriem und wischte sich Tränen aus den Augen. »Sowie ich von ihm weggegangen war, hatte er mich natürlich vergessen, also konnte er sich gar nichts überlegen. Ich habe ihm damals sogar einen Brief geschrieben, aber das half natürlich auch nichts, weil er sich ja an niemand erinnerte, der bei ihm gewesen war und Nieselpriem hieß.«

»Wirklich, eine verzwickte Angelegenheit«, gab Stups zu. »Also, wenn Sie jetzt zum Beispiel aus dem Zimmer gingen, dann würde ich denken, ich sei die ganze Zeit allein hier gewesen?«

»Genau«, seufzte der Nieselpriem. Er wrang die Enden seines Schnurrbarts aus, der inzwischen nass von Tränen war. »Aber verstehen Sie mich nicht falsch, mein Herr: Ich weine nicht deswegen. Ich weine wegen meines geliebten Bruders, den ich nie umarmen und küssen kann – in alle Ewigkeit nicht. Es ist ein Verhängnis!«

»Ach richtig«, sagte Stups. »Sie haben ja eigentlich Ihren Bruder erwartet. Warum ist er denn nicht gekommen?«

»Er kommt niemals und er kann niemals kommen«, hub Nieselpriem von neuem zu klagen an. »Das heißt, vielleicht kommt er doch, vielleicht ist er sogar schon da, aber das hilft mir nichts. Es ist schrecklich, wirklich ganz schrecklich!«

Das Michael-Ende-Lesebuch

»Sie sehen mich verwirrt«, gab Stups zu. »Wenn es Sie nicht zu sehr anstrengt, möchte ich Sie bitten, mir den Fall etwas genauer auseinander zu setzen.«

»Er heißt Naselküss«, begann Nieselpriem, »daran erinnere ich mich mit absoluter Gewissheit.«

»Tatsächlich«, warf Stups ein, »diesen Namen habe ich auf dem Wegweiser dort unten am Fuße des Berges gesehen.«

»Ganz recht«, fuhr Nieselpriem fort. »Man muss nur in die entgegengesetzte Richtung gehen, um zu ihm zu gelangen, obgleich er ebenfalls auf der Spitze dieses Berges in ebendieser Hütte wohnt. Und doch … und doch …«

Wieder begann er laut zu schluchzen und musste erst eine weitere Büchse Rum hinunterschütten, ehe er sich gefasst hatte. Stups wartete geduldig ab. »Also, es ist so«, nahm Nieselpriem seine Erklärung schließlich wieder auf, »wir sind Zwillinge und einander zum Verwechseln ähnlich. Und doch sind wir auch wieder ganz verschieden, ja, wir sind geradezu Gegensätze. Ich will damit sagen, dass sich die Sache bei ihm genau umgekehrt verhält wie bei mir …« Er unterbrach sich und blickte seinem Gast scharf in die Augen. »Sagen Sie, Verehrtester, Sie waren doch nicht etwa schon bei ihm?«

»Nicht dass ich wüsste«, erwiderte Stups. »Jedenfalls erinnere ich mich nicht.«

Nieselpriem nickte schwermütig. »Das ist der Beweis, dass Sie *nicht* bei ihm waren, denn an ihn *könnten* Sie sich erinnern. Es wäre geradezu das Einzige, was Sie könnten.«

»Darf ich daraus schließen, dass Ihr Bruder also nicht an demselben – wie soll ich sagen – Mangel leidet wie Sie?«

Nieselpriem und Naselküss

»Oh, auch er hat einen Geburtsfehler!«, rief Nieselpriem. »Aber dass er daran litte, kann man beim besten Willen nicht behaupten. Ich sagte doch, dass es sich bei ihm umgekehrt verhält wie bei mir. Die Anwesenheit von Naselküss kann man niemals bemerken, solange er da ist. Erst wenn er wieder fortgegangen ist, erinnert man sich daran, dass er anwesend war. Er könnte zum Beispiel jetzt bei uns sein, und doch wüssten wir nichts davon. Aber sobald er uns verlassen hätte, könnten wir beide uns ganz genau daran erinnern, dass er bei uns war und was er gesagt und getan hat.«

Stups konnte sich des Gefühls nicht erwehren, dass sich alles in seinem Kopf zu drehen anfing. Nur um irgendetwas Hilfreiches zu sagen, murmelte er: »Nun, ich verspreche Ihnen, dass ich Ihren Herrn Bruder von Ihnen grüßen werde, falls ich ihn zufällig treffen sollte.«

»Eben nicht!«, schrie Nieselpriem, der langsam die Geduld verlor. »Sie verstehen aber schon rein gar nichts von dem, was man Ihnen sagt. Und Sie wollen ein Forscher sein? Dass Sie meinen geliebten Zwillingsbruder von mir grüßen werden, ist völlig ausgeschlossen. Erstens, weil Sie bei ihm immer erst hinterher wissen werden, dass Sie ihm begegnet sind, und zweitens, weil Sie sich an mich nicht mehr erinnern können, sobald wir uns getrennt haben. Das ist ja eben auch der Grund, warum er überhaupt nichts von meinem Dasein weiß und niemals etwas davon wissen wird. Haben Sie wenigstens das nun begriffen, mein Herr?«

Stups nickte, mehr aus Höflichkeit als aus Überzeugung.

»Na gut«, fuhr Nieselpriem fort, »ich will es Ihnen glauben,

271

Das Michael-Ende-Lesebuch

denn bis hierher ist die Sache ja auch noch ziemlich einfach. Schwierig wird sie eigentlich erst dadurch, dass mein geliebter Zwillingsbruder Naselküss mir äußerlich zum Verwechseln gleicht. Er trägt sogar dieselbe Kleidung mit den Glöckchen, wahrscheinlich zum Schabernack. Denn innerlich, in unserem Charakter, sind wir ganz verschieden. Er ist zum Beispiel im Gegensatz zu mir immer überaus lustig und zu allerlei Streichen aufgelegt, die mitunter geradezu verantwortungslos sind. Oh, ich könnten Ihnen da wirklich schlimme Sachen erzählen, die er angestellt hat. Er kann sich eben alles ohne jedes Risiko leisten, weil seine Anwesenheit ja von niemand bemerkt werden kann. Ich bin es dann natürlich, der zur Rechenschaft für seine Frechheiten gezogen wird, da wir uns eben zum Verwechseln ähnlich sehen. Und wie könnte ich beweisen, dass ich nicht er bin?«

»Aber«, warf Stups ein, »soweit ich sehen konnte, ist diese Insel doch unbewohnt, außer Ihnen natürlich und – vielleicht Ihrem Herrn Bruder. Wem also kann er da Streiche spielen?«

»Das ist ja gerade der Grund«, erklärte Nieselpriem, »warum wir jetzt hier in völliger Weltabgeschiedenheit leben. Das fällt mir sehr schwer, denn ich bin im Grunde ein durchaus geselliger Mensch. Aber früher, als wir noch an anderen Orten unter anderen Leuten wohnten, war es oft ganz unerträglich für mich. Ein paar Mal wurde ich sogar in den Kerker geworfen für Dinge, die ich nicht angerichtet hatte, sondern mein Bruder. Doch kann man ihm das nicht übel nehmen, da er ja von meiner Existenz nichts weiß, wenn er nicht zufällig bei mir ist, was wiederum ich nicht bemerken kann.«

Nieselpriem und Naselküss

»Könnten Sie sich denn nicht trennen«, fragte Stups, »um Ihr schweres Schicksal zu erleichtern?«

»Wie denn?«, rief Nieselpriem. »Sagen Sie mir, wie? Und außerdem, ich liebe ihn doch, er ist mein Bruder und mein einziger Angehöriger.«

»Tja«, sagte Stups, »dann weiß ich Ihnen leider auch keinen Rat.«

»Sehen Sie«, schluchzte der Nieselpriem, »es gibt keinen. Ich muss das Verhängnis allein ertragen, denn er, mein Bruder, hat ja die weitaus erfreulichere Seite davon zugeteilt bekommen. Falls Sie ihm übrigens begegnen, so sollten Sie ihm kein Wort glauben. Er nimmt es, im Gegensatz zu mir, mit der Wahrheit niemals sehr genau. Richtiger gesagt, er lügt, wenn er den Mund aufmacht. Aber was rede ich da? Es ist ja ganz sinnlos, dass ich Ihnen diese Warnung mit auf den Weg gebe, denn Sie werden mich und unser Gespräch ja vergessen, sobald wir uns trennen.«

»Hören Sie«, sagte Stups, dem die ständige Heulerei seines Gastgebers allmählich zu viel wurde. »Ich mache Ihnen einen Vorschlag. Kommen Sie mit mir auf mein Schiff und begleiten Sie mich auf meiner Forschungsreise.«

Nieselpriem starrte ihn ganz entgeistert an. »Und meinen armen Bruder soll ich hier lassen? Ganz allein und ohne jemanden, der für ihn die Verantwortung trägt? Wie denken Sie sich das, mein Herr?«

»Er kann ja auch mitkommen«, schlug Stups vor.

»Können Sie mir denn garantieren, dass er das wirklich tut?«

Das Michael-Ende-Lesebuch

Stups dachte eine Weile nach und schüttelte dann den Kopf. »Nein, wenn die Dinge tatsächlich so liegen, wie Sie beschrieben haben, kann man das niemals wissen.«

»Na bitte«, meinte der Nieselpriem, »da sehen Sie's nun selbst.«

»Ich jedenfalls«, sagte Stups und erhob sich, »muss nun aber leider gehen. Man erwartet mich auf dem Schiff. Besten Dank für Ihre Gastfreundschaft.«

»Wohin fahren Sie denn?«, fragte der Nieselpriem, offensichtlich, um den Abschied noch etwas hinauszuzögern.

»Wir sind auf einer Expedition«, erklärte Stups. »Wir suchen das geheimnisumwitterte Land Unsinnsibar. Nach allem, was ich gehört habe, müssen wir ihm schon ziemlich nahe sein.«

Der Nieselpriem nickte. »Nahe vielleicht schon, aber Sie werden es nicht erreichen.«

»Und warum nicht?«

»Das sollten Sie meinen lieben Bruder Naselküss fragen. Ich wünsche Ihnen jedenfalls gute Reise, mein Herr.«

Sie schüttelten sich die Hände und Stups beeilte sich, aus der Hütte zu kommen.

Eine Straße, die den Bergkegel abwärts führte, war ja nicht mehr vorhanden, also machte er sich wohl oder übel an den mühevollen Abstieg über das nackte, rissige Gestein. Er bewegte sich schräg zum Abhang, immer in einer Spirale um den ultramarinblauen Berg herum, denn der gerade Weg nach unten wäre viel zu steil gewesen.

Nach einer Weile war er außer Atem und der helle Schweiß rann ihm von der Stirn. Er setzte sich nieder, blickte zum Gip-

Nieselpriem und Naselküss

fel zurück und bemerkte, dass sich hinter ihm, eben dort, wo er gegangen war, eine Straße geformt hatte. In Windungen lief sie um den Kegel herum, genau bis zu der Stelle, wo Stups sich gerade befand. Dort hörte sie auf und vor ihm lag nichts als das rissige Felsgestein.

Als er schließlich den Fuß des Berges erreichte, traf er genau auf die Stelle, an welcher der Wegweiser mit den beiden Richtungszeiger stand, nur dass es jetzt eine Straße nach links gab, also in der Richtung, in der es laut Inschrift »Zum Naselküss« ging.

Stups wunderte sich darüber keineswegs, denn er erinnerte sich genau, dass er von ihm kam. Es war eine äußerst lustige Begegnung gewesen und er musste in Gedanken daran noch jetzt schmunzeln. Nur einen kurzen Augenblick lang kam ihm irgendetwas daran ungewöhnlich vor, aber er konnte nicht herausfinden, was. Also zuckte er die Schultern und fuhr in dem kleinen Boot zum Schiff zurück.

Der Kapitän saß noch immer, wie er es seit Beginn der Reise getan hatte, in seiner Kajüte und schrieb am werweißwievielten Band seines umfangreichen Romans, der von einem Kapitän handelte, welcher an einem Buch schrieb, das von einem Kapitän handelte, welcher an einem Buch schrieb ... Der Laderaum des Schiffes war bereits über die Hälfte mit Stapeln von Papierbündel gefüllt, aber ein Ende des gewaltigen Epos war noch lange nicht in Sicht.

Als Stups eintrat, blickte der Schreibende kurz von seinem dicken Manuskript auf, grüßte zerstreut und fragte: »Nun, wie war's?«

275

Das Michael-Ende-Lesebuch

»Sehr amüsant«, antwortete Stups. »Zuerst bin ich zu der Hütte auf den Berggipfel hinaufgeklommen. Auf deren Tür stand: ›Naselküss. Aber ich bin gerade nicht da. Such mich!‹ Ich ging hinein, aber da war tatsächlich niemand zu Hause. Ich wartete eine Weile, dann ging ich hinaus und um die Hütte herum. Dort traf ich einen kleinen Mann in knallrotem Anzug, mit einem gleichfarbigen Zylinder auf dem Kopf und einem riesigen Schnurrbart unter der Nase. Er hatte am ganzen Leib Glöckchen hängen. Er hüpfte herum und lachte und sagte: ›Mein Herr, Sie wollten vermutlich zum Nieselpriem, nicht wahr?‹ Ich bejahte. Da schlug er sich auf die Schenkel vor Vergnügen und rief: ›Na, da sind Sie mir ja fein auf meinen Jux hereingefallen. Alle fallen darauf herein, die unten den Wegweiser lesen. Sie müssen nämlich wissen, mein Herr, dass es diesen Nieselpriem überhaupt nicht gibt. Ich müsste das doch wissen, wenn außer mir noch jemand die Hütte hier oben bewohnen würde. Ich wohne allein hier und die Sache mit dem Nieselpriem habe ich mir bloß ausgedacht, einfach zum Spaß. Oder haben Sie ihn etwa gesehen? Nein, haben Sie nicht ...«

»Soso«, sagte der Kapitän. »Sehr interessant.« Und er fuhr fort, an seinem Manuskript zu schreiben.

Stups strich sich das Kinn und dachte ein wenig nach. »Aber da war noch etwas, was dieser Naselküss gesagt hat«, fuhr er fort. »Was war es nur? Ja, jetzt erinnere ich mich. Er sagte: ›Wenn ich die Leute zum Narren halte, dann brauche ich mir keine Sorgen zu machen, ob ich vielleicht doch einmal an den Falschen geraten könnte, einen, der keinen Spaß

Nieselpriem und Naselküss

versteht. Vielleicht denken Sie jetzt, dass ich so stark eigentlich gar nicht aussehe, als ob ich mir das leisten könnte. Aber sehen Sie, mein Herr, das ist eben das Feine, ich brauche überhaupt nicht stark zu sein, denn mich bemerkt niemand, solange ich anwesend bin. Auch Sie, mein Herr, bemerken mich jetzt nicht. Sie werden sich erst später an mich erinnern. Ich könnte Ihnen also zum Beispiel all Ihr Geld klauen, ohne dass Sie etwas davon spitzkriegen. Denn wenn Sie sich meiner erinnern, dann bin ich ja schon längst weg. Ist das nicht köstlich?‹«

»Das ist natürlich Unsinn«, murmelte der Kapitän zerstreut.

»Eben!«, rief Stups und suchte in all seinen Taschen, ohne jedoch etwas zu finden. Dabei hatte er seine Geldbörse doch vorher eingesteckt. »Haben Sie den Kerl mit aufs Schiff gebracht?«, fragte der Kapitän.

Stups starrte nachdenklich vor sich hin, dann sagte er: »Das wüsste ich auch gern.«

»Lassen Sie mich jetzt arbeiten«, brummte der Kapitän. »Ich bin kurz davor, ein Kapitel abzuschließen.«

Stups trat aufs Deck hinaus. Am Steuerrad stand Matthias Galli, der Riese.

»Anker lichten!«, rief ihm Stups zu. »Die Fahrt geht weiter.«

»Welcher Kurs?«, fragte der Steuermann.

»Zwei Strich Süd-Nord-Ost-West«, befahl Stups.

»Ay ay, Sir!«, antwortete der Große Gallimatthias.

Der Schnurps ist beleidigt

Ich kann ja auch gehn!
Ich lauf aus dem Haus!
Ihr werdet's schon sehn!
Dann weint ihr euch alle die Augen aus!

Ich tu's ganz bestimmt!
Ich bin nie wieder gut!
Wie sich »Keiner benimmt«
ist mir gleich, weil ich hab eine richtige Wut!

Ich lauf ganz weit fort!
Nach Amerika!
Und suche mir dort
eine neue Mama, einen neuen Papa!

Dann mach ich mein Glück!
Und euch mag ich nicht mehr!
Ich komm nie mehr zurück!
Außer höchstens, ihr bittet mich wirklich sehr!

Die unendliche Geschichte

XVI. Die Silberstadt Amargánth

Purpurnes Licht zog in langsamen Wellen über den Boden und die Wände des Raumes. Es war ein sechseckiges Zimmer, gleichsam eine große Bienenwabenzelle. In jeder zweiten Wand befand sich eine Tür, die übrigen drei Wände, die dazwischenlagen, waren mit sonderbaren Bildern bemalt. Es waren Traumlandschaften und Geschöpfe, die halb Pflanzen, halb Tiere sein mochten. Durch die eine Tür war Bastian hereingekommen, die beiden anderen lagen zur Rechten und zur Linken vor ihm. Ihre Form war völlig gleich, nur war die linke schwarz und die rechte weiß. Bastian entschied sich für die weiße.

Im nächsten Zimmer herrschte gelbliches Licht. Die Wände standen in derselben Anordnung. Die Bilder zeigten hier allerhand Geräte, aus denen Bastian nicht schlau werden konnte. Waren es Werkzeuge oder Waffen? Die beiden Türen, die nach

Das Michael-Ende-Lesebuch

links und rechts weiterführten, hatten die gleiche Farbe, sie waren gelb, aber die linke war hoch und schmal, die rechte dagegen niedrig und breit. Bastian ging durch die linke.

Das Zimmer, das er nun betrat, war wie die beiden vorhergehenden sechseckig, aber bläulich beleuchtet. Die Bilder an den Wänden zeigten verschlungene Ornamente oder Schriftzeichen eines fremdartigen Alphabets. Hier waren die beiden Türen von gleicher Form, aber aus verschiedenem Material, die eine aus Holz, die andere aus Metall. Bastian entschied sich für die hölzerne.

Es ist unmöglich, sämtliche Türen und Zimmer zu beschreiben, durch die Bastian bei seiner Wanderung durch den Tausend Türen Tempel kam. Es gab Pforten, die aussahen wie große Schlüssellöcher, oder andere, die Höhleneingängen glichen, es gab goldene und verrostete Türen, gepolsterte und nägelbeschlagene, papierdünne und solche, die dick waren wie Tresortüren, es gab eine, die wie der Mund eines Riesen aussah, und eine andere, die wie eine Zugbrücke geöffnet werden musste, eine, die einem großen Ohr glich, und eine andere, die aus einem Lebkuchen bestand, eine, die wie eine Ofenklappe geformt war, und eine, die aufgeknüpft werden musste. Jeweils hatten die beiden Türen, die aus einem Zimmer herausführten, irgendetwas miteinander gemein – die Form, das Material, die Größe, die Farbe – aber irgendetwas unterschied sie auch grundsätzlich voneinander.

Bastian war schon viele Male von einem sechseckigen Raum in einen anderen getreten. Jede Entscheidung, die er traf, führte ihn immer vor eine neue Entscheidung, die ihrer-

Die unendliche Geschichte

seits abermals eine Entscheidung nach sich zog. Aber alle diese Entscheidungen änderten nichts daran, dass er noch immer im Tausend Türen Tempel war – und es auch bleiben würde. Während er weiter- und immer weiterging, begann er darüber nachzudenken, woran das liegen mochte. Sein Wunsch hatte zwar ausgereicht, ihn in den Irrgarten hineinzuführen, aber er war offenbar nicht genau genug, um ihn auch den Weg hinaus finden zu lassen. Er hatte sich gewünscht, in Gesellschaft zu kommen. Aber jetzt wurde ihm bewusst, dass er sich darunter überhaupt nichts Genaues vorstellte. Und es half ihm nicht im Geringsten zu entscheiden, ob er eine Tür aus Glas oder eine aus Korbgeflecht wählen sollte. Bis jetzt hatte er seine Wahl auch einfach so aus Lust und Laune getroffen, ohne viel dabei nachzudenken. Eigentlich hätte er jedes Mal ebenso gut die andere Tür nehmen können. Aber so würde er niemals herausfinden.

Er stand gerade in einem Raum, dessen Licht grünlich war. Drei der sechs Wände waren mit Wolkenformaten bemalt. Die Tür zur Linken war aus weißem Perlmutt, die zur rechten aus schwarzem Ebenholz. Und plötzlich wusste er, was er sich wünschte: Atréju!

Die perlmutterne Tür erinnerte Bastian an den Glücksdrachen Fuchur, dessen Schuppen wie weißes Perlmutter glitzerten, also entschied er sich für diese.

Im nächsten Raum gab es zwei Türen, deren eine aus Gras geflochten war, die andere bestand aus einem Eisengitter. Bastian wählte die aus Gras, weil er an das Gräserne Meer, Atréjus Heimat, dachte.

Das Michael-Ende-Lesebuch

Im darauf folgenden Raum fand er sich vor zwei Türen, die sich nur dadurch unterschieden, dass die eine aus Leder war, die andere aus Filz. Bastian ging natürlich durch die aus Leder.

Wieder stand er vor zwei Türen, und hier musste er doch noch einmal überlegen. Die eine war purpurrot und die andere olivgrün. Atréju war eine Grünhaut und er trug einen Mantel aus dem Fell der Purpurbüffel. Auf der olivgrünen Tür waren einige einfache Zeichen mit weißer Farbe gemalt, so wie Atréju sie auf Stirn und Wangen hatte, als der alte Caíron zu ihm gekommen war. Dieselben Zeichen waren aber auch auf der purpurroten Tür und davon, dass auf Atréjus Mantel solche Zeichen gewesen wären, wusste Bastian nichts. Also musste es sich da um einen Weg handeln, der zu einem anderen, aber nicht zu Atréju führte.

Bastian öffnete also die olivgrüne Tür – und stand im Freien!

Zu seiner Verwunderung war er aber nicht etwa im Gräsernen Meer gelandet, sondern in einem lichten Frühlingswald. Sonnenstrahlen drangen durch das junge Laubwerk und ihre Licht- und Schattenspiele flirrten auf dem moosigen Boden. Es duftete nach Erde und Pilzen und die laue Luft war von Vogelgezwitscher erfüllt.

Bastian drehte sich um und sah, dass er soeben aus einer kleinen Waldkapelle herausgetreten war. Für diesen Augenblick also war die Pforte der Ausgang des Tausend Türen Tempels gewesen. Bastian öffnete sie noch einmal, aber er sah nur den engen, kleinen Kapellenraum vor sich. Das Dach bestand

284

Die unendliche Geschichte

nur noch aus einigen morschen Balken, die in die Waldesluft ragten, und die Wände waren mit Moos überzogen.

Bastian machte sich auf den Weg, ohne zunächst zu wissen, wohin. Er zweifelte nicht daran, früher oder später auf Atréju zu stoßen. Und er freute sich ganz unbändig auf das Zusammentreffen. Er pfiff den Vögeln zu, die ihm antworteten, und er sang laut und übermütig, was ihm gerade so in den Sinn kam.

Nach kurzer Wanderung erblickte er auf einer Lichtung eine Gruppe von Gestalten, die dort lagerten. Beim Näherkommen erkannte er, dass es sich um mehrere Männer in prachtvollen Rüstungen handelte. Auch eine schöne Dame war bei ihnen. Sie saß im Gras und klimperte auf einer Laute. Im Hintergrund standen einige Pferde, die kostbar gesattelt und gezäumt waren. Vor den Männern, die im Gras lagen und plauderten, war ein weißes Tuch ausgebreitet, auf dem allerlei Speisen und Trinkbecher standen.

Bastian näherte sich der Gruppe, doch zuvor verbarg er das Amulett der Kindlichen Kaiserin unter seinem Hemd, denn er hatte Lust, erst einmal unerkannt und ohne Aufsehen zu erregen die Gesellschaft kennen zu lernen.

Als sie ihn kommen sahen, standen die Männer auf und begrüßten ihn höflich, indem sie sich verbeugten. Sie hielten ihn offensichtlich für einen morgenländischen Prinzen oder dergleichen. Auch die schöne Dame neigte lächelnd ihren Kopf vor ihm und zupfte weiter auf ihrem Instrument. Unter den Männern war einer besonders groß und besonders prunkvoll gekleidet. Er war noch jung und hatte blonde Haare, die ihm auf die Schultern herabfielen.

285

Das Michael-Ende-Lesebuch

»Ich bin Held Hynreck«, sagte er, »diese Dame ist Prinzessin Oglamár, die Tochter des Königs von Lunn. Diese Männer sind meine Freunde Hýkrion, Hýsbald und Hýdorn. Und wie ist Euer Name, junger Freund?«

»Ich darf meinen Namen nicht nennen – noch nicht«, antwortete Bastian.

»Ein Gelübde?«, fragte Prinzessin Oglamár ein wenig spöttisch. »So jung und schon eine Gelübde?«

»Ihr kommt gewiss von weit her?«, wollte Held Hynreck wissen.

»Ja, von sehr weit«, erwiderte Bastian.

»Seid Ihr ein Prinz?«, erkundigte sich die Prinzessin und betrachtete ihn wohlgefällig.

»Das verrate ich nicht«, entgegnete Bastian.

»Nun, jedenfalls willkommen bei unserer Tafelrunde!«, rief Held Hynreck. »Wollt Ihr uns die Ehre erweisen, bei uns Platz zu nehmen und mit uns zu tafeln, junger Herr?«

Bastian nahm dankend an, setzte sich und griff zu.

Aus dem Gespräch, das die Dame und die vier Herren führten, erfuhr er, dass ganz in der Nähe die große und herrliche Silberstadt Amargánth lag. Dort sollte eine Art Wettkampf stattfinden. Von nah und fern kamen die wagemutigsten Helden, die besten Jäger, die tapfersten Krieger, aber auch allerlei Abenteurer und verwegene Kerle, um an der Veranstaltung teilzunehmen. Nur die drei Mutigsten und Besten, die alle anderen besiegt hatten, sollten der Ehre teilhaftig werden, an einer Art Suchexpedition teilzunehmen. Es sollte sich dabei um eine wahrscheinlich sehr lange und abenteuerliche Reise handeln,

Die unendliche Geschichte

deren Ziel es war, eine bestimmte Persönlichkeit zu finden, die sich irgendwo in einem der zahllosen Länder Phantásiens aufhielt und die nur »der Retter« genannt wurde. Den Namen kannte noch niemand. Ihm jedenfalls verdanke das phantásische Reich, dass es wieder, oder noch immer, existierte. Irgendwann vor Zeiten sei nämlich eine entsetzliche Katastrophe über Phantásien hereingebrochen, durch die es um ein Haar ganz und gar vernichtet worden wäre. Das habe der besagte »Retter« im letzten Augenblick abgewehrt, indem er gekommen sei und der Kindlichen Kaiserin den Namen Mondenkind gegeben habe, unter dem sie heute jedes Wesen in Phantásien kenne. Seither irre er aber unerkannt durch die Lande und die Aufgabe der Suchexpedition würde es sein, ihn ausfindig zu machen und ihn dann sozusagen als Leibwache zu begleiten, damit ihm nichts zustoße. Dazu aber waren nur die tüchtigsten und mutigsten Männer ausersehen, denn es konnte sein, dass es dabei unvorstellbare Abenteuer zu bestehen galt.

Der Wettkampf, bei dem diese Auswahl getroffen werden sollte, war zwar von Silbergreis Quérquobad veranstaltet worden – in der Stadt Amargánth regierte immer der älteste Mann oder die älteste Frau, und Quérquobad war hundertsieben Jahre alt – aber nicht er würde die Auswahl unter den Wettkämpfern treffen, sondern ein junger Wilder namens Atréju, ein Knabe aus dem Volk der Grünhäute, der bei Silbergreis Quérquobad zu Gast war. Dieser Atréju sollte auch später die Expedition führen. Er war nämlich der Einzige, der den »Retter« erkennen konnte, weil er ihn einmal in einem Zauberspiegel gesehen hatte.

287

Das Michael-Ende-Lesebuch

Bastian schwieg und hörte nur zu. Das fiel ihm nicht leicht, denn er hatte sehr bald begriffen, dass es sich bei dem »Retter« um ihn selbst handelte. Und als dann sogar Atréjus Name fiel, da lachte ihm das Herz im Leib und er hatte die größte Mühe, sich nicht zu verraten. Aber er war entschlossen, vorläufig noch sein Inkognito zu wahren.

Übrigens ging es Held Hynreck bei der ganzen Angelegenheit nicht so sehr um die Suchexpedition und ihre Ziele, als darum, das Herz der Prinzessin Oglamár zu gewinnen. Bastian hatte sofort bemerkt, dass Held Hynreck bis über beide Ohren in die junge Dame verliebt war. Er seufzte ab und zu an Stellen, wo es gar nichts zu seufzen gab, und blickte seine Angebetete immer wieder mit traurigen Augen an. Und sie tat, als ob sie es nicht bemerke. Wie sich herausstellte, hatte sie nämlich bei irgendeiner Gelegenheit das Gelübde abgelegt, nur den größten aller Helden zum Mann zu nehmen, den, der alle anderen besiegen konnte. Mit weniger wollte sie sich nicht zufrieden geben. Das war Held Hynrecks Problem, denn wie sollte er ihr beweisen, dass er der Größte war. Er konnte schließlich nicht einfach jemanden totschlagen, der ihm nichts getan hatte. Und Kriege hatte es schon lange nicht mehr gegeben. Er hätte gern gegen Ungeheuer und Dämonen gekämpft, er hätte ihr, wenn es nach ihm gegangen wäre, jeden Morgen einen blutigen Drachenschwanz auf den Frühstückstisch gelegt, aber es gab weit und breit keine Ungeheuer und keine Drachen. Als der Bote von Silbergreis Quérquobad zu ihm gekommen war, um ihn zu dem Wettkampf einzuladen, hatte er natürlich sofort zugesagt. Prinzessin Oglamár

288

Die unendliche Geschichte

aber hatte darauf bestanden, mitzukommen, denn sie wollte sich mit eigenen Augen davon überzeugen, was er konnte.

»Den Berichten von Helden«, sagte sie lächelnd zu Bastian, »kann man bekanntlich nicht trauen. Sie haben alle einen Hang zum Ausschmücken.«

»Mit oder ohne Ausschmückung«, warf Held Hynreck ein, »bin ich jedenfalls hundertmal mehr wert als der sagenhafte Retter.«

»Woher wollt Ihr das wissen?«, fragte Bastian.

»Nun«, meinte Held Hynreck, »wenn der Bursche nur halb so viel Mark in den Knochen hätte wie ich, dann brauchte er keine Leibwache, die ihn behüten und betreuen muss wie ein Baby. Scheint mir ein ziemlich jämmerliches Kerlchen zu sein, dieser Retter.«

»Wie könnt Ihr so etwas sagen!«, rief Oglamár entrüstet. »Schließlich hat er Phantásien vor dem Untergang bewahrt!«

»Und wenn schon!«, erwiderte Held Hynreck geringschätzig. »Dazu wird wohl keine besondere Heldentat nötig gewesen sein.«

Bastian beschloss, ihm bei passender Gelegenheit einen kleinen Denkzettel zu verabfolgen.

Die drei anderen Herren waren erst unterwegs zufällig zu dem Paar gestoßen und hatten sich ihm angeschlossen. Hýkrion, der einen wilden schwarzen Schnurrbart trug, behauptete der stärkste und gewaltigste Haudegen Phantásiens zu sein. Hýsbald, der rothaarig war und im Vergleich zu den anderen zart wirkte, behauptete, niemand ginge gewandter und flinker mit der Klinge um als er. Und Hýdorn schließlich

289

Das Michael-Ende-Lesebuch

war davon überzeugt, dass niemand ihm beim Kampf an Zähigkeit und Ausdauer gleichkäme. Seine Erscheinung gab dieser Behauptung Recht, denn er war lang und mager und schien nur aus Sehnen und Knochen zu bestehen.

Nachdem die Mahlzeit beendet war, brach man auf. Geschirr, Tuch und Speisevorräte wurden in den Satteltaschen eines Saumtiers verstaut. Prinzessin Oglamár bestieg ihren weißen Zelter und trabte einfach fort, ohne sich nach den anderen umzusehen. Held Hynreck sprang auf seinen kohlschwarzen Hengst und galoppierte ihr nach. Die drei übrigen Herren schlugen Bastian vor, auf dem Saumtier zwischen den Vorratstaschen Platz zu nehmen. Er schwang sich hinauf, die Herren bestiegen ebenfalls ihre prächtig gezäumten Pferde und dann ging es im Trab, Bastian als Letzter, durch den Wald. Das Saumtier, eine ältere Mauleselin, blieb immer weiter zurück und Bastian versuchte sie anzutreiben. Aber statt schneller zu laufen, blieb die Mauleselin stehen, wandte ihren Kopf zurück und sagte: »Du brauchst mich nicht anzutreiben, ich bin absichtlich zurückgeblieben, Herr.«

»Warum?«, fragte Bastian.

»Ich weiß, wer du bist, Herr.«

»Woher willst du das wissen?«

»Wenn man bloß ein halber Esel ist wie ich und kein ganzer, dann fühlt man so was. Sogar die Pferde haben etwas gemerkt. Du brauchst mir nichts zu sagen, Herr. Ich würde es gern meinen Kindern und Enkeln erzählen können, dass ich den Retter getragen und als Erste begrüßt habe. Leider hat unsereins keine Kinder.«

Die unendliche Geschichte

»Wie heißt du?«, fragte Bastian.

»Jicha, Herr.«

»Hör mal, Jicha, verdirb mir nicht den Spaß und behalte vorerst für dich, was du weißt. Willst du?«

»Gern, Herr.«

Und dann setzte die Mauleselin sich in Trab, um die anderen wieder einzuholen.

Die Gruppe wartete am Waldrand. Alle blickten bewundernd zu der Stadt Amargánth hinunter, die im Sonnenschein vor ihnen glänzte. Der Waldrand lag auf einer Anhöhe und von hier aus hatte man einen weiten Ausblick über einen großen, fast veilchenblauen See, der zu allen Seiten von ähnlichen bewaldeten Hügeln umgeben war. Und mitten in diesem See lag die Silberstadt Amargánth. Alle Häuser standen auf Schiffen, die großen Paläste auf breiten Lastkähnen, die kleineren auf Barken und Booten. Und jedes Haus und jedes Schiff bestand aus Silber, aus fein ziseliertem und kunstvoll verziertem Silber. Die Fenster und Türen der kleinen und großen Paläste, die Türmchen und Balkone, waren aus Silberfiligran so wundervoller Art, dass es in ganz Phantasien nicht seinesgleichen gab. Allenthalben auf dem See waren Boote und Barken zu sehen, die Besucher von den Ufern in die Stadt brachten. So beeilten sich nun auch Held Hynreck und seine Begleitung, den Strand zu erreichen, wo eine Silberfähre mit herrlich geschwungenem Bug wartete. Die ganze Gesellschaft samt Pferden und Saumtier fand darauf Platz.

Unterwegs erfuhr Bastian von dem Fährmann, der übrigens

Das Michael-Ende-Lesebuch

ein Kleid aus Silbergewebe trug, dass die veilchenblauen Wasser des Sees so salzig und bitter waren, dass nichts auf die Dauer ihrer zersetzenden Wirkung widerstehen konnte – nichts außer dem Silber. Der See hieß Murhu oder der Tränensee. In längst vergangenen Zeiten habe man die Stadt Amargánth mitten auf den See hinausgefahren, um sie gegen Überfälle zu sichern, denn wer auch immer auf Holzschiffen oder Eisenkähnen versucht habe, sie zu erreichen, sei untergegangen und verloren gewesen, weil das Wasser Schiff und Besatzung in kurzer Zeit aufgelöst habe. Aber jetzt habe man einen anderen Grund, Amargánth auf dem Wasser zu lassen. Die Bewohner liebten es nämlich, ihre Häuser ab und zu umzugruppieren und Straßen und Plätze neu zusammenzustellen. Wenn zum Beispiel zwei Familien, die an den entgegengesetzten Rändern der Stadt wohnten, sich befreundeten oder miteinander verwandt wurden, weil ihre jungen Leute heirateten, dann verließen sie ihren bisherigen Standort und legten ihre Silberschiffe einfach nebeneinander, wodurch sie Nachbarn wurden. Das Silber war, nebenbei bemerkt, besonderer Art und ebenso einmalig wie die unvergleichliche Schönheit seiner Bearbeitung.

Bastian hätte gern noch mehr darüber gehört, aber die Fähre war in der Stadt angekommen und er musste mit seinen Reisegenossen aussteigen.

Zunächst suchten sie nun eine Herberge, um Unterkunft für sich und ihre Tiere zu finden. Das war nicht ganz leicht, denn Amargánth war von Reisenden, die von nah und fern zu den Wettkämpfen gekommen waren, förmlich erobert. Aber

Die unendliche Geschichte

schließlich fanden sie doch noch Platz in einem Gasthaus. Als Bastian die Mauleselin in den Stall führte, flüsterte er ihr noch ins Ohr:

»Vergiss nicht, was du versprochen hast, Jicha. Wir sehen uns bald wieder.«

Jicha nickte nur mit dem Kopf.

Dananch erklärte Bastian seinen Reisegenossen, dass er ihnen nicht länger zur Last fallen wolle, sondern gern auf eigene Faust die Stadt besichtigen würde. Er bedankte sich bei ihnen für ihre Freundlichkeit und verabschiedete sich. In Wirklichkeit brannte er natürlich darauf, Atréju zu finden.

Die großen und kleinen Schiffe waren untereinander durch Stege verbunden, manche schmal und zierlich, sodass jeweils nur eine Person darüber gehen konnte, andere breit und prächtig wie Straßen, auf denen sich die Menge drängte. Es gab auch geschwungene Brücken mit Dächern darüber und in den Kanälen zwischen den Palastschiffen fuhren hunderte von kleinen Silbernachen hin und her. Doch wo man auch ging und stand, immerfort fühlte man unter den Sohlen ein leichtes Heben und Senken des Bodens, das einen daran erinnerte, dass die ganze Stadt auf dem Wasser schwamm.

Die Menge der Besucher, von der die Stadt schier überzukochen schien, war so bunt und vielgestaltig, dass ihre Beschreibung ein eigenes Buch füllen würde. Die Amargánther waren leicht zu erkennen, denn sie alle trugen die Kleidung aus Silbergewebe, das fast so schön war wie Bastians Mantel. Auch ihre Haare waren silbern, sie waren groß und wohlgestalt und hatten Augen, so veilchenblau wie Murhu, der Trä-

293

Das Michael-Ende-Lesebuch

nensee. Nicht ganz so schön war der größte Teil der Besucher. Da gab es muskelbepackte Riesen mit Köpfen, die zwischen ihren gewaltigen Schultern klein wie Äpfel aussahen. Da liefen finster und verwegen aussehende Nacht-Rabauken herum, einzelgängerische Kerle, denen man ansah, dass mit ihnen nicht gut Kirschen essen war. Da gab es Firlefanze mit flinken Augen und flinken Händen und Berserker, die breitspurig daherkamen und denen Rauch aus Mund und Nase stieg. Da wirbelten Spiegelfechter herum wie lebendige Kreisel und Waldschratte trotteten auf knorrigen Beinen daher, dicke Keulen über den Schultern. Einmal sah Bastian sogar einen Felsenbeißer, dessen Zähne wie stählerne Meißel aus seinem Mund ragten. Der silberne Steg bog sich unter seinem Gewicht, als er seines Weges einherstampfte. Aber ehe Bastian ihn fragen konnte, ob er vielleicht Pjörnrachzarck hieß, war er im Gedränge verschwunden.

Schließlich erreichte Bastian das Zentrum der Stadt. Und hier war es, wo die Wettkämpfe stattfanden. Sie waren bereits in vollem Gang. Auf einem großen, runden Platz, der wie eine riesenhafte Zirkusarena aussah, maßen hunderte von Wettkämpfern ihre Kräfte und zeigten, was sie konnten. Um das weite Rund drängte sich eine Menge von Zuschauern, welche die Wettkämpfe durch Zurufe anfeuerten, auch die Fenster und Balkone der umliegenden Schiffspaläste quollen fast über von Zuschauern und manchen war es gar gelungen, auf die silberfiligran geschmückten Dächer hinaufzuklettern.

Aber Bastian war zunächst nicht so sehr an dem Schauspiel interessiert, das die Wettkämpfer boten. Er wollte Atréju fin-

Die unendliche Geschichte

den, der ja gewiss von irgendeinem Punkt aus den Spielen zusah. Und dann beobachtete er, dass die Menge immer wieder erwartungsvoll zu einem bestimmten Palast hinblickte – vor allem dann, wenn einem der Wettstreiter offenbar ein besonders eindrucksvolles Stückchen gelungen war. Aber Bastian musste sich erst über eine der geschwungenen Brücken drängen und dann an einer Art Laternenpfahl emporklettern, ehe er einen Blick auf jenen Palast werfen konnte.

Auf einem breiten Balkon waren dort zwei hohe Stühle aus Silber aufgestellt. Auf dem einen saß ein sehr alter Mann, dessen silbernes Bart- und Haupthaar bis auf den Gürtel herabwallte. Das musste Quérquobad, der Silbergreis sein. Neben ihm saß ein Junge, etwa in Bastians Alter. Er trug lange Hosen aus weichem Leder, sein Oberkörper war nackt, sodass man seine olivgrüne Haut sehen konnte. Der Ausdruck des schmalen Gesichtes war ernst, ja beinahe streng. Das lange, blauschwarze Haar trug er in einem Zopf, der mit Lederschnüren zusammengebunden war, auf dem Hinterkopf. Um seine Schultern lag ein purpurroter Mantel. Er blickte ruhig und doch eigentümlich angespannt auf den Kampfplatz hinunter. Nichts schien seinen dunklen Augen zu entgehen. Atréju!

In diesem Augenblick erschien in der offenen Balkontür hinter Atréju noch ein anderes, sehr großes Gesicht, das löwenähnlich aussah, nur dass es an Stelle eines Fells weiße Perlmutterschuppen hatte und vom Maul lange weiße Barten herunterhingen. Die Augenbälle waren rubinrot und funkelten, und als sich der Kopf nun hoch über Atréju hob, sah man,

295

Das Michael-Ende-Lesebuch

dass er auf einem langen, geschmeidigen und ebenfalls mit Permutterschuppen bedeckten Hals saß, von dem eine Mähne wie weißes Feuer herunterfiel. Es war Fuchur, der Glücksdrache. Und er schien Atréju etwas ins Ohr zu sagen, denn dieser nickte.

Bastian ließ sich wieder von dem Laternenpfahl herabgleiten. Er hatte genug gesehen. Jetzt wandte er seine Aufmerksamkeit den Wettkämpfern zu.

Im Grunde genommen handelte es sich dabei nicht so sehr um wahre und wirkliche Kämpfe, als vielmehr um eine Art Zirkusvorstellung in großem Maßstab. Zwar gab es da gerade einen Ringkampf zwischen zwei Riesen, deren Leiber zu einem einzigen gewaltigen Knoten verschlungen waren, der hin und her rollte, zwar gab es da und dort Paare gleicher oder ganz verschiedener Art, die ihre Kunst im Schwertfechten oder im Handhaben der Keule oder der Lanze vorführten, aber natürlich gingen sie sich dabei nicht ernstlich an Leib und Leben. Es gehörte sogar auch zu den Spielregeln zu zeigen, wie fair und anständig einer kämpfte und wie gut er sich in der Gewalt hatte. Ein Wettkämpfer, der sich aus Zorn oder Ehrgeiz hätte hinreißen lassen, seinen Kampfpartner ernstlich zu verletzen, wäre sowieso sofort für untauglich erklärt worden. Die meisten waren damit beschäftigt, ihre Fertigkeit im Bogenschießen zu beweisen oder ihre Kräfte zu zeigen, indem sie riesige Gewichte stemmten, andere führten ihre Talente vor, indem sie akrobatische Kunststücke machten oder allerlei Mutproben ablegten. So verschiedenartig die Bewerber waren, so vielfältig war, was sie zeigten.

Die unendliche Geschichte

Immer wieder mussten einige, die übertroffen worden waren, den Platz verlassen und so wurden es nach und nach immer weniger. Dann sah Bastian, dass Hýkrion, der Starke, Hýsbald, der Flinke, und Hýdorn, der Zähe, das Rund betraten. Held Hynreck und seine Angebetete, Prinzessin Oglamár, waren nicht bei ihnen.

Zu diesem Zeitpunkt befanden sich noch etwa hundert Wettkämpfer auf dem Platz. Da es sich bei diesem um die Auslese der Besten handelte, fiel es Hýkrion, Hýsbald und Hýdorn nicht so leicht, wie sie vielleicht geglaubt hatten, sich gegen ihre Gegner zu behaupten. Es dauerte den ganzen Nachmittag, bis Hýkrion sich als der Mächtigste unter den Starken, Hýsbald als der Gewandteste unter den Flinken und Hýdorn als der Ausdauerndste unter den Zähen erwiesen hatte. Das Publikum jubelte und klatschte ihnen begeistert zu und die drei verbeugten sich in Richtung des Balkons, wo der Silbergreis Quérquobad und Atréju saßen. Atréju erhob sich bereits, um etwas zu sagen, da trat plötzlich noch ein Wettkämpfer auf den Platz. Es war Hynreck. Gespannte Stille breitete sich aus und Atréju setzte sich wieder. Da nur drei Männer ihn begleiten sollten, war nun dort unten einer zu viel. Einer von ihnen würde zurücktreten müssen.

»Meine Herren«, sagte Hynreck mit lauter Stimme, sodass jeder ihn hören konnte, »ich nehme nicht an, dass diese kleine Schaustellung eurer Fähigkeiten, die ihr bereits hinter euch habt, eure Kräfte angegriffen haben könnte. Gleichwohl wäre es meiner nicht würdig, euch unter diesen Umständen einzeln zum Zweikampf herauszufordern. Da ich bisher noch

Das Michael-Ende-Lesebuch

keinen mir angemessenen Gegner unter all diesen Wettkämpfern gesehen habe, habe ich nicht mitgemacht und bin deshalb noch frisch. Wenn einer von euch sich allzu erschöpft fühlen sollte, so möge er freiwillig ausscheiden. Andernfalls bin ich bereit, es mit euch allen dreien gleichzeitig aufzunehmen. Habt ihr dagegen einen Einwand?«

»Nein«, antworteten die drei wie aus einem Mund.

Und dann gab es ein Gefecht, dass die Funken sprangen. Hýkrions Schläge hatten nicht das Geringste von ihrer Gewalt eingebüßt, aber Held Hynreck war stärker. Hýsbald fuhr wie ein Blitz von allen Seiten auf ihn zu, aber Held Hynreck war schneller. Hýdorn versuchte ihn zu zermürben, aber Held Hynreck war ausdauernder. Das ganze Gefecht hatte kaum zehn Minuten gedauert, da waren alle drei Herren entwaffnet und beugten das Knie vor Held Hynreck. Er blickte stolz umher und suchte offenbar nach einem bewundernden Blick seiner Dame, die wohl irgendwo in der Menge stand. Jubel und Beifall der Zuschauer brauste wie ein Orkan über den Platz. Wahrscheinlich konnte man ihn noch an den entferntesten Ufern des Tränensees Murhu hören.

Als es still wurde, erhob sich Silbergreis Quérquobad und fragte laut:

»Gibt es noch jemanden, der es wagen möchte, gegen Held Hynreck anzutreten?«

Und in das allgemeine Schweigen hinein hörte man eine Knabenstimme antworten:

»Ja, ich!«

Es war Bastian gewesen.

Die unendliche Geschichte

Alle Gesichter wandten sich ihm zu. Die Menge machte ihm eine Bahn frei und er trat auf den Platz hinaus. Ausrufe des Staunens und der Sorge wurden hörbar. »Seht, wie schön er ist!«, – »Schade um ihn!« – »Lasst es nicht zu!«

»Wer bist du?«, fragte Silbergreis Quérquobad.

»Meinen Namen«, antwortete Bastian, »will ich erst nachher sagen.«

Er sah, dass Atréjus Augen schmal geworden waren und ihn forschend, aber noch voller Ungewissheit anblickten.

»Junger Freund«, sagte Held Hynreck, »wir haben zusammen gegessen und getrunken. Warum willst du nun, dass ich dich beschäme? Ich bitte dich, nimm dein Wort zurück und geh fort.«

»Nein«, antwortete Bastian, »was ich gesagt habe, gilt.«

Held Hynreck zögerte einen Augenblick. Dann schlug er vor:

»Es wäre nicht recht von mir, wenn ich mich im Kampfspiel mit dir messe. Wir wollen zuerst einmal sehen, wer von uns den Pfeil höher zu schießen vermag.«

»Einverstanden!«, erwiderte Bastian.

Für jeden von ihnen wurde ein starker Bogen und ein Pfeil herbeigebracht. Hynreck spannte die Sehne und schoss den Pfeil in den Himmel hinauf, höher als man ihm mit den Augen zu folgen vermochte. Fast im gleichen Moment spannte Bastian seinen Bogen und schickte seinen Pfeil hinterher.

Es dauerte eine kleine Weile, ehe beide Pfeile zurückkamen und zwischen den beiden Schützen zu Boden fielen. Und nun zeigte sich, dass Bastians Pfeil, mit roten Federn, den

Das Michael-Ende-Lesebuch

von Held Hynreck, mit blauen Federn, offenbar an der höchsten Stelle mit solcher Wucht getroffen haben musste, dass er ihn von hinten aufgespalten hatte.

Held Hynreck starrte die ineinander steckenden Pfeile an. Er war ein wenig blass geworden, nur auf seinen Wangen zeigten sich rote Flecke.

»Das kann nur Zufall sein«, murmelte er. »Wir wollen sehen, wer mit dem Florett gewandter ist.«

Er verlangte zwei Degen und zwei Kartenspiele. Beides wurde ihm gebracht. Er mischte sorgfältig beide Spiele.

Nun warf er ein Kartenspiel hoch in die Luft, zückte blitzschnell die Klinge und stach zu. Als die übrigen Karten zu Boden gefallen waren, sah man, dass er das Herzass getroffen hatte, und zwar mitten in das einzige Herz, das die Karte zeigte. Wieder blickte er sich suchend nach seiner Dame um, während er das Florett mit der Karte herumzeigte.

Jetzt warf Bastian das andere Kartenspiel in die Höhe und ließ seine Klinge durch die Luft sausen. Keine Karte fiel zu Boden. Er hatte sämtliche zweiundreißig Karten des Spiels aufgespießt, genau in der Mitte und obendrein noch in der richtigen Reihenfolge – obgleich Held Hynreck sie doch so gut gemischt hatte.

Held Hynreck besah sich die Sache. Er sagte nichts mehr, nur seine Lippen zitterten ein wenig.

»Aber an Kraft bist du mir nicht über«, brachte er schließlich ein wenig heiser hervor.

Er griff nach dem Schwersten aller Gewichte, die noch auf dem Platz herumlagen, und stemmte es langsam in die Höhe.

300

Die unendliche Geschichte

Doch ehe er es wieder absetzen konnte, hatte Bastian ihn schon ergriffen und samt dem Gewicht in die Höhe gehoben. Held Hynreck machte ein so fassungloses Gesicht, dass einige Zuschauer sich das Lachen nicht verbeißen konnten.

»Bis jetzt«, sagte Bastian, »habt Ihr bestimmt, worin wir uns messen wollen. Seid Ihr einverstanden, dass ich nun etwas vorschlage?«

Held Hynreck nickte stumm.

»Es ist eine Mutprobe«, fuhr Bastian fort.

Held Hynreck raffte sich noch einmal zusammen.

»Es gibt nichts, wovor mein Mut zurückschreckte!«

»Dann«, erwiderte Bastian, »schlage ich vor, dass wir um die Wette durch den Tränensee schwimmen. Wer zuerst das Ufer erreicht, hat gewonnen.«

Atemlose Stille herrschte auf dem ganzen Platz.

Held Hynreck wurde abwechselnd rot und blass.

»Das ist keine Mutprobe«, stieß er hervor, »das ist Wahnsinn.«

»Ich«, antwortete Bastian, »bin bereit dazu. Also kommt!«

Nun verlor Held Hynreck die Beherrschung.

»Nein!«, schrie er und stampfte mit dem Fuß auf. »Ihr wisst so gut wie ich, dass die Wasser Murhus alles auflösen. Das hieße, in den sicheren Tod gehen.«

»Ich fürchte mich nicht«, versetzte Bastian ruhig, »ich habe die Wüste der Farben durchwandert und vom Feuer des Bunten Todes gegessen und getrunken und darin gebadet. Ich habe vor diesen Wassern keine Angst mehr.«

»Das lügt Ihr!«, brüllte Held Hynreck puterrot vor Zorn.

Das Michael-Ende-Lesebuch

»Niemand in Phantásien kann den Bunten Tod überleben, das weiß doch jedes Kind!«

»Held Hynreck«, sagte Bastian langsam, »anstatt mich der Lüge zu bezichtigen, solltet Ihr lieber zugeben, dass Ihr ganz einfach Angst habt.«

Das war zu viel für Held Hynreck. Besinnungslos vor Zorn riss er sein großes Schwert aus der Scheide und ging auf Bastian los. Dieser wich zurück und wollte ein Wort der Warnung anbringen, aber dazu ließ Held Hynreck ihn nicht mehr kommen. Er schlug auf Bastian ein und es war ihm blutiger Ernst. Im selben Augenblick fuhr das Schwert Sikánda wie ein Blitzstrahl aus seiner verrosteten Scheide in Bastians Hand und begann zu tanzen.

Was nun geschah, war so unerhört, dass keiner der Zuschauer es je in seinem Leben wieder vergaß. Zum Glück konnte Bastian den Schwertgriff in seiner Hand nicht loslassen und so musste er jeder Bewegung folgen, die Sikánda von sich aus vollführte. Zunächst zerschnitt das Schwert, Stück für Stück, Held Hynrecks prachtvolle Rüstung. Die Fetzen flogen nur so nach allen Seiten, doch seine Haut wurde nicht einmal geritzt. Held Hynreck wehrte sich verzweifelt und schlug um sich wie ein Verrückter, aber Sikándas Blitzen zuckte um ihn her wie ein Feuerwirbel und blendete ihn, sodass keiner seiner Streiche traf. Als er schließlich nur noch in der Unterwäsche dastand und immer noch nicht aufhörte, auf Bastian einzuschlagen, zerschnitt Sikánda sein Schwert buchstäblich in kleine Scheiben, und zwar mit solcher Geschwindigkeit, dass dessen Klinge noch für einen Moment als Ganzes

302

Die unendliche Geschichte

in der Luft schwebte, ehe sie, klingelnd wie ein Haufen Münzen, zu Boden fiel. Held Hynreck starrte mit aufgerissenen Augen auf den nutzlosen Griff, der ihm in der Hand verblieben war. Er ließ ihn fallen und senkte den Kopf. Sikánda fuhr in seine rostige Scheide zurück und Bastian konnte es loslassen.

Ein Aufschrei der Begeisterung und Bewunderung erhob sich tausendstimmig aus der Menge der Zuschauer. Sie stürmten den Platz, ergriffen Bastian, hoben ihn hoch und trugen ihn im Triumph herum. Der Jubel wollte kein Ende nehmen.

Bastian schaute sich aus seiner Höhe nach Held Hynreck um. Er wollte ihm ein versöhnliches Wort zurufen, denn eigentlich tat der Arme ihm Leid und er hatte nicht vorgehabt, ihn derartig zu blamieren. Aber Held Hynreck war nirgends mehr zu sehen.

Dann wurde es plötzlich still. Die Menge wich zurück und machte Platz. Da stand Atréju und blickte lächelnd zu Bastian empor. Auch Bastian lächelte. Man ließ ihn von den Schultern herunter und nun standen sich die beiden Jungen gegenüber und sahen sich lange schweigend an.

Schließlich begann Atréju zu reden.

»Wenn ich noch einen Begleiter brauchte, um auf die Suche nach dem Retter Phantásiens zu gehen, so würde ich mich mit diesem einen begnügen, denn er zählt mehr als hundert andere zusammen. Aber ich brauche keinen Begleiter mehr, denn die Suchexpedition wird nicht mehr stattfinden.«

Ein Gemurmel der Verwunderung und Enttäuschung war zu hören.

Das Michael-Ende-Lesebuch

»Der Retter Phantásiens bedarf unseres Schutzes nicht«, fuhr Atréju mit erhobener Stimme fort, »denn er vermag sich selbst besser zu schützen, als wir alle zusammen es könnten. Und wir brauchen ihn nicht mehr zu suchen, denn er hat uns schon gefunden. Ich habe ihn nicht gleich erkannt, denn als ich ihn im Zauber Spiegel Tor des Südlichen Orakels erblickte, sah er anders aus als jetzt – ganz anders. Aber den Blick seiner Augen habe ich nicht vergessen. Es ist derselbe, der mich jetzt trifft. Ich kann mich nicht irren.«

Bastian schüttelte lächelnd den Kopf und sagte:

»Du irrst dich nicht, Atréju. Du warst es, der mich zur Kindlichen Kaiserin gebracht hast, damit ich ihr einen neuen Namen gebe. Und ich danke dir dafür.«

Ein ehrfürchtiges Raunen flog wie ein Windstoß durch die Menge der Zuschauer.

»Du hast versprochen«, antwortete Atréju, »uns auch deinen Namen zu nennen, den außer der Goldäugigen Gebieterin der Wünsche noch niemand in Phantásien kennt. Willst du es nun tun?«

»Ich heiße Bastian Balthasar Bux.«

Jetzt konnten die Zuschauer nicht länger an sich halten. Ihr Jubel explodierte in tausenden von Hochrufen. Viele fingen vor Begeisterung an zu tanzen, sodass die Stege und Brücken, ja der ganze Platz ins Schwanken geriet.

Atréju streckte Bastian die Hand hin und Bastian schlug ein und so – Hand in Hand – gingen sie in den Palast, auf dessen Eingangsstufen Silbergreis Quérquobad und Fuchur, der Glücksdrache, auf sie warteten.

Die unendliche Geschichte

An diesem Abend feierte die Stadt Amargánth das schönste Fest, das sie je gefeiert hat. Alles, was Beine hatte, ob kurze oder lange, krumme oder gerade, tanzte und alles, was Stimme hatte, ob schöne oder hässliche, tiefe oder hohe, sang und lachte.

Als es dunkel wurde, entzündeten die Amargánther tausende von bunten Lichtern an ihren silbernen Schiffen und Palästen. Und um Mitternacht wurde ein Feuerwerk abgebrannt, wie es selbst in Phantásien noch nie gesehen wurde. Bastian stand mit Atréju auf dem Balkon, links und rechts von ihnen standen Fuchur und Silbergreis Quérquobad und sahen zu, wie die bunten Feuergarben am Himmel und die tausend Lichter der Silberstadt sich in den dunklen Wassern des Tränensees Murhu spiegelten.

XVII. Ein Drache für Held Hynreck

Quérquobad, der Silbergreis, war auf seinem Sessel in Schlaf gesunken, denn es war schon spät in der Nacht. So versäumte er das größte und schönste Erlebnis, das er in seinem hundertsiebenjährigen Dasein hätte haben können. Nicht anders erging es vielen anderen in Amargánth, Einheimischen und Gästen, die sich, erschöpft vom Fest, zur Ruhe begeben hatten. Nur wenige waren noch wach und diese wenigen bekamen etwas zu hören, was an Schönheit alles übertraf, was sie je vernommen hatten und noch vernehmen sollten.

Das Michael-Ende-Lesebuch

Fuchur, der weiße Glücksdrache sang.

Hoch am nächtlichen Himmel zog er über der Silberstadt und dem Tränensee Kreise und ließ seine Glockenstimme ertönen. Es war ein Lied ohne Worte, die große, einfache Melodie des reinen Glücks. Und wer sie hörte, dem öffnete sich weit das Herz.

So erging es auch Bastian und Atréju, die nebeneinander auf dem breiten Balkon von Quérquobads Palast saßen. Für beide war es das erste Mal, dass sie einen Glücksdrachen singen hörten. Sie hatten sich, ohne es zu merken, bei der Hand gefasst und lauschten in schweigendem Entzücken. Jeder wusste, dass der andere das Gleiche empfand wie er selbst: Das Glück, einen Freund gefunden zu haben. Und sie hüteten sich, es durch Reden zu stören.

Die große Stunde ging vorüber, Fuchurs Gesang wurde nach und nach leiser und klang schließlich aus.

Als es ganz still war, erwachte Quérquobad, erhob sich und sagte entschuldigend:

»Silbergreise wie ich brauchen nun mal ihren Schlaf. Bei euch jungen Leuten ist das anders. Nehmt mir's nicht übel, aber ich muss jetzt ins Bett.«

Sie wünschten ihm Gute Nacht und Quérquobad ging.

Wieder saßen die beiden Freunde lange Zeit schweigend und blickten zum Nachthimmel hinauf, wo der Glücksdrache noch immer mit langsamen, ruhigen Wellenbewegungen seine Kreise zog. Ab und zu schwebte er wie ein weißer Wolkenstreif vor der vollen Mondscheibe vorüber.

»Geht Fuchur nicht schlafen?«, fragte Bastian schließlich.

Die unendliche Geschichte

»Er schläft schon«, sagte Atréju leise.

»Im Fliegen?«

»Ja. Er hält sich nicht gern in Häusern auf, sogar wenn sie so groß sind wie Quérquobads Palast. Er fühlt sich beengt und eingeschlossen und versucht sich so vorsichtig wie möglich zu bewegen, um nichts herunterzuwerfen oder umzustoßen. Er ist einfach zu groß. Darum schläft er meistens hoch in der Luft.«

»Meinst du, er lässt mich mal auf sich reiten?«

»Bestimmt«, meinte Atréju, »allerdings ist das nicht ganz einfach. Man muss sich erst dran gewöhnen.«

»Ich bin auf Graógramán geritten«, gab Bastian zu bedenken.

Atréju nickte und blickte ihn voll Bewunderung an.

»Du hast es bei der Mutprobe zu Held Hynreck gesagt. Wie hast du den Bunten Tod bezwungen?«

»Ich habe AURYN«, sagte Bastian.

»Ach?«, machte Atréju. Er sah sehr überrascht aus, aber er sagte nichts weiter.

Bastian holte das Zeichen der Kindlichen Kaiserin unter seinem Hemd hervor und zeigte es Atréju. Atréju betrachtete es eine Weile und murmelte dann:

»Also trägst *du* jetzt den Glanz.«

Sein Gesicht schien Bastian ein wenig abweisend, darum sagte er eifrig:

»Willst du es dir noch einmal umhängen?«

Er machte Anstalten, sich die Kette abzunehmen.

»Nein!«

307

Das Michael-Ende-Lesebuch

Atréjus Stimme hatte fast scharf geklungen und Bastian hielt verdutzt inne. Atréju lächelte entschuldigend und wiederholte sanft:

»Nein, Bastian, ich habe es lang genug getragen.«

»Wie du willst«, meinte Bastian. Dann drehte er das Zeichen um.

»Schau mal! Hast du die Inschrift gesehen?«

»Gesehen wohl«, antwortete Atréju, »aber ich weiß nicht, was da steht.«

»Wieso?«

»Wir Grünhäute können Spuren lesen, aber keine Buchstaben.«

Diesmal war es Bastian, der »Ach?« machte.

»Was sagt die Inschrift?«, wollte Atréju wissen.

»TU, WAS DU WILLST«, las Bastian vor.

Atréju schaute das Zeichen unverwandt an.

»Also das heißt es?«, murmelte er. Sein Gesicht verriet keine Gemütsbewegung und Bastian konnte nicht erraten, was er dachte. Deshalb fragte er:

»Wenn du's gewusst hättest, wäre dann irgendwas für dich anders gewesen?«

»Nein«, sagte Atréju, »ich hab getan, was ich wollte.«

»Das stimmt«, meinte Bastian und nickte.

Wieder schwiegen beide eine Weile.

»Ich muss dich noch was fragen, Atréju«, nahm Bastian schließlich das Gespräch wieder auf. »Du hast gesagt, ich hätte anders ausgesehen, als du mich im Zauber Spiegel Tor gesehen hast.«

Die unendliche Geschichte

»Ja, ganz anders.«

»Wie denn?«

»Du warst sehr dick und blass und hattest ganz andere Kleider an.«

»Dick und blass?«, fragte Bastian und lächelte ungläubig. »Bist du wirklich sicher, dass ich das war?«

»Warst du es denn nicht?«

Bastian überlegte.

»Du hast mich gesehen, das weiß ich. Aber ich war immer so wie jetzt.«

»Wirklich?«

»Ich müsste mich doch erinnern!«, rief Bastian.

»Ja«, sagte Atréju und sah ihn nachdenklich an, »das müsstest du.«

»Vielleicht war es ein Zerrspiegel?«

Atréju schüttelte den Kopf.

»Das glaube ich nicht.«

»Wie erklärst du dir dann, dass du mich so gesehen hast?«

»Ich weiß es nicht«, gab Atréju zu. »Ich weiß nur, dass ich mich nicht getäuscht habe.«

Danach schwiegen sie wieder lange Zeit und gingen zuletzt schlafen.

Als Bastian in seinem Bett lag, dessen Kopf- und Fußende natürlich aus feinstem Silberfiligran bestand, ging ihm das Gespräch mit Atréju nicht aus dem Sinn. Irgendwie kam es ihm so vor, als ob sein Sieg über Held Hynreck und sogar sein Aufenthalt bei Graógramán auf Atréju weniger Eindruck machten, seit er wusste, dass Bastian den Glanz trug.

Das Michael-Ende-Lesebuch

Vielleicht dachte er, dass es unter diesen Umständen nichts Besonderes gewesen war. Aber Bastian wollte Atréjus uneingeschränkte Hochachtung gewinnen.

Er dachte lange nach. Es musste etwas sein, was niemand in Phantásien konnte, auch nicht mit dem Zeichen. Etwas, das nur er, Bastian, vermochte.

Und endlich fiel es ihm ein: Geschichten erfinden!

Immer wieder hatte es doch geheißen, dass niemand in Phantásien Neues schaffen konnte. Sogar die Stimme der Uyulála hatte davon gesprochen. Und gerade das war es, worauf er sich ganz besonders verstand.

Atréju sollte sehen, dass er, Bastian, ein großer Dichter war!

Er wünschte sich, dass sich so bald wie möglich eine Gelegenheit bieten sollte, es dem Freund zu beweisen. Vielleicht schon morgen. Zum Beispiel könnte es ein Dichterfest in Amargánth geben, bei dem Bastian alle in den Schatten stellen würde mit seinen Einfällen!

Oder noch besser wäre es, wenn alles, was er erzählen wollte, Wirklichkeit würde! Hatte Graógramán nicht gesagt, dass Phantásien das Land der Geschichten sei und deshalb sogar längst Vergangenes neu enstehen könnte, wenn es in einer Geschichte vorkommt?

Atréju sollte Augen machen!

Und während Bastian sich Atréjus staunende Bewunderung ausmalte, schlief er ein.

Als sie am nächsten Morgen im Prunksaal des Palastes bei einem üppigen Frühstück saßen, sagte Silbergreis Quérquobad:

310

Die unendliche Geschichte

»Wir haben beschlossen für unseren Gast, den Retter Phantásiens, und seinen Freund, der ihn zu uns brachte, heute ein ganz besonderes Fest zu veranstalten. Vielleicht weißt du nicht, Bastian Balthasar Bux, dass wir Amargánther nach einer uralten Tradition die Liedersänger und Geschichtenerzähler in Phantásien sind. Schon unsere Kinder werden von früh an in dieser Kunst unterwiesen. Wenn sie größer werden, müssen sie viele Jahre durch alle Lande ziehen und diesen Beruf zu Nutz und Frommen aller ausüben. Darum werden wir überall mit Achtung und Freude empfangen. Doch haben wir einen Kummer: Unser Vorrat an Liedern und Geschichten ist – ehrlich gesagt – nicht sehr groß. Und viele von uns müssen dieses Wenige teilen. Es geht aber die Sage – ich weiß nicht, ob zu Recht –, dass du in deiner Welt dafür bekannt bist, Geschichten erfinden zu können. Ist das wahr?«

»Ja«, sagte Bastian, »ich bin sogar dafür ausgelacht worden.«

Silbergreis Quérquobad zog erstaunt die Augenbrauen hoch.

»Ausgelacht dafür, dass du Geschichten erzählen kannst, die noch nie jemand gehört hat? Wie ist das möglich! Von uns ist keiner dazu in der Lage und wir alle, ich und meine Mitbürger, wären dir unaussprechlich dankbar, wenn du uns einige Geschichten schenken wolltest. Wirst du uns mit deinem Genie helfen?«

»Mit Vergnügen!«, antwortete Bastian.

Nach dem Frühstück gingen sie auf die Treppe von Quérquobads Palast hinaus, wo Fuchur sie schon erwartete.

Das Michael-Ende-Lesebuch

Auf dem Platz hatte sich inzwischen eine große Menge versammelt, diesmal aber waren nur noch wenige Gäste darunter, die zu den Kampfspielen in die Stadt gekommen waren. In der Hauptsache bestand sie aus Amargánthern, Männern, Frauen und Kindern, alle wohlgestalt und blauäugig und alle in der schmucken Silbertracht. Die meisten hatten silberne Saiteninstrumente bei sich, Harfen, Leiern, Gitarren oder Lauten, auf denen sie ihren Vortrag begleiten wollten, denn jeder von ihnen hoffte darauf, seine Kunst vor Bastian und Atréju produzieren zu dürfen.

Wieder waren Sessel aufgestellt worden. Bastian nahm in der Mitte zwischen Quérquobad und Atréju Platz. Fuchur postierte sich hinter ihnen.

Dann klatschte Quérquobad in die Hände und sagte in die Stille, die sich ausbreitete:

»Der große Dichter will unseren Wunsch erfüllen. Er wird uns neue Geschichten schenken. Darum gebt euer Bestes, Freunde, um ihn in Stimmung zu bringen!«

Alle Amargánther auf dem Platz verneigten sich tief und schweigend. Dann trat der Erste vor und begann zu rezitieren. Nach ihm kamen andere und immer wieder andere. Alle hatten schöne, klangvolle Stimmen und machten ihre Sache sehr gut.

Die Geschichten, Gedichte und Lieder, die sie vortrugen, waren je nachdem spannend, heiter oder auch traurig, aber sie würden hier zu viel Raum beanspruchen. Sie sollen ein andermal erzählt werden. Insgesamt waren es nur etwa hundert verschiedene Stücke. Danach fingen sie an sich zu wiederho-

Die unendliche Geschichte

len. Die neu vortretenden Amargánther konnten nichts anderes vortragen, als was ihre Vorgänger schon zu Gehör gebracht hatten.

Trotzdem wurde Bastian immer aufgeregter, denn er wartete auf den Augenblick, wo er selbst drankommen würde. Sein Wunsch von gestern war haargenau in Erfüllung gegangen. Er konnte es kaum noch aushalten vor Erwartung, dass auch alles andere sich erfüllen würde. Er schaute Atréju von der Seite an, doch der saß mit unbeweglicher Miene da und hörte zu. Ihm war keine Gemütsbewegung anzumerken.

Schließlich gebot Silbergreis Quérquobad seinen Mitbürgern Einhalt. Er wandte sich seufzend zu Bastian und sprach:

»Ich habe dir gesagt, Bastian Balthasar Bux, dass unser Vorrat leider sehr klein ist. Es ist nicht unsere Schuld, dass es nicht mehr Geschichten gibt. Wie du siehst, tun wir, was wir können. Wirst du uns nun eine der deinen schenken?«

»Ich werde euch alle Geschichten schenken, die ich erfunden habe«, sagte Bastian großzügig, »denn ich kann mir ja jede Menge neue ausdenken. Viele davon habe ich einem kleinen Mädchen namens Kris Ta erzählt, aber die meisten nur mir selbst. Es kennt sie also noch niemand sonst. Aber es würde Wochen und Monate dauern, jede einzeln zu erzählen, und so lang können wir nicht bei euch bleiben. Deshalb will ich euch eine Geschichte erzählen, in der alle anderen enthalten sind. Sie heißt ›Die Geschichte der Bibliothek von Amargánth‹ und ist ganz kurz.« Er überlegte ein wenig und begann aufs Geratewohl:

»In grauer Vorzeit lebte in Amargánth eine Silbergreisin mit

313

Das Michael-Ende-Lesebuch

Namen Quana, die über die Stadt herrschte. In jenen längst vergangenen Tagen gab es weder den Tränensee Murhu noch war Amargánth aus dem besonderen Silber, das den Wassern widersteht. Es war noch eine ganz gewöhnliche Stadt mit Häusern aus Stein und Holz. Und sie lag in einem Tal zwischen bewaldeten Hügeln.

Quana hatte einen Sohn namens Quin, der ein großer Jäger war. Eines Tages erblickte Quin in den Wäldern ein Einhorn, das einen leuchtenden Stein auf der Spitze seines Horns trug. Er tötete das Tier und nahm den Stein mit nach Hause. Doch damit hatte er großes Unheil über die Stadt Amargánth gebracht. Die Einwohner bekamen immer weniger und weniger Kinder. Wenn sie keine Rettung fanden, dann waren sie zum Aussterben verurteilt. Aber das Einhorn war ja nicht wieder zum Leben zu erwecken und niemand wusste Rat.

Da schickte die Silbergreisin Quana einen Boten zum Südlichen Orakel, das damals noch bestand, damit er von der Uyulála gesagt bekäme, was man tun solle. Aber das Südliche Orakel war sehr weit fort. Der Bote war als junger Mann aufgebrochen, und als er zurückkam, war er hochbetagt. Die Silbergreisin Quana war längst gestorben und ihr Sohn Quin war inzwischen an ihre Stelle getreten. Auch er war natürlich schon uralt, ebenso alle anderen Amargánther. Es gab nur noch ein einziges Kinderpaar, einen Jungen und ein Mädchen. Er hieß Aquil und sie Muqua.

Nun verkündete der Bote, was die Stimme der Uyulála ihm offenbart hatte: Amargánth würde nur dann weiterbestehen können, wenn es zur schönsten Stadt Phantásiens gemacht

Die unendliche Geschichte

würde. Nur auf diese Weise sei Quins Frevel wieder gutzumachen. Doch könnten die Amargánther das nur mit der Hilfe
der Acharai bewirken, die die hässlichsten Wesen Phantásiens
sind. Sie werden auch die »Immer-Weinenden« genannt, weil
sie vor Kummer über ihre eigene Hässlichkeit ununterbrochen Tränen vergießen. Gerade mit diesen Tränenströmen
waschen sie aber jenes besondere Silber aus den Tiefen der
Erde und verstehen es, daraus das wunderbarste Filigran zu
machen.

Nun gingen also alle Amargánther auf die Suche nach den
Acharai, doch gelang es keinem, sie zu finden, da diese tief
unter der Erde leben. Schließlich waren nur noch Aquil und
Muqua übrig. Alle anderen waren weggestorben und die beiden waren inzwischen erwachsen. Und diesen beiden gemeinsam gelang es, die Acharai zu finden und dazu zu überreden,
aus Amargánth die schönste Stadt Phantásiens zu machen.

So bauten die Acharai erst einen Silberkahn und darauf
einen kleinen Filigranpalast und stellten ihn auf den Markt-
platz der ausgestorbenen Stadt. Dann leiteten sie ihren Trä-
nenstrom unterirdisch so, dass er als Quelle in dem Tal zwischen den bewaldeten Hügeln ans Tageslicht trat. Das Tal
füllte sich mit den bitteren Wassern und wurde der Tränensee Murhu, auf dem der erste Silberpalast schwamm. Darin
wohnten Aquil und Muqua.

Die Acharai hatten aber eine Bedingung an das junge Paar
gestellt und die war, dass sie und alle ihre Nachkommen sich
dem Liedersingen und dem Geschichtenerzählen widmen
sollten. Und solange sie das täten, wollten die Acharai ihnen

315

Das Michael-Ende-Lesebuch

helfen, weil sie auf diese Weise auch daran beteiligt wären und ihre Hässlichkeit zu etwas Schönem beitrüge.

So gründeten Aquil und Muqua eine Bibliothek – eben die berühmte Bibliothek von Amargánth – in der sie alle meine Geschichten sammelten. Sie fingen mit dieser hier an, die ihr eben gehört habt, aber nach und nach kamen alle anderen dazu, die ich je erzählt habe, und so wurden es schließlich so viele, dass weder die beiden noch ihre zahlreichen Nachkommen, die heute die Silberstadt bevölkern, je damit zu Ende kommen werden.

Dass Amargánth, die schönste Stadt Phantásiens, auch heute noch besteht, kommt daher, dass die Acharai und die Amargánther gegenseitig ihr Versprechen gehalten haben – obwohl sie beide nichts mehr voneinander wissen. Nur der Name des Tränensees Murhu erinnert noch an jene Begebenheit aus grauer Vorzeit.«

Nachdem Bastian geendet hatte, erhob sich Silbergreis Quérquobad langsam von seinem Sessel. Sein Gesicht zeigte ein verklärtes Lächeln.

»Bastian Balthasar Bux«, sprach er, »du hast uns mehr geschenkt als eine Geschichte und mehr als alle Geschichten. Du hast uns unsere eigene Herkunft geschenkt. Nun wissen wir, woher Murhu kommt und unsere silbernen Schiffe und Paläste, die der See trägt. Nun wissen wir, warum wir seit alters her ein Volk von Liedersängern und Geschichtenerzählern sind. Und vor allem wissen wir nun, was jenes große, runde Bauwerk in unserer Stadt enthält, das noch niemals einer von uns betreten hat, weil es seit Urzeiten verschlossen

Die unendliche Geschichte

ist. Es enthält unseren größten Schatz und wir wussten es bisher nicht. Es enthält die Bibliothek von Amargánth.«

Bastian war selbst überwältigt davon, dass alles, was er eben erzählt hatte, Wirklichkeit geworden war (oder schon immer gewesen war? Graógramán hätte wahrscheinlich gesagt: Beides!). Jedenfalls wollte er sich mit eigenen Augen davon überzeugen.

»Wo ist denn dieses Gebäude?«, fragte er.

»Ich will es dir zeigen«, sagte Quérquobad und zu der Menge gewendet, rief er: »Kommt alle mit! Vielleicht werden uns heute noch mehr Wunder zuteil!«

Ein langer Zug an dessen Spitze der Silbergreis neben Atréju und Bastian ging, bewegte sich über die Stege, die die Silberschiffe miteinander verbanden, und hielt schließlich vor einem sehr großen Bauwerk an, das auf einem kreisrunden Schiff stand und selbst die Form einer riesigen silbernen Büchse hatte. Die Außenwände waren glatt und schmucklos und hatten auch keine Fenster. Es gab nur eine einzige große Tür, doch die war verschlossen.

In der Mitte des glatten, silbernen Türflügels saß ein Stein in einer ringförmigen Fassung, der aussah wie ein Stück klares Glas. Darüber stand folgende Inschrift:

»Vom Horn des Einhorns genommen, bin ich erloschen.
Ich halte die Tür verschlossen, bis der mein Licht erweckt,
der mich bei meinem Namen nennt.
Ihm leuchte ich hundert Jahre lang
und will ihn führen in den dunklen Tiefen

317

Das Michael-Ende-Lesebuch

von Yors Minroud.
Doch spricht er meinen Namen noch ein zweites Mal
vom Ende bis zum Anfang
verstrahl ich hundert Jahre Leuchten
in einem Augenblick.«

»Niemand von uns«, sagte Quérquobad, »vermag diese Inschrift zu deuten. Niemand von uns weiß, was die Worte Yors
Minroud bedeuten. Niemand hat bis jetzt den Namen des
Steins gefunden, obgleich wir alle es wieder und wieder versucht haben. Aber wir alle können nur Namen anwenden, die
es schon gibt in Phantásien. Und da es die Namen anderer
Dinge sind, hat keiner den Stein zum Leuchten gebracht und
dadurch die Tür geöffnet. Kannst du ihn finden, Bastian Balthasar Bux?«

Tiefe, erwartungsvolle Stille trat ein. Alle Amargánther und
Nicht-Amargánther hielten den Atem an.

»Al'Tsahir!«, rief Bastian.

Im gleichen Augenblick leuchtete der Stein hell auf, sprang
aus seiner Fassung und Bastian geradewegs in die Hand. Die
Tür öffnete sich.

Ein Ah! des Staunens kam aus tausend Kehlen.

Bastian, den leuchtenden Stein in der Hand, trat gefolgt
von Atréju und Quérquobad durch die Tür. Hinter ihnen
drängte die Menge nach.

Der große runde Raum war dunkel und Bastian hob den
Stein hoch.

Sein Licht war zwar heller als das einer Kerze, reichte aber

Die unendliche Geschichte

nicht aus, um den Raum völlig zu erleuchten. Man sah nur, dass an den Wänden entlang, mehrere Stockwerke hoch, Bücher und nochmals Bücher standen.

Lampen wurden herbeigeschafft und bald war der ganze große Raum hell. Jetzt sah man, dass die Bücherwand ringsum in viele verschiedene Abteilungen gegliedert war, die Hinweisschilder trugen. »Lustige Geschichten« stand da zum Beispiel oder »Spannende Geschichten« oder »Ernste Geschichten« oder »Kurze Geschichten« und so immer weiter. In der Mitte des runden Saals war auf dem Boden eine große, nicht zu übersehende Inschrift eingelassen:

BIBLIOTHEK
DER GESAMMELTEN WERKE
VON BASTIAN BALTHASAR BUX

Atréju stand da und schaute sich mit großen Augen um. Er war so von Staunen und Bewunderung überwältigt, dass seine Gemütsbewegung mehr als deutlich zu sehen war. Und Bastian freute sich darüber.

»Das alles«, fragte Atréju und zeigte mit dem Finger rundum, »das alles sind Geschichten, die du erfunden hast?«

»Ja«, sagte Bastian und steckte Al'Tsahir in die Tasche.

Atréju schaute ihn fassungslos an.

»Das«, gab er zu, »geht über meinen Verstand.«

Die Amargánther hatten sich natürlich längst mit Feuereifer auf all die unbekannten Bücher gestürzt, blätterten darin, lasen sich gegenseitig vor, manche setzten sich einfach auf den

319

Das Michael-Ende-Lesebuch

Boden und fingen schon an, bestimmte Stellen auswendig zu lernen.

Die Kunde des großen Ereignisses hatte sich natürlich wie ein Lauffeuer in der ganzen Stadt verbreitet, unter den Einheimischen wie unter den Gästen.

Bastian und Atréju traten gerade aus der Bibliothek ins Freie, als ihnen die Herren Hýkrion, Hýsbald und Hýdorn entgegenkamen.

»Herr Bastian«, sagte der rothaarige Hýsbald, der offensichtlich nicht nur mit der Klinge, sondern auch mit der Zunge der Gewandteste war, »wir haben gehört, was für unvergleichliche Fähigkeiten Ihr an den Tag gelegt habt. Darum wollen wir Euch bitten, uns in Euren Dienst zu nehmen und uns auf Eurer weiteren Fahrt mit Euch ziehen zu lassen.

Jeder von uns dreien sehnt sich danach, eigene Geschichten zu bekommen. Und wenn Ihr auch ganz gewisslich nicht unseres Schutzes bedürft, so könnte es Euch doch von Nutzen sein, drei tüchtige und fähige Ritter wie uns zu Euren Diensten zu haben. Wollt Ihr?«

»Gern«, antwortete Bastian, »auf solche Begleiter wäre jeder stolz.«

Nun wollten die drei Herren unbedingt und auf der Stelle ihren Treueeid auf Bastians Schwert ablegen, aber er hielt sie zurück.

»Sikánda«, erklärte er ihnen, »ist ein Zauberschwert. Niemand darf es ohne Gefahr für Leib und Leben berühren, der nicht vom Feuer des Bunten Todes gegessen und getrunken und darin gebadet hat.«

Die unendliche Geschichte

So mussten sie sich mit einem freundschalftlichen Handschlag zufrieden geben.

»Und was ist mit Held Hynreck?«, erkundigte sich Bastian.

»Er ist vollkommen gebrochen«, sagte Hýkrion.

»Es ist wegen seiner Dame«, fügte Hýdorn hinzu.

»Ihr solltet mal nach ihm sehen«, schloss Hýsbald.

Also machten sie sich – jetzt zu fünft – auf den Weg zu dem
Gasthaus, in dem die Gesellschaft anfangs eingekehrt war und
wo Bastian die alte Jicha im Stall untergebracht hatte.

Als sie in die Gaststube traten, saß dort nur ein einziger
Mann. Er war über den Tisch gebeugt und hatte die Hände in
den blonden Haaren vergraben. Es war Held Hynreck.

Offensichtlich hatte er eine Ersatzrüstung in seinem Reise-
gepäck mit sich geführt, denn er trug jetzt eine etwas einfa-
chere Ausführung als die, die am Vortage beim Kampf mit Bastian in Stücke gegangen war. Als Bastian ihm einen guten Tag
wünschte, fuhr er in die Höhe und starrte die beiden Jungen
an. Seine Augen waren gerötet.

Bastian fragte, ob sie sich zu ihm setzen dürften, er zuckte
die Achseln, nickte und sank wieder auf seinen Platz. Vor ihm
auf dem Tisch lag ein Blatt Papier, das aussah, als sei es oft zu-
sammengeknüllt und wieder glatt gestrichen worden.

»Ich möchte mich nach Eurem Befinden erkundigen«, begann Bastian. »Es tut mir Leid, wenn ich Euch gekränkt haben
sollte.«

Held Hynreck schüttelte den Kopf.

»Mit mir ist es aus«, brachte er mit rauer Stimme hervor.
»Hier, lest selbst!«

321

Das Michael-Ende-Lesebuch

Er schob Bastian den Zettel hin:

»Ich will nur den Größten«, stand darauf, »und das seid Ihr nicht, darum lebt wohl!«

»Von Prinzessin Oglamár?«, fragte Bastian.

Held Hynreck nickte. »Sie hat sich gleich nach unserem Kampf ans Ufer bringen lassen, mit ihrem Zelter. Wer weiß, wo sie jetzt ist? Ich werde sie nicht mehr wieder sehen. Was soll ich dann noch auf der Welt!«

»Könnt Ihr sie nicht einholen?«

»Wozu?«

»Um sie vielleicht noch umzustimmen.«

Held Hynreck stieß ein bitteres Lachen aus.

»Da kennt Ihr Prinzessin Oglamár nicht. Ich habe mehr als zehn Jahre trainiert, um alles das zu können, was ich kann. Ich habe auf alles verzichtet, was meiner körperlichen Verfassung nicht gut getan hätte. Ich habe mit eiserner Disziplin bei den größten Fechtmeistern fechten gelernt, bei den stärksten Ringern alle Arten von Ringkampf, bis ich sie alle besiegte. Ich kann schneller laufen als ein Pferd, höher springen als ein Hirsch, ich kann alles am besten oder vielmehr – ich konnte es bis gestern. Vorher hat sie mich nie eines Blickes gewürdigt, aber dann, nach und nach, wuchs ihr Interesse an mir mit meinen Fähigkeiten. Ich durfte schon hoffen, von ihr erwählt zu werden – und nun ist alles für immer umsonst. Wie kann ich ohne Hoffnung leben?«

»Vielleicht«, meinte Bastian, »solltet Ihr Euch einfach nicht so viel aus Prinzessin Oglamár machen. Es gibt doch bestimmt noch andere, die Euch ebenso gut gefallen würden.«

Die unendliche Geschichte

»Nein«, antwortete Held Hynreck, »mir gefällt Prinzessin Oglamár ja gerade deshalb, weil sie sich nur mit dem Größten zufrieden gibt.«

»Ach so«, sagte Bastian ratlos, »das ist natürlich schwierig. Was kann man da machen? Und wenn Ihr's vielleicht auf andere Art bei ihr versucht? Als Sänger zum Beispiel oder als Dichter?«

»Ich bin nun mal ein Held«, erwiderte Hynreck ein wenig gereizt, »ich kann und will keinen anderen Beruf. Ich bin, wie ich bin.«

»Ja«, sagte Bastian, »das sehe ich ein.«

Alle schwiegen. Die drei Herren warfen Held Hynreck mitfühlende Blicke zu. Sie konnten verstehen, was in ihm vorging. Schließlich räusperte sich Hýsbald und meinte leise, zu Bastian gewandt: »Für Euch, Herr Bastian, wäre es eigentlich weiter keine große Sache, ihm zu helfen.«

Bastian schaute Atréju an, aber der machte wieder sein undurchdringliches Gesicht.

»Einer wie Held Hynreck«, setzte nun Hýdorn hinzu, »ist tatsächlich schlecht dran, wenn es weit und breit keine Ungeheuer gibt. Versteht Ihr?«

Bastian verstand immer noch nicht.

»Ungeheuer«, meinte Hýkrion und strich sich seinen enormen schwarzen Schnurrbart, »sind nun einmal notwendig, damit ein Held ein Held sein kann.« Dabei zwinkerte er Bastian zu.

Jetzt hatte Bastian endlich begriffen.

»Hört zu, Held Hynreck«, sagte er, »ich habe mit dem Vor-

Das Michael-Ende-Lesebuch

schlag, einer anderen Dame Euer Herz zu schenken, nur Eure Standhaftigkeit auf die Probe gestellt. In Wirklichkeit bedarf Prinzessin Oglamár nämlich schon jetzt Eurer Hilfe und niemand außer Euch kann sie retten.«

Held Hynreck horchte auf.

»Sprecht Ihr im Ernst, Herr Bastian?«

»In vollem Ernst, Ihr werdet Euch gleich davon überzeugen können. Prinzessin Oglamár ist nämlich vor wenigen Minuten überfallen und entführt worden.«

»Von wem?«

»Von einem der schrecklichsten Ungeheuer, die je in Phantásien existiert haben. Es handelt sich um den Drachen Smärg. Sie ritt gerade über eine Waldlichtung, als das Scheusal sie erblickte, sich aus der Luft auf sie stürzte, vom Rücken ihres Zelters hob und mit sich fortriss.«

Hynreck sprang auf. Seine Augen begannen zu leuchten und seine Wangen zu glühen. Er klatschte vor Freude in die Hände. Doch dann erlosch der Glanz in seinen Augen wieder und er setzte sich.

»Das kann leider nicht sein«, meinte er bekümmert, »es gibt weit und breit keine Drachen mehr.«

»Ihr vergesst, Held Hynreck«, erklärte Bastian, »dass ich von sehr weit herkomme – von viel weiter, als Ihr je gewesen seid.«

»Das ist wahr«, bestätigte Atréju, der sich zum ersten Mal einmischte.

»Und sie ist wirklich von diesem Ungeheuer entführt worden?«, rief Held Hynreck. Dann presste er beide Hände auf

324

Die unendliche Geschichte

sein Herz und seufzte: »Oh, meine angebetete Oglamár, wie musst du jetzt leiden? Aber fürchte dich nicht, dein Ritter naht, er ist schon unterwegs! Sagt mir, was muss ich tun? Wo muss ich hin? Worum handelt es sich?«

»Sehr weit von hier«, begann Bastian, »gibt es ein Land, das heißt Morgul oder das Land des Kalten Feuers, weil dort die Flammen kälter sind als Eis. Wie Ihr dieses Land finden könnt, kann ich Euch nicht sagen, Ihr müsst es selbst herausfinden. Mitten in diesem Land gibt es einen versteinerten Wald mit Namen Wodgabay. Und wiederum mitten in diesem versteinerten Wald steht die bleierne Burg Ragar. Sie ist von drei Burggräben umgeben. Im ersten fließt grünes Gift, im zweiten rauchende Salpetersäure und im dritten wimmeln Skorpione, so groß wie Eure Füße. Es gibt keine Brücken und Stege hinüber, denn der Herr, der in der bleiernen Burg Ragar herrscht, ist jenes geflügelte Ungeheuer namens Smärg. Seine Flügel sind aus schleimiger Haut und haben eine Spannweite von zweiunddreißig Metern. Wenn er nicht fliegt, steht er aufrecht wie ein riesiges Känguru. Sein Leib gleicht dem einer räudigen Ratte, aber sein Schwanz ist der eines Skorpions. Selbst die leichteste Berührung mit dem Giftstachel ist absolut tödlich. Seine Hinterbeine sind die einer Riesenheuschrecke, aber seine Vorderbeine, die winzig und verkümmert aussehen, gleichen den Händen eines kleinen Kindes. Doch darf man sich dadurch nicht täuschen lassen, denn gerade in diesen Händen liegt eine furchtbare Kraft. Seinen langen Hals kann er einziehen wie eine Schnecke ihre Fühler und obendrauf sitzen drei Köpfe. Einer ist groß und gleicht dem Kopf

Das Michael-Ende-Lesebuch

eines Krokodils. Aus diesem Maul kann er eisiges Feuer speien. Aber dort, wo beim Krokodil die Augen sind, hat er zwei Auswüchse, die noch einmal Köpfe sind. Der rechte sieht aus wie der eines alten Mannes. Mit ihm kann er hören und sehen. Zum Sprechen aber hat er den linken, der wie das schrumpelige Gesicht eines alten Weibes aussieht.«

Bei dieser Beschreibung war Held Hynreck etwas blass geworden.

»Wie war der Name?«, fragte er.

»Smärg«, wiederholte Bastian. »Er treibt sein Unwesen schon seit tausend Jahren, denn das ist sein Alter. Immer wieder raubt er eine schöne Jungfrau, die ihm dann den Haushalt führen muss bis ans Ende ihrer Tage. Wenn sie gestorben ist, raubt er eine neue.«

»Wieso habe ich davon nie gehört?«

»Smärg kann unvorstellbar weit und schnell fliegen. Bisher hat er sich immer andere Länder Phantásiens für seine Raubzüge ausgesucht. Und dann kommt es ja auch nur in jedem halben Jahrhundert einmal vor.«

»Und niemand hat bisher je eine Gefangene befreit?«

»Nein, dazu bedarf es eines ganz einmaligen Helden.«

Bei diesen Worten röteten sich Held Hynrecks Wangen wieder.

»Hat Smärg eine verwundbare Stelle?«, fragte er fachmännisch.

»Ah!«, antwortete Bastian. »Das Wichtigste hätte ich fast vergessen. Im tiefsten Keller der Burg Ragar liegt ein bleiernes Beil. Ihr könnt Euch wohl vorstellen, dass Smärg dieses Beil

Die unendliche Geschichte

wie seinen Augapfel bewacht, wenn ich Euch sage, dass es die einzige Waffe ist, mit der man ihn töten kann. Man muss ihm damit die beiden kleineren Köpfe abhauen.«

»Woher wisst ihr das alles?«, fragte Held Hynreck.

Bastian brauchte nicht zu antworten, denn in diesem Augenblick erschollen Schreckensrufe auf der Straße:

»Ein Drache! – Ein Ungeheuer! – Da seht doch, da oben am Himmel! – Entsetzlich! Er kommt auf die Stadt zu! – Rette sich, wer kann! – Nein, nein, er hat schon ein Opfer!«

Am Himmel flatterte etwas, das einer riesigen Fledermaus glich. Als es näher kam, war es, als ob sich für einen Augenblick ein kalter Schatten auf die ganze Silberstadt legte. Es war Smärg und er sah genauso aus, wie Bastian ihn eben erfunden hatte. Und mit den beiden kümmerlichen, aber so gefährlichen Händchen hielt er eine junge Dame fest, die aus Leibeskräften schrie und strampelte.

»Hynreck!«, hörte man aus immer weiterer Ferne. »Hilfe, Hynreck! Rette mich, mein Held!« Dann war es vorüber.

Hynreck hatte bereits seinen schwarzen Hengst aus dem Stall geholt und stand in einer der Silberfähren, die zum Festland fuhren.

»Schneller!«, hörte man ihn dem Fährmann zurufen. »Ich gebe dir, was du willst, aber mach schneller!«

Bastian blickte ihm nach und murmelte:

»Ich hoffe bloß, ich habe es ihm nicht zu schwer gemacht.«

Atréju sah ihn von der Seite an. Dann sagte er leise:

»Wir sollten besser vielleicht auch aufbrechen.«

»Wohin?«

Das Michael-Ende-Lesebuch

»Durch mich bist du nach Phantásien gekommen«, meinte Atréju. »Ich denke, ich sollte dir nun auch helfen den Rückweg zu finden. Du willst doch sicher irgendwann wieder in deine Welt zurückkehren, nicht wahr?«

»Oh«, sagte Bastian, »daran habe ich bis jetzt noch gar nicht gedacht. Aber du hast Recht, Atréju. Ja, natürlich, du hast ganz Recht.«

»Du hast Phantásien gerettet«, fuhr Atréju fort, »und mir scheint, du hast viel dafür empfangen. Ich könnte mir denken, dass du jetzt zurückkehren möchtest, um damit deine Welt gesund zu machen. Oder gibt es noch etwas, das dich zurückhält?«

Und Bastian, der vergessen hatte, dass er nicht immer stark, schön, mutig und mächtig gewesen war, antwortete:

»Nein, ich wüsste nicht was.«

Atréju sah den Freund wieder nachdenklich an und fügte hinzu:

»Und vielleicht ist es ja ein langer und schwieriger Weg, wer weiß?«

»Ja, wer weiß?«, stimmte Bastian zu. »Wenn du willst, dann lass uns gleich aufbrechen.«

Dann gab es noch einen kurzen, freundschaftlichen Streit unter den drei Herren, die sich nicht einigen konnten, wer von ihnen Bastian sein Pferd zur Verfügung stellen durfte. Aber Bastian kürzte die Sache ab, indem er sie bat, ihm Jicha, die Mauleselin zu schenken. Sie meinten zwar, ein solches Reittier sei unter Herrn Bastians Würde, aber da er darauf bestand, gaben sie schließlich nach.

Die unendliche Geschichte

Während die Herren alles für den Aufbruch vorbereiteten, gingen Bastian und Atréju zum Palast Quérquobads zurück, um dem Silbergreis für seine Gastfreundschaft zu danken und Abschied zu nehmen. Fuchur, der Glücksdrache, wartete auf Atréju vor dem Palast. Er war sehr zufrieden, als er hörte, dass man aufbrechen wollte. Städte waren nicht das Richtige für ihn, auch wenn sie so schön waren wie Amargánth.

Silbergreis Quérquobad war in die Lektüre eines Buches vertieft, das er sich aus der Bastian Balthasar Bux Bibliothek mitgenommen hatte.

»Ich hätte euch gerne noch lange bei mir zu Gast gehabt«, sagte er etwas zerstreut, »einen so großen Dichter beherbergt man nicht alle Tage. Aber nun haben wir ja seine Werke zum Trost.«

Sie verabschiedeten sich und gingen hinaus.

Als Atréju sich auf Fuchurs Rücken setzte, fragte er Bastian: »Wolltest du nicht auch auf Fuchur reiten?«

»Bald«, antwortete Bastian, »jetzt wartet Jicha auf mich und ich hab's ihr versprochen.«

»Dann erwarten wir euch an Land«, rief Atréju. Der Glücksdrache erhob sich in die Luft und war schon im nächsten Augenblick außer Sichtweite.

Als Bastian zur Herberge zurückkam, warteten die drei Herren bereits reisefertig mit Pferden und Mauleselin in einer der Fähren. Sie hatten Jicha den Packsattel abgenommen und durch einen reich verzierten Reitsattel ersetzt. Warum, erfuhr sie aber erst, als Bastian zu ihr trat und ihr ins Ohr flüsterte:

»Du gehörst jetzt mir, Jicha.«

Das Michael-Ende-Lesebuch

Und während die Barke ablegte und sich von der Silberstadt entfernte, klang noch lange über die bitteren Wasser des Tränensees Murhu das Freudengeschrei der alten Mauleselin.

Was übrigens Held Hynreck betrifft, so gelang es ihm tatsächlich, nach Morgul, dem Land des Kalten Feuers zu kommen. Er drang auch in den versteinerten Wald Wodgabay ein und überwand die drei Gräben um die Burg Ragar. Er fand das bleierne Beil und besiegte Smärg, den Drachen. Dann brachte er Oglamár zu ihrem Vater zurück, obwohl sie jetzt gern bereit gewesen wäre, ihn zu heiraten. Aber jetzt wollte er nicht mehr. Doch das ist eine andere Geschichte und soll ein andermal erzählt werden.

Der Mumpf

Am Grunde eines Teichs im Sumpf,
zwischen Algen und Wassergrün,
da saß vor seinem Haus ein Mumpf
und mumpfte so vor sich hin.

Eine Mümpf, die ihres Weges kroch,
blieb atemlos bei ihm stehn
und keuchte: »Ach, Mumpf, so denk dir doch,
ich hab einen Menschen gesehn!

Einen richtigen Menschen mit Arm und Bein
und einem schönen Gesicht!«
Da knurrte der Mumpf: »Lass die Kinderein!
Denn Menschen gibt es doch nicht.

's ist längst bewiesen, dass außer dem Teich
ein Leben nicht möglich wär.
Und Menschen sind – entschuldige nur gleich! –
doch bloß eine Kindermär.

Drum wende dich lieber der Wirklichkeit zu:
Unserm nahrhaften Schlick und Schleim.

Das Michael-Ende-Lesebuch

Und vor allem sag mir, wie findest du
mein neuens, prächtiges Heim?«

Da lachte die Mümpf ihn einfach aus:
»Ach, Mumpf, lass dein dummes Geschniefel!
Worin du da wohnst, dein neues Haus
ist ein alter Kinderstiefel!«

Manche Menschen sagen nach diesem Gedicht:
»Ach was, einen Mumpf – den gibt es doch nicht!«

Der satanarchäolügenialkohöllische Wunschpunsch

Beelzebub Irrwitzer und Tyrannja Vamperl hatten sich selbst inzwischen in eine schier ausweglose Situation gebracht.

Als der Zauberer den Vorschlag machte, nun erst einmal ihren Gedanken freien Lauf zu lassen, um ein wenig zu entspannen, hatte er dabei einen tückischen Plan verfolgt. Er wollte die ahnungslose Tante überrumpeln. Der Wunschpunsch war fertig, deshalb brauchte er ihre Mithilfe ja nun nicht mehr. Er hatte beschlossen sie auszuschalten, um die unvorstellbare Macht des Zaubergetränks ganz für sich allein zu haben. Doch selbstverständlich hatte sich Tyrannja nur

Das Michael-Ende-Lesebuch

zum Schein und in genau der gleichen Absicht auf die kleine Pause eingelassen. Auch sie hielt den Augenblick endlich für gekommen, sich ihres Neffen zu entledigen.

Noch einmal nahmen sie beide im gleichen Augenblick all ihre magischen Kräfte zusammen und versuchten sich gegenseitig mit ihrem Zauberblick zu lähmen. Sie saßen voreinander und starrten sich an. Ein lautloser, ungeheurer Kampf entbrannte zwischen ihnen. Aber bald schon zeigte sich, dass sie in Bezug auf ihre Willenskräfte ganz gleich stark waren. Und so blieben sie sitzen, ohne ein Wort zu wechseln, ohne sich zu bewegen, und der Schweiß rann ihnen vor Anstrengung übers Gesicht. Keiner ließ den anderen aus dem Auge, beide hypnotisierten und hypnotisierten aus Leibeskräften drauflos.

Eine dicke Fliege, die irgendwo auf einem der staubigen Regale zu überwintern beschlossen hatte, wurde plötzlich wach und summte im Labor herum. Sie fühlte etwas, das sie anzog wie ein scharfer Lichtstrahl. Aber es war kein Licht, sondern die Lähmungskraftstrahlen aus den Augen der Hexe und des Zauberers, die zwischen beiden hin und her zuckten wie enorme elektrische Entladungen. Der Brummer geriet mitten hinein und fiel auf der Stelle mit einem leisen Plumps zu Boden, unfähig, auch nur noch ein Beinchen zu rühren. Und so blieb er für den Rest seines kurzen Lebens.

Aber Tante und Neffe konnten sich inzwischen auch schon nicht mehr bewegen. Beide waren mitten im schönsten Hypnotisieren vom anderen hypnotisiert worden. Und natürlich konnten sie genau dadurch nun auch nicht mehr aufhören sich gegenseitig zu hypnotisieren.

Nach und nach dämmerte wohl beiden der Gedanke, dass sie da einen fatalen Fehler gemacht hatten, aber nun war es zu spät. Keiner von ihnen war mehr im Stande, auch nur einen Finger zu rühren, geschweige denn, den Kopf in eine andere Richtung zu drehen oder die Augen zu schließen, um den Zauberblick zu unterbrechen. Keiner durfte das ja auch tun, ehe es nicht der andere tat, weil er sonst der Macht des anderen widerstandslos ausgeliefert gewesen wäre. Die Hexe konnte nicht aufhören, ehe der Zauberer nicht aufhörte, und der Zauberer konnte nicht aufhören, ehe die Hexe nicht aufhörte. Sie waren durch ihre eigene Schuld in etwas hineingeraten, das man in Zauberkreisen einen Circulus vitiosus nennt, das heißt, einen unheilvollen Kreislauf.

»Man lernt doch nie aus«, sagte Sankt Silvester.

»Da sieht man mal, wie sehr selbst unsereins sich noch irren kann. Ich habe euch Unrecht getan, meine kleinen Freunde, und ich bitte euch um Verzeihung.«

»Nicht der Rede wert, Monsignore«, antwortete Moritz mit einer eleganten Pfotenbewegung, »so etwas kann in der vornehmsten Gesellschaft passieren.«

Das Michael-Ende-Lesebuch

Und Jacob fügte hinzu. »Is geschenkt, Hochwürden, machen Sie sich nichts draus. Ich bin dran gewöhnt, schlecht behandelt zu werden.«

Sankt Silvester schmunzelte, wurde aber sofort wieder ernst.

»Was machen wir denn jetzt?«, fragte er ein wenig hilflos. »Was ihr da erzählt habt, klingt ja wirklich schrecklich.«

Moritz, den der unerwartete Beistand von so hoher Seite von neuem mit heroischer Begeisterung erfüllte, schlug vor: »Wenn Monsignore vielleicht so gütig wären, höchstpersönlich die Glocken zu läuten ...«

Aber Sankt Silvester schüttelte den Kopf.

»Nein, nein, meine Lieben, so nicht! So geht es auf keinen Fall. Alles in der Welt muss seine Ordnung haben, Raum und Zeit und auch das Ende des alten Jahres und der Beginn des neuen. Da darf nicht mutwillig etwas geändert werden, sonst ginge ja alles drunter und drüber ...«

»Was hab ich gesagt?«, meinte der Rabe vergrämt. »Nix is es! Alles war umsonst. Ordnung muss sein, auch wenn die ganze Welt dabei zum Teufel geht.«

Sankt Silvester überhörte Jakobs ungebührliche Bemerkung, denn er schien mit seinen Gedanken ganz woanders zu sein. »Ach ja, ach ja, das Böse, ich erinnere mich ...«, seufzte er. »Was ist eigentlich das Böse und warum muss es in der Welt sein? Wir disputieren bisweilen darüber, dort oben, aber es ist wahrhaftig ein großes Rätsel, sogar für unsereins.«

Seine Augen nahmen einen abwesenden Ausdruck an.

»Wisst ihr, meine kleinen Freunde, von der Ewigkeit her

Der satanarchäolügenialkohöllische Wunschpunsch

gesehen nimmt es sich oftmals ganz anders aus als im Reich der Zeit. Da sieht man, dass es eigentlich letzten Endes immer dem Guten dienen muss. Es ist sozusagen ein Widerspruch in sich selbst. Immer strebt es nach der Macht über das Gute, aber es kann ja ohne das Gute nicht sein, und würde es je die vollständige Macht erlangen, so müsste es gerade das zerstören, worüber es Macht zu haben begehrt. Darum, meine Lieben, kann es nur dauern, solange es unvollständig ist. Wäre es ganz, dann würde es sich selbst aufheben. Darum hat es eben keinen Platz in der Ewigkeit. Ewig ist nur das Gute, denn es enthält sich selbst ohne Widerspruch ...«

»He!«, schrie Jakob Krakel und zupfte mit dem Schnabel heftig an dem goldenen Mantel. »Nix für ungut, Euer Merkwürden – Verzeihung, Hochwürden wollt ich sagen – aber das is im Augenblick alles ziemlich Wurscht, mit Verlaub. Bis Sie mit ihrer Füllosofie fertig sind, is es nämlich für alles zu spät.«

Sankt Silvester hatte sichtlich Mühe, in die Gegenwart zurückzufinden.

»Wie?«, fragte er und lächelte verklärt. »Wovon haben wir doch noch gesprochen?«

»Davon, Monsignore«, erklärte Moritz, »dass wir unbedingt jetzt gleich etwas unternehmen müssen, um schreckliches Unheil zu verhindern.«

»Ach ja, ach ja«, sagte Sankt Silvester, »aber was?«

»Wahrscheinlich, Monsignore, kann uns jetzt nur noch eine Art Wunder retten. Sie sind doch ein Heiliger. Könnten Sie nicht einfach ein Wunder tun – nur ein ganz kleines vielleicht?«

Das Michael-Ende-Lesebuch

»Einfach ein Wunder!«, wiederholte Sankt Silvester ein wenig betreten. »Mein lieber kleiner Freund, so einfach ist das nicht mit den Wundern, wie du dir das vorstellst. Keiner von uns kann Wunder tun, es sei denn, er wird von oben damit beauftragt. Ich müsste dazu erst ein Gesuch einreichen an höherer Stelle und es kann lange dauern, bis es bewilligt wird – wenn überhaupt.«

»Wie lange?«, fragte Moritz.

»Monate, Jahre, Jahrzehnte vielleicht«, antwortete Sankt Silvester.

»Zu lang!«, krächzte Jakob verdrossen. »Da kann's uns gestohlen bleiben. Wir brauchen jetzt gleich was, auf der Stelle.«

Sankt Silvester bekam wieder seinen weltfernen Blick.

»Wunder«, sagte er mit ehrfürchtiger Stimme, »heben nicht die Ordnung der Welt auf, sie sind keine Zauberei, sie kommen aus einer höheren Ordnung, die dem begrenzten irdischen Verstand unbegreiflich ist ...«

»Schon recht«, schnarrte Jakob Krakel, »aber wir haben's leider mit Zauberei zu tun, und zwar heut Nacht noch.«

»Nun ja, nun ja«, meinte Sankt Silvester, der wieder Mühe hatte, aus seinen höheren Gedankensphären herabzusteigen, »ehrlich gesagt, meine kleinen Freunde, ich verstehe euch ja, aber ich fürchte, sehr viel ist es nicht, was ich für euch tun kann. Ich bin mir auch durchaus nicht sicher, ob es mir überhaupt erlaubt ist, so eigenmächtig zu handeln. Aber da ich nun schon einmal ausnahmsweise hier bin, gäbe es da vielleicht doch eine kleine Möglichkeit ...«

338

Der satanarchäolügenialkohöllische Wunschpunsch

Moritz stieß den Raben an und flüsterte: »Siehst du, er hilft uns.«

Aber Jakob erwiderte skeptisch: »Abwarten.«

»Wenn ich euch vorhin richtig verstanden habe«, fuhr Sankt Silvester fort, »dann würde also ein einziger Glockenton aus dem Neujahrsgeläut genügen, um die Umkehrwirkung des archälolinearen ...« Er blieb stecken.

»Satanarchäolügenialkohöllischen Wunschpunsches«, verbesserte ihn Moritz hilfreich.

»Richtig«, sagte Sankt Silvester, »damit also die Umkehrwirkung desselben aufgehoben werden würde. War es nicht so?«

»Genau so haben wir's gehört«, bestätigte der Kater und der Rabe nickte.

»Und ihr meint, schon allein damit würde sich an der schrecklichen Sache etwas ändern?«

»Sicher«, meinte Jakob, »aber nur, wenn die zwei Teufelsbraten nix davon mitkriegen. Sie würden Gutes wünschen, um Böses zu tun, aber es würde Gutes dabei herauskommen.«

Das Michael-Ende-Lesebuch

»Nun ja, nun ja«, überlegte Sankt Silvester, »einen einzigen Ton aus meinem eigenen Neujahrskonzert könnte ich euch ja wohl schenken. Ich hoffe nur, es wird niemandem auffallen, dass er fehlt.«

»Bestimmt nicht, Monsignore«, rief Moritz eifrig, »bei einem Konzert kommt es auf einen Ton mehr oder weniger nicht an, das weiß jeder Sänger.«

»Könnt's nicht vielleicht ein bisschen mehr sein?«, schlug Jakob vor. »Ich mein bloß, für alle Fälle und um sicherzugehen.«

»Mehr auf gar keinen Fall«, sagte Sankt Silvester streng. »Eigentlich ist schon das zu viel, denn die Ordnung der Welt …«

»Alles klar!«, unterbrach ihn der Rabe schnell. »Man wird doch wohl fragen dürfen. Aber wie soll das eigentlich gehen, Hochwürden? Wenn Sie jetzt den Ton läuten, dann hören ihn die zwei Bösewichte doch auch und sind gewarnt.«

»Jetzt läuten?«, fragte Sankt Silvester und sein Gesicht nahm schon wieder diesen entrückten Ausdruck an. »Jetzt läuten? Das wäre doch ganz sinnlos, denn dann wäre es ja eben kein Ton aus dem Neujahrsgeläut. Das findet doch erst um Mitternacht statt und das muss auch so bleiben, weil der Anfang und das Ende …«

»Eben!«, schnarrte der Rabe grimmig. »Wegen der Ordnung. Bloß is es dann halt einwandfrei zu spät, is es dann.«

Moritz winkte ihm still zu sein.

Sankt Silvesters Blick schien in weite Fernen zu gehen. Er sah plötzlich viel größer und sehr Ehrfurcht gebietend aus.

»In der Ewigkeit«, sprach er, »leben wir jenseits von Raum

Der satanarchäolügenialkohöllische Wunschpunsch

und Zeit. Es gibt kein Vorher und kein Nachher und auch Ursache und Wirkung folgen einander nicht, sondern sind ein immer währendes Ganzes. Darum kann ich euch jetzt schon den Ton schenken, obgleich er erst um Mitternacht erklingen wird. Seine Wirkung wird der Ursache vorausgehen wie bei so vielen Gaben, die aus der Ewigkeit stammen.«

Die Tiere sahen sich an. Keines von beiden hatte verstanden, was Sankt Silvester da eben gesagt hatte. Der aber strich langsam mit behutsamen Fingern über die mächtige Wölbung der größten Glocke und plötzlich hatte er ein klares Eisstückchen in der Hand. Zwischen Daumen und Zeigefinger hielt er es den Tieren hin, die es von allen Seiten beäugten. Im Inneren des Eiskristalls glänzte und funkelte ein überirdisch schönes Lichtlein in Gestalt einer einzelnen Note.

»Hier«, sagte er freundlich, »nehmt es, bringt es schnell dorthin und versenkt es unbemerkt in dem höllischenundsoweiter Punsch. Aber werft es ja nicht daneben und verliert es nicht, denn ihr habt nur dieses eine und ein zweites kann ich euch nicht mehr geben.«

Jakob Krakel nahm das Eisstückchen vorsichtig in den Schnabel und machte, da er ja nichts mehr sagen konnte, nur noch ein paar Mal »hm! hm! hm!«, wobei er sich jedes Mal verbeugte.

Auch Moritz vollführte einen eleganten Kratzfuß und maunzte: »Ergebensten Dank, Monsignore. Wir werden uns Ihres Vertrauens würdig erweisen. Aber könnten Sie uns vielleicht noch einen letzten Rat geben? Wie sollen wir jetzt noch rechtzeitig dorthin kommen?«

341

Das Michael-Ende-Lesebuch

Sankt Silvester schaute ihn an und holte seine Gedanken noch einmal weit, weit aus der Ewigkeit zurück.

»Was hast du gesagt, mein kleiner Freund?«, fragte er und lächelte, wie eben Heilige lächeln. »Wovon sprachen wir gerade?«

»Verzeihung«, stammelte der kleine Kater, »es ist nur, weil ich glaube, ich schaff's nicht mehr, den ganzen Turm wieder hinunterzuklettern. Und der arme Jakob ist auch mit seinen Kräften am Ende.«

»Ach so, ach so«, antwortete Sankt Silvester, »nun ich denke, das ist kein Problem. Ihr werdet ja mit dem Glockenton fliegen, es wird nur ein paar Sekunden dauern, bis ihr dort seid. Haltet euch nur gut aneinander fest. Aber nun muss ich euch wirklich Lebewohl sagen. Es war mir eine große Freude, zwei so tapfere und redliche Geschöpfe Gottes kennen gelernt zu haben. Ich werde dort oben von euch erzählen.«

Er hob die Hand zu einer segnenden Gebärde.

Kater und Rabe klammerten sich aneinander und schon flogen sie mit Schallgeschwindigkeit durch die Nacht und fanden sich zu ihrer größten Überraschung wenige Sekunden später in der Katzenkammer wieder. Das Fenster stand offen und es war, als hätten sie den kleinen Raum nie verlassen.

Aber dass es kein Traum gewesen war, das bewies das Eisstückchen mit dem schönen Licht darin, das Jakob Krakel im Schnabel hielt.

Was das Leben von Schwarzmagiern so überaus anstrengend und ungemütlich macht, ist der Umstand, dass sie alle Wesen, ja sogar auch die einfachen Gegenstände in ihrem Machtbereich ständig und bis ins Letzte unter Kontrolle haben müssen. Sie dürfen sich im Grunde keinen Augenblick der Unaufmerksamkeit oder der Schwäche erlauben, denn all ihre Macht beruht ja auf Zwang. Kein Geschöpf und noch nicht einmal eine Sache würde ihnen freiwillig dienen. Darum müssen sie alles und jedes um sich herum fortwährend durch ihre magische Ausstrahlung in Sklaverei halten. Lassen sie darin auch nur für eine Minute nach, so erhebt sich sofort ein Aufstand gegen sie.

Es mag für normale Menschen schwer zu begreifen sein, dass es überhaupt Leute gibt, die Lust haben, diese Art von Zwang auszuüben. Und doch gab es immer und gibt es auch heute noch so manchen, der vor nichts zurückschreckt, um solche Macht zu erlangen und zu behalten – und das nicht nur unter Zauberern und Hexen.

Je mehr Willenskräfte Irrwitzer also dazu aufwenden musste, um der lähmenden Hypnosewirkung Tyrannjas seine eigene entgegenzusetzen, desto weniger Energie blieb ihm

Das Michael-Ende-Lesebuch

dazu übrig, die zahllosen Elementargeister in seinem so genannten »Naturkundemuseum« unter Dauerkontrolle zu halten.

Es begann damit, dass jenes besonders scheußliche kleine Wesen, das Büchernörgele, sich zu regen anfing, sich streckte und reckte, wie erwachend um sich blickte, und als es begriff, wo es sich befand, dermaßen in seinem Einmachglas zu toben anfing, dass es samt diesem aus dem Regal kippte. Es fiel nicht so tief, dass es sich ernstlich verletzte, aber doch tief genug, dass sein gläsernes Gefängnis in Scherben ging.

Kaum sahen das die anderen, die schon überall klopften und Zeichen gaben, da machten sie es ihm nach. Ein Behälter nach dem anderen zersplitterte, die befreiten Opfer halfen ihrerseits mit, die anderen Gefangenen zu befreien und so wurden es mehr und immer mehr. Bald wimmelte es in dem finsteren Korridor von hunderten und aberhunderten von kleinen Gestalten, von Gnomen und Koboldchen, Wassermännlein und Elfen, Salamandern und Wurzelwichten aller Arten und Formen. Alle rannten und stolperten ziellos durcheinander, denn sie kannten sich ja in der düsteren Villa Albtraum nicht aus.

Das Büchernörgele kümmerte sich nicht viel um die anderen, denn es war viel zu gelehrt, um an die Existenz solcher Wesen zu glauben. Es blähte die Nasenflügel und nahm Witterung auf. Es hatte ja schon seit schrecklich langer Zeit kein Buch mehr benörgeln können und war nun richtig ausgehungert danach. Sein untrüglicher Spürsinn sagte ihm, wo es geeigneten Stoff finden würde, und es machte sich auf den

344

Der satanarchäolügenialkohöllische Wunschpunsch

Weg in Richtung Labor. Erst noch zögernd folgten ihm einige Gnome in der Hoffnung, es würde ihnen den Weg in die Freiheit weisen, dann schlossen sich mehr und immer mehr Wesen diesem Zug an und schließlich war das ganze tausendköpfige Heer auf dem Marsch, an der Spitze das Büchernörgele, das so – ohne es eigentlich zu wollen – die Rolle des Revolutionsführers übernommen hatte.

Nun sind alle diese Geister ja zwar klein von Gestalt, aber ihre Kräfte sind, wie man weiß, gewaltig. Das ganze Gemäuer zitterte bis in die Grundfesten hinein wie bei einem Erdbeben, als diese Armee das Labor stürmte und alles kurz und klein zu schlagen begann. Fensterscheiben zerklirrten, Türen platzten auf, in den Wänden entstanden Risse, als ob Bomben eingeschlagen hätten.

Schließlich begannen die Gegenstände, die ja samt und sonders noch stark mit Irrwitzers magischen Kräften aufgeladen waren, ein gespenstisches Eigenleben zu gewinnen und sich gegen die Rebellen zur Wehr zu setzen. Die Flaschen, Glaszylinder, Kolben und Tiegel gerieten in Bewegung, pfiffen, pusteten, tanzten Ballett und spritzten die Essenzen, die sie enthielten, gegen die Angreifer. Viele gingen bei diesem Kampf in Scherben, doch auch manches der Elementargeisterchen bekam eine gehörige Lektion erteilt und zog es vor, hinkend und jammernd in den Toten Park hinaus zu fliehen und sich in Sicherheit zu bringen.

Das Büchernörgele hatte sich aus diesem lärmenden Tohuwabohu in die stille Bibliothek zurückgezogen, um in Ruhe seinem Bedürfnis zu frönen. Es zog den nächstbesten Folian-

345

Das Michael-Ende-Lesebuch

ten heraus und begann unverzüglich nach Herzenslust daran herumzunörgeln. Doch das Zauberbuch ließ sich das nicht gefallen und schnappte nach ihm.

Während die beiden noch kämpften, begannen auch alle anderen Bücher der Bibliothek lebendig zu werden. In Reih und Glied marschierten sie zu hunderten und tausenden aus den Regalen.

Nun ist es ja eine bekannte Tatsache, dass Bücher sich oft untereinander spinnefeind sind. Schon bei ganz normalen Büchern wird jeder, der ein klein wenig Feingefühl besitzt, »Justine« nicht gerade neben »Heidi« stellen und »Die Steuergesetze« nicht gerade neben »Die unendliche Geschichte«, obwohl normale Bücher sich dagegen natürlich nicht wehren können. Aber bei den Büchern von Zauberern ist das anders, vor allem wenn sie die Fessel der Sklaverei abschütteln. So hatten sich binnen kurzem unter den zahllosen Büchern, je nach Inhalt, verschiedene Kampfgruppen gebildet, die mit aufgerissenen Buchdeckeln aufeinander losgingen und versuchten sich gegenseitig zu verschlingen. Da wurde sogar das Büchernörgele von Furcht ergriffen und floh.

Zuletzt fingen auch noch die Möbel an sich an dem allgemeinen Getobe zu beteiligen. Schwere Schränke setzten sich ächzend in Bewegung, Truhen voll Hausrat oder Geschirr hopsten gravitätisch herum, Stühle und Sessel wirbelten wie Schlittschuhläufer auf einem Bein, Tische galoppierten und schlugen vorn und hinten aus wie Pferde beim Rodeo – kurzum, es war, was man einen richtigen Hexensabbat zu nennen pflegt.

Der satanarchäolügenialkohöllische Wunschpunsch

Die Wanduhr mit dem grausamen Spielwerk hieb sich nicht länger selbst mit dem Hammer auf den wehen Daumen, sondern schlug wild um sich. Ihre Zeiger drehten sich wie Propeller, sie löste sich von der Wand und kreiste als Hubschrauber über dem Schlachtfeld. Und jedes Mal, wenn sie über den Köpfen des Zauberers und der Hexe vorüberkam, die sich noch immer nicht rühren konnten, schlug sie mit voller Kraft zu.

Inzwischen waren auch die letzten Elementargeister ins Freie geflohen und hatten sich in alle Winde zerstreut. Die Bücher, Möbel und Gegenstände, die sich bis jetzt hauptsächlich untereinander bekämpft hatten, richteten nun ihre gemeinsame Wut mehr und mehr gegen ihre Unterdrücker. Irrwitzer und Tyrannja wurden von fliegenden Büchern getroffen, vom Haifischkopf gebissen, von Glaskolben bespritzt, von Kommoden gepufft und von ausschlagenden Tischbeinen umgehauen, bis sie beide zur gleichen Zeit über den Boden kugelten. Aber dadurch war nun natürlich die wechselseitige Hypnose unterbrochen und beide konnten sich aufrappeln.

Mit gewaltiger Stimme donnerte Irrwitzer: »Haaalt!«

Er hob die Arme, aus allen zehn Fingern schossen grün glühende Blitze in jeden Winkel des Labors, in alle anderen Räume der Villa Albtraum, durch die krummen Korridore, die Treppen hinauf bis in den Speicher und hinab bis in den Keller, dazu brüllte er:

> »Ding und Wesen, nah und fern,
> seid gehorsam meiner Macht!

Das Michael-Ende-Lesebuch

> Wieder seid ihr überwacht,
> dienstbar einzig eurem Herrn.«

Die entflohenen Elementargeister konnte er damit allerdings nicht mehr zurückzwingen, denn die hatten sich inzwischen vor seinem magischen Zugriff in Sicherheit gebracht, aber das ganze Tollhaus im Inneren der Villa stand im gleichen Augenblick still. Was in der Luft herumsauste, fiel polternd oder klirrend zu Boden, was ineinander verbissen oder verknäult war, trennte sich – alles lag reglos. Nur die lange Pergamentschlange, auf der das Rezept stand, krümmte sich noch wie ein riesiger Wurm, denn sie war in den offenen Kamin gefallen und verbrannte gerade zu Asche.

Schwer atmend blickten Irrwitzer und Tyrannja sich im Labor um. Es sah zum Fürchten aus, nichts als zerfetzte Bücher, zerborstene Fenster und Gefäße, umgestürzte und demolierte Möbel, Scherben und Bruchstücke. Von den Wänden und von der Decke tropften die Essenzen und bildeten auf dem Boden rauchende Pfützen. Zauberer und Hexe waren nicht minder bös zugerichtet, voller Beulen, Schrammen und blauer Flecken, und ihre Kleider waren zerfetzt und besudelt.

Nur der satanarchäolügenialkohöllische Wunschpunsch in seinem Glas aus Kaltem Feuer stand noch immer unversehrt mitten im Raum.

Momo

ERSTES KAPITEL
Eine große Stadt und ein kleines Mädchen

In alten, alten Zeiten, als die Menschen noch in ganz anderen Sprachen redeten, gab es in den warmen Ländern schon große und prächtige Städte. Da erhoben sich die Paläste der Könige und Kaiser, da gab es breite Straßen, enge Gassen und winkelige Gässchen, da standen herrliche Tempel mit goldenen und marmornen Götterstatuen, da gab es bunte Märkte, wo Waren aus aller Herren Länder feilgeboten wurden, und weite schöne Plätze, wo die Leute sich versammelten, um Neuigkeiten zu besprechen und Reden zu halten oder anzuhören. Und vor allem gab es dort große Theater.

Sie sahen ähnlich aus, wie ein Zirkus noch heute aussieht, nur dass sie ganz und gar aus Steinblöcken gefügt waren. Die Sitzreihen für die Zuschauer lagen stufenförmig übereinander wie in einem gewaltigen Trichter. Von oben gesehen waren

Das Michael-Ende-Lesebuch

manche dieser Bauwerke kreisrund, andere mehr oval und wieder andere bildeten einen weiten Halbkreis. Man nannte sie Amphitheater.

Es gab welche, die groß waren wie ein Fußballstadion, und kleinere, in die nur ein paar hundert Zuschauer passten. Es gab prächtige, mit Säulen und Figuren verzierte, und solche, die schlicht und schmucklos waren. Dächer hatten diese Amphitheater nicht, alles fand unter freiem Himmel statt. In den prachtvollen Theatern waren deshalb golddurchwirkte Teppiche über die Sitzreihen gespannt, um das Publikum vor der Glut der Sonne oder vor plötzlichen Regenschauern zu schützen. In den einfachen Theatern dienten Matten aus Binsen und Stroh dem gleichen Zweck. Mit einem Wort: Die Theater waren so, wie die Leute es sich leisten konnten. Aber haben wollten sie alle eins, denn sie waren leidenschaftliche Zuhörer und Zuschauer. Und wenn sie den ergreifenden oder auch den komischen Begebenheiten auf der Bühne lauschten, dann war es ihnen, als ob jenes nur gespielte Leben auf geheimnisvolle Weise wirklicher wäre als ihr eigenes, alltägliches. Und sie liebten es, auf diese andere Wirklichkeit hinzuhorchen.

Jahrtausende sind seither vergangen. Die großen Städte von damals sind zerfallen, die Tempel und Paläste sind eingestürzt. Wind und Regen, Kälte und Hitze haben die Steine abgeschliffen und ausgehöhlt und auch von den großen Theatern stehen nur noch Ruinen. Im geborstenen Gemäuer singen nun die Zikaden ihr eintöniges Lied, das sich anhört, als ob die Erde im Schlaf atmet.

Momo

Aber einige dieser alten, großen Städte sind große Städte geblieben bis auf den heutigen Tag. Natürlich ist das Leben in ihnen anders geworden. Die Menschen fahren mit Autos und Straßenbahnen, haben Telefon und elektrisches Licht. Aber da und dort zwischen den neuen Gebäuden stehen noch ein paar Säulen, ein Tor, ein Stück Mauer oder auch ein Amphitheater aus jenen alten Tagen.

Und in einer solchen Stadt hat sich die Geschichte von Momo begeben.

Draußen am südlichen Rand dieser großen Stadt, dort, wo schon die ersten Felder beginnen und die Hütten und Häuser immer armseliger werden, liegt, in einem Pinienwäldchen versteckt, die Ruine eines kleinen Amphitheaters. Es war auch in jenen alten Zeiten keines von den prächtigen, es war schon damals sozusagen ein Theater für ärmere Leute. In unseren Tagen, das heißt um jene Zeit, da die Geschichte von Momo ihren Anfang nahm, war die Ruine fast ganz vergessen. Nur ein paar Professoren der Altertumswissenschaft wussten von ihr, aber sie kümmerten sich nicht weiter um sie, weil es dort nichts mehr zu erforschen gab. Sie war auch keine Sehenswürdigkeit, die sich mit anderen, die es in der großen Stadt gab, messen konnte. So verirrten sich nur ab und zu ein paar Touristen dorthin, kletterten auf den grasbewachsenen Sitzreihen umher, machten Lärm, knipsten ein Erinnerungsfoto und gingen wieder fort. Dann kehrte die Stille in das steinerne Rund zurück und die Zikaden stimmten die nächste Strophe ihres endlosen Liedes an, die sich übrigens in nichts von der vorigen unterschied.

Das Michael-Ende-Lesebuch

Eigentlich waren es nur die Leute aus der näheren Umgebung, die das seltsame runde Bauwerk kannten. Sie ließen dort ihre Ziegen weiden, die Kinder benutzten den runden Platz in der Mitte zum Ballspielen und manchmal trafen sich dort am Abend die Liebespaare.

Aber eines Tages sprach es sich bei den Leuten herum, dass neuerdings jemand in der Ruine wohne. Es sei ein Kind, ein kleines Mädchen vermutlich. So genau könne man das allerdings nicht sagen, weil es ein bisschen merkwürdig angezogen sei. Es hieße Momo oder so ähnlich.

Momos äußere Erscheinung war in der Tat ein wenig seltsam und konnte auf Menschen, die großen Wert auf Sauberkeit und Ordnung legen, möglicherweise etwas erschreckend wirken. Sie war klein und ziemlich mager, sodass man beim besten Willen nicht erkennen konnte, ob sie erst acht oder schon zwölf Jahre alt war. Sie hatte einen wilden, pechschwarzen Lockenkopf, der so aussah, als ob er noch nie mit einem Kamm oder einer Schere in Berührung gekommen wäre. Sie hatte sehr große, wunderschöne und ebenfalls pechschwarze Augen und Füße von der gleichen Farbe, denn sie lief fast immer barfuß. Nur im Winter trug sie manchmal Schuhe, aber es waren zwei verschiedene, die nicht zusammenpassten und ihr außerdem viel zu groß waren. Das kam daher, dass Momo eben nichts besaß, als was sie irgendwo fand oder geschenkt bekam. Ihr Rock war aus allerlei bunten Flicken zusammengenäht und reichte ihr bis auf die Fußknöchel. Darüber trug sie eine alte, viel zu weite Männerjacke, deren Ärmel an den Handgelenken umgekrempelt waren. Ab-

Momo

schneiden wollte Momo sie nicht, weil sie vorsorglich daran dachte, dass sie ja noch wachsen würde. Und wer konnte wissen, ob sie jemals wieder eine so schöne und praktische Jacke mit so vielen Taschen finden würde.

Unter der grasbewachsenen Bühne der Theaterruine gab es ein paar halb eingestürzte Kammern, die man durch ein Loch in der Außenmauer betreten konnte. Hier hatte Momo sich häuslich eingerichtet.

Eines Mittags kamen einige Männer und Frauen aus der näheren Umgebung zu ihr und versuchten sie auszufragen. Momo stand ihnen gegenüber und guckte sie ängstlich an, weil sie fürchtete, die Leute würden sie wegjagen. Aber sie merkte bald, dass es freundliche Leute waren. Sie waren selber arm und kannten das Leben.

»So«, sagte einer der Männer, »hier gefällt es dir also?«

»Ja«, antwortete Momo.

»Und du willst hier bleiben?«

»Ja, gern.«

»Aber wirst du denn nirgendwo erwartet?«

»Nein.«

»Ich meine, musst du denn nicht wieder nach Hause?«

»Ich bin hier zu Hause«, versicherte Momo schnell.

»Wo kommst du denn her, Kind?«

Momo machte mit der Hand eine unbestimmte Bewegung, die irgendwohin in die Ferne deutete.

»Wer sind denn deine Eltern?«, forschte der Mann weiter.

Das Kind schaute ihn und die anderen Leute ratlos an und

Das Michael-Ende-Lesebuch

hob ein wenig die Schultern. Die Leute tauschten Blicke und seufzten.

»Du brauchst keine Angst zu haben«, fuhr der Mann fort, »wir wollen dich nicht vertreiben. Wir wollen dir helfen.«

Momo nickte stumm, aber noch nicht ganz überzeugt.

»Du sagst, dass du Momo heißt, nicht wahr?«

»Ja.«

»Das ist ein hübscher Name, aber ich hab ihn noch nie gehört. Wer hat dir denn den Namen gegeben?«

»Ich«, sagte Momo.

»Du hast dich selbst so genannt?«

»Ja.«

»Wann bist du denn geboren?«

Momo überlegte und sagte schließlich: »Soweit ich mich erinnern kann, war ich immer schon da.«

»Hast du denn keine Tante, keinen Onkel, keine Großmutter, überhaupt keine Familie, wo du hin kannst?«

Momo schaute den Mann nur an und schwieg eine Weile. Dann murmelte sie: »Ich bin hier zu Hause.«

»Na ja«, meinte der Mann, »aber du bist doch ein Kind – wie alt bist du eigentlich?«

»Hundert«, sagte Momo zögernd.

Die Leute lachten, weil sie es für einen Spaß hielten.

»Also, ernsthaft, wie alt bist du?«

»Hundertzwei«, antwortete Momo, noch ein wenig unsicherer.

Es dauerte eine Weile, bis die Leute merkten, dass das Kind nur ein paar Zahlwörter kannte, die es aufgeschnappt hatte,

Momo

sich aber nichts Bestimmtes darunter vorstellen konnte, weil niemand es zählen gelehrt hatte.

»Hör mal«, sagte der Mann, nachdem er sich mit den anderen beraten hatte, »wäre es dir recht, wenn wir der Polizei sagen, dass du hier bist? Dann würdest du in ein Heim kommen, wo du zu essen kriegst und ein Bett hast und wo du rechnen und lesen und schreiben und noch viel mehr lernen kannst. Was hältst du davon, eh?«

Momo sah ihn erschrocken an.

»Nein«, murmelte sie, »da will ich nicht hin. Da war ich schon mal. Andere Kinder waren auch da. Da waren Gitter an den Fenstern. Jeden Tag gab's Prügel – aber ganz ungerecht. Da bin ich nachts über die Mauer und weggelaufen. Da will ich nicht wieder hin.«

»Das kann ich verstehen«, sagte ein alter Mann und nickte. Und die anderen Leute konnten es auch verstehen und nickten.

»Also gut«, sagte eine Frau, »aber du bist doch noch klein. Irgendwer muss doch für dich sorgen.«

»Ich«, antwortete Momo erleichtert.

»Kannst du das denn?«, fragte die Frau.

Momo schwieg eine Weile und sagte dann leise: »Ich brauch nicht viel.«

Wieder wechselten die Leute Blicke, seufzten und nickten. »Weißt du, Momo«, ergriff nun wieder der Mann das Wort, der zuerst gesprochen hatte, »wir meinen, du könntest vielleicht bei einem von uns unterkriechen. Wir haben zwar selber alle nur wenig Platz und die meisten haben schon einen

355

Das Michael-Ende-Lesebuch

Haufen Kinder, die gefüttert sein wollen, aber wir meinen, auf einen mehr kommt es dann auch schon nicht mehr an. Was hältst du davon, eh?«

»Danke«, sagte Momo und lächelte zum ersten Mal, »vielen Dank! Aber könntet ihr mich nicht einfach hier wohnen lassen?«

Die Leute berieten lange hin und her, und zuletzt waren sie einverstanden. Denn hier, so meinten sie, könne das Kind schließlich genauso gut wohnen wie bei einem von ihnen, und sorgen wollten sie alle gemeinsam für Momo, weil es für alle zusammen sowieso einfacher wäre als für einen allein.

Sie fingen gleich an, indem sie zunächst einmal die halb eingestürzte steinerne Kammer, in der Momo hauste, aufräumten und in Stand setzten, so gut es ging. Einer von ihnen, der Maurer war, baute sogar einen kleinen steinernen Herd. Ein rostiges Ofenrohr wurde auch aufgetrieben. Ein alter Schreiner nagelte aus ein paar Kistenbrettern ein Tischchen und zwei Stühle zusammen. Und schließlich brachten die Frauen noch ein ausgedientes, mit Schnörkeln verziertes Eisenbett, eine Matratze, die nur wenig zerrissen war, und zwei Decken. Aus dem steinernen Loch unter der Bühne der Ruine war ein behagliches kleines Zimmerchen geworden. Der Maurer, der künstlerische Fähigkeiten besaß, malte zuletzt noch ein hübsches Blumenbild an die Wand. Sogar den Rahmen und den Nagel, an dem das Bild hing, malte er dazu. Und dann kamen die Kinder der Leute und brachten, was man an Essen erübrigen konnte, das eine ein Stückchen Käse,

Momo

das andere einen kleinen Brotwecken, das dritte etwas Obst und so fort. Und da es sehr viele Kinder waren, kam an diesem Abend eine solche Menge zusammen, dass sie alle miteinander im Amphitheater ein richtiges kleines Fest zu Ehren von Momos Einzug feiern konnten. Es war ein so vergnügtes Fest, wie nur arme Leute es zu feiern verstehen. So begann die Freundschaft zwischen der kleinen Momo und den Leuten der näheren Umgebung.

ZWEITES KAPITEL

Eine ungewöhnliche Eigenschaft und ein ganz gewöhnlicher Streit

Von nun an ging es der kleinen Momo gut, jedenfalls nach ihrer eigenen Meinung. Irgendetwas zu essen hatte sie jetzt immer, mal mehr, mal weniger, wie es sich eben fügte und wie die Leute es entbehren konnten. Sie hatte ein Dach über dem Kopf, sie hatte ein Bett und sie konnte sich, wenn es kalt war, ein Feuer machen. Und was das Wichtigste war: Sie hatte viele gute Freunde.

Man könnte nun denken, dass Momo ganz einfach großes Glück gehabt hatte, an so freundliche Leute geraten zu sein, und Momo selbst war durchaus dieser Ansicht. Aber auch für die Leute stellte sich schon bald heraus, dass sie nicht weniger Glück gehabt hatten. Sie brauchten Momo und sie wunderten sich, wie sie früher ohne sie ausgekommen waren. Und je länger das kleine Mädchen bei ihnen war, desto un-

Das Michael-Ende-Lesebuch

entbehrlicher wurde es ihnen, so unentbehrlich, dass sie nur noch fürchteten, es könnte eines Tages wieder auf und davon gehen. So kam es, dass Momo sehr viel Besuch hatte. Man sah fast immer jemand bei ihr sitzen, der angelegentlich mit ihr redete. Und wer sie brauchte und nicht kommen konnte, schickte nach ihr, um sie zu holen. Und wer noch nicht gemerkt hatte, dass er sie brauchte, zu dem sagten die andern: »Geh doch zu Momo!«

Dieser Satz wurde nach und nach zu einer feststehenden Redensart bei den Leuten der näheren Umgebung. So wie man sagt: »Alles Gute!« oder »Gesegnete Mahlzeit!« oder »Weiß der liebe Himmel!«, genauso sagte man also bei allen möglichen Gelegenheiten: »Geh doch zu Momo!«

Aber warum? War Momo vielleicht so unglaublich klug, dass sie jedem Menschen einen guten Rat geben konnte? Fand sie immer die richtigen Worte, wenn jemand Trost brauchte? Konnte sie weise und gerechte Urteile fällen?

Nein, das alles konnte Momo ebenso wenig wie jedes andere Kind.

Konnte Momo dann vielleicht irgendetwas, das die Leute in gute Laune versetzte? Konnte sie zum Beispiel besonders schön singen? Oder konnte sie irgendein Instrument spielen? Oder konnte sie – weil sie doch in einer Art Zirkus wohnte – am Ende gar tanzen oder akrobatische Kunststücke vorführen?

Nein, das war es auch nicht.

Konnte sie vielleicht zaubern? Wusste sie irgendeinen geheimnisvollen Spruch, mit dem man alle Sorgen und Nöte

Momo

vertreiben konnte? Konnte sie aus der Hand lesen oder sonst wie die Zukunft voraussagen?

Nichts von alledem.

Was die kleine Momo konnte wie kein anderer, das war: zuhören. Das ist nichts Besonderes, wird nun vielleicht mancher Leser sagen, zuhören kann doch jeder.

Aber das ist ein Irrtum. Wirklich zuhören können nur ganz wenige Menschen. Und so wie Momo sich aufs Zuhören verstand, war es ganz und gar einmalig.

Momo konnte so zuhören, dass dummen Leuten plötzlich sehr gescheite Gedanken kamen. Nicht etwa, weil sie etwas sagte oder fragte, was den anderen auf solche Gedanken brachte, nein, sie saß nur da und hörte einfach zu, mit aller Aufmerksamkeit und Anteilnahme. Dabei schaute sie den anderen mit ihren großen, dunklen Augen an und der Betreffende fühlte, wie in ihm auf einmal Gedanken auftauchten, von denen er nie geahnt hatte, dass sie in ihm steckten.

Sie konnte so zuhören, dass ratlose oder unentschlossene Leute auf einmal ganz genau wussten, was sie wollten. Oder dass Schüchterne sich plötzlich frei und mutig fühlten. Oder dass Unglückliche und Bedrückte zuversichtlich und froh wurden. Und wenn jemand meinte, sein Leben sei ganz verfehlt und bedeutungslos und er selbst nur irgendeiner unter Millionen, einer, auf den es überhaupt nicht ankommt und der ebenso schnell ersetzt werden kann wie ein kaputter Topf, und er ging hin und erzählte alles das der kleinen Momo, dann wurde ihm, noch während er redete, auf geheimnisvolle Weise klar, dass er sich gründlich irrte, dass es ihn, genauso

Das Michael-Ende-Lesebuch

wie er war, unter allen Menschen nur ein einziges Mal gab und dass er deshalb auf seine besondere Weise für die Welt wichtig war.

So konnte Momo zuhören!

Eines Tages kamen zwei Männer zu ihr ins Amphitheater, die sich auf den Tod zerstritten hatten und nicht mehr miteinander reden wollten, obwohl sie Nachbarn waren. Die anderen Leute hatten ihnen geraten, doch zu Momo zu gehen, denn es ginge nicht an, dass Nachbarn in Feindschaft lebten. Die beiden Männer hatten sich anfangs geweigert und schließlich widerwillig nachgegeben.

Nun saßen sie also im Amphitheater, stumm und feindselig, jeder auf einer anderen Seite der steinernen Sitzreihen, und schauten finster vor sich hin.

Der eine war der Maurer, von dem der Ofen und das schöne Blumenbild in Momos »Wohnzimmer« stammte. Er hieß Nicola und war ein starker Kerl mit einem schwarzen, aufgezwirbelten Schnurrbart. Der andere hieß Nino. Er war mager und sah immer ein wenig müde aus. Nino war Pächter eines kleinen Lokals am Stadtrand, in dem meistens nur ein paar alte Männer saßen, die den ganzen Abend an einem einzigen Glas Wein tranken und von ihren Erinnerungen redeten. Auch Nino und dessen dicke Frau gehörten zu Momos Freunden und hatten ihr schon oft etwas Gutes zu essen gebracht.

Da Momo nun merkte, dass die beiden böse aufeinander waren, wusste sie zunächst nicht, zu welchem sie zuerst hin-

360

gehen sollte. Um keinen zu kränken, setzte sie sich schließlich in gleichem Abstand von beiden auf den Rand der steinernen Bühne und schaute die zwei abwechselnd an. Sie wartete einfach ab, was geschehen würde. Manche Dinge brauchen ihre Zeit – und Zeit war ja das Einzige, woran Momo reich war.

Nachdem die Männer lang so gesessen hatten, stand Nicola plötzlich auf und sagte: »Ich geh. Ich hab meinen guten Willen gezeigt, indem ich überhaupt gekommen bin. Aber du siehst, Momo, er ist verstockt. Wozu soll ich noch länger warten?«

Und er wandte sich tatsächlich zum Gehen.

»Ja, mach, dass du wegkommst«, rief Nino ihm nach. »Du hättest erst gar nicht zu kommen brauchen. Ich versöhne mich doch nicht mit einem Verbrecher!«

Nicola fuhr herum. Sein Gesicht war puterrot vor Zorn.

»Wer ist hier ein Verbrecher?«, fragte er drohend und kam wieder zurück.

»Sag das noch mal!«

»Sooft du nur willst!«, schrie Nino. »Du glaubst wohl, weil du stark und brutal bist, wagt niemand dir die Wahrheit ins Gesicht zu sagen? Aber ich, ich sage sie dir und allen, die sie hören wollen! Ja, nur zu, komm doch her und bring mich um, wie du es schon mal tun wolltest!«

»Hätt ich's nur getan!«, brüllte Nicola und ballte die Fäuste. »Aber da siehst du, Momo, wie er lügt und verleumdet! Ich hab ihn nur beim Kragen genommen und in die Spülwasserpfütze hinter seiner Spelunke geschmissen. Da drin kann

Das Michael-Ende-Lesebuch

nicht mal eine Ratte ersaufen.« Und wieder zu Nino gewandt, schrie er: »Leider lebst du ja auch noch, wie man sieht!«

Eine Zeit lang gingen die wildesten Beschimpfungen hin und her und Momo konnte nicht schlau daraus werden, worum es überhaupt ging und weshalb die beiden so erbittert aufeinander waren. Aber nach und nach kam heraus, dass Nicola diese Schandtat nur begangen hatte, weil Nino ihm zuvor in Gegenwart einiger Gäste eine Ohrfeige gegeben hatte. Dem war allerdings wieder vorausgegangen, dass Nicola versucht hatte Ninos ganzes Geschirr zu zertrümmern.

»Ist ja überhaupt nicht wahr!«, verteidigte sich Nicola erbittert. »Einen einzigen Krug hab ich an die Wand geschmissen und der hatte sowieso schon einen Sprung!«

»Aber es war *mein* Krug, verstehst du?«, erwiderte Nino. »Und überhaupt hast du kein Recht zu so was!«

Nicola war durchaus der Ansicht in gutem Recht gehandelt zu haben, denn Nino hatte ihn in seiner Ehre als Maurer gekränkt.

»Weißt du, was er über mich gesagt hat?«, rief er Momo zu. »Er hat gesagt, ich könne keine gerade Mauer bauen, weil ich Tag und Nacht betrunken sei. Und sogar mein Urgroßvater wäre schon so gewesen und er hätte am Schiefen Turm von Pisa mitgebaut!«

»Aber Nicola«, antwortete Nino, »das war doch nur Spaß!«

»Ein schöner Spaß!«, grollte Nicola. »Über so was kann ich nicht lachen.«

Es stellte sich jedoch heraus, dass Nino damit nur einen anderen Spaß Nicolas zurückgezahlt hatte. Eines Morgens hatte nämlich in knallroten Buchstaben auf Ninos Tür gestanden: »Wer nichts wird, wird Wirt«. Und das fand wiederum Nino gar nicht komisch.

Nun stritten sie eine Weile todernst, welcher von den beiden Späßen der Bessere gewesen sei, und redeten sich wieder in Zorn. Aber plötzlich brachen sie ab.

Momo schaute sie groß an und keiner der beiden konnte sich ihren Blick so recht deuten. Machte sie sich im Inneren lustig über sie? Oder war sie traurig? Ihr Gesicht verriet es nicht. Aber den Männern war plötzlich, als sähen sie sich selbst in einem Spiegel, und sie fingen an sich zu schämen.

»Gut«, sagte Nicola, »ich hätte das vielleicht nicht auf deine Tür schreiben sollen, Nino. Ich hätte es auch nicht getan, wenn du dich nicht geweigert hättest, mir nur ein einziges Glas Wein auszuschenken. Das war gegen das Gesetz verstehst du? Denn ich habe immer bezahlt und du hattest keinen Grund, mich so zu behandeln.«

»Und ob ich den hatte!«, gab Nino zurück. »Erinnerst du dich nicht mehr an die Sache mit dem heiligen Antonius? Ah, jetzt wirst du blass! Da hast du mich nämlich nach Strich und Faden übers Ohr gehauen und so was muss ich mir nicht bieten lassen.«

»Ich dich?«, rief Nicola und schlug sich wild vor den Kopf. »Umgekehrt wird ein Schuh draus! Du wolltest mich hereinlegen, nur ist es dir nicht gelungen!«

Die Sache war die: In Ninos kleinem Lokal hatte ein Bild an der Wand gehangen, das den heiligen Antonius darstellte.

Das Michael-Ende-Lesebuch

Es war ein Farbdruck, den Nino irgendwann einmal aus einer Illustrierten ausgeschnitten und gerahmt hatte.

Eines Tages wollte Nicola Nino dieses Bild abhandeln – angeblich, weil er es so schön fand. Und Nino hatte Nicola durch geschicktes Feilschen schließlich dazu gebracht, dass dieser seinen Radioapparat zum Tausch bot. Nino lachte sich ins Fäustchen, denn natürlich schnitt Nicola dabei ziemlich schlecht ab. Das Geschäft wurde gemacht.

Nun stellte sich aber heraus, dass zwischen dem Bild und der Rückwand aus Pappdeckel ein Geldschein steckte, von dem Nino nichts gewusst hatte. Jetzt war er plötzlich der Übervorteilte und das ärgerte ihn. Kurz und bündig verlangte er von Nicola das Geld zurück, weil es nicht zu dem Tausch gehört habe. Nicola weigerte sich und daraufhin wollte Nino ihm nichts mehr ausschenken. So hatte der Streit angefangen.

Als die beiden die Sache nun bis zum Anfang zurückverfolgt hatten, schwiegen sie eine Weile.

Dann fragte Nino: »Sag mir jetzt einmal ganz ehrlich, Nicola – hast du schon vor dem Tausch von dem Geld gewusst oder nicht?«

»Klar, sonst hätte ich doch den Tausch nicht gemacht.«

»Dann musst du doch zugeben, dass du mich betrogen hast!«

»Wieso? Hast du denn von dem Geld wirklich nichts gewusst?«

»Nein, mein Ehrenwort!«

»Na, also. Dann wolltest du mich doch hereinlegen. Wie

konntest du mir sonst für das wertlose Stück Zeitungspapier mein Radio abnehmen, he?«

»Und wieso hast du von dem Geld gewusst?«

»Ich hab gesehen, wie es zwei Abende vorher ein Gast als Opfergabe für den heiligen Antonius dort hineingesteckt hat.«

Nino biss sich auf die Lippen. »War es viel?«

»Nicht mehr und nicht weniger, als mein Radio wert war«, antwortete Nicola.

»Dann geht unser ganzer Streit«, meinte Nino nachdenklich, »eigentlich bloß um den heiligen Antonius, den ich aus der Zeitung ausgeschnitten habe.«

Nicola kratzte sich am Kopf.

»Eigentlich ja«, brummte er, »du kannst ihn gern wiederhaben, Nino.«

»Aber nicht doch!«, antwortete Nino würdevoll. »Getauscht ist getauscht! Ein Handschlag gilt unter Ehrenmännern!«

Und plötzlich fingen beide gleichzeitig an zu lachen. Sie kletterten die steinernen Stufen hinunter, trafen sich in der Mitte des grasbewachsenen runden Platzes, umarmten einander und klopften sich gegenseitig auf den Rücken. Dann nahmen sie beide Momo in den Arm und sagten: »Vielen Dank!«

Als sie nach einer Weile abzogen, winkte Momo ihnen noch lange nach. Sie war sehr zufrieden, dass ihre beiden Freunde nun wieder gut miteinander waren.

Ein anderes Mal brachte ihr ein kleiner Junge seinen Kanarienvogel, der nicht singen wollte. Das war eine viel schwerere Aufgabe für Momo. Sie musste ihm eine ganze Woche

Das Michael-Ende-Lesebuch

lang zuhören, bis er endlich wieder zu trillern und zu jubilieren begann.

Momo hörte allen zu, den Hunden und Katzen, den Grillen und Kröten, ja, sogar dem Regen und dem Wind in den Bäumen. Und alles sprach zu ihr auf seine Weise.

An manchen Abenden, wenn alle ihre Freunde nach Hause gegangen waren, saß sie noch lange allein in dem großen steinernen Rund des alten Theaters, über dem sich der sternenfunkelnde Himmel wölbte, und lauschte einfach auf die große Stille.

Dann kam es ihr so vor, als säße sie mitten in einer großen Ohrmuschel, die in die Sternenwelt hinaushorchte. Und es war ihr, als höre sie eine leise und doch gewaltige Musik, die ihr ganz seltsam zu Herzen ging.

In solchen Nächten hatte sie immer besonders schöne Träume.

Und wer nun noch immer meint, zuhören sei nichts Besonderes, der mag nur einmal versuchen, ob er es auch so gut kann.

DRITTES KAPITEL
*Ein gespielter Sturm und ein
wirkliches Gewitter*

Es versteht sich wohl von selbst, dass Momo beim Zuhören keinerlei Unterschied zwischen Erwachsenen und Kindern machte. Aber die Kinder kamen noch aus einem anderen Grund so gern in das alte Amphitheater. Seit Momo da war, konnten sie so gut spielen wie nie zuvor. Es gab einfach keine langweiligen Augenblicke mehr. Das war nicht etwa deshalb so, weil Momo so gute Vorschläge machte. Nein, Momo war nur einfach da und spielte mit. Und eben dadurch – man weiß nicht wie – kamen den Kindern selbst die besten Ideen. Täglich erfanden sie neue Spiele, eines schöner als das andere.

Einmal, an einem schwülen, drückenden Tag, saßen etwa zehn, elf Kinder auf den steinernen Stufen und warteten auf Momo, die ein wenig ausgegangen war, um in der Gegend herumzustreifen, wie sie es manchmal tat. Am Himmel hingen dicke schwarze Wolken. Wahrscheinlich würde es bald ein Gewitter geben.

»Ich geh lieber heim«, sagte ein Mädchen, das ein kleines Geschwisterchen bei sich hatte, »ich hab Angst vor Blitz und Donner.«

»Und zu Hause?«, fragte ein Junge, der eine Brille trug. »Hast du zu Hause vielleicht keine Angst davor?«

»Doch«, antwortete das Mädchen.

»Dann kannst du genauso gut hier bleiben«, meinte der Junge.

Das Mädchen zuckte die Schultern und nickte. Nach einer Weile sagte sie: »Aber Momo kommt vielleicht gar nicht.«

»Na und?«, mischte sich nun ein Junge ins Gespräch, der etwas verwahrlost aussah. »Deswegen können wir doch trotzdem irgendwas spielen – auch ohne Momo.«

Das Michael-Ende-Lesebuch

»Gut, aber was?«

»Ich weiß auch nicht. Irgendwas eben.«

»Irgendwas ist nichts. Wer hat einen Vorschlag?«

»Ich weiß was«, sagte ein dicker Junge mit einer hohen Mädchenstimme, »wir könnten spielen, dass die ganze Ruine ein großes Schiff ist und wir fahren in unbekannte Meere und erleben Abenteuer. Ich bin der Kapitän, du bist der Erste Steuermann und du bist ein Naturforscher, ein Professor, weil es nämlich eine Forschungsreise ist, versteht ihr? Und die anderen sind Matrosen.«

»Und wir Mädchen, was sind wir?«

»Matrosinnen. Es ist ein Zukunftsschiff.«

Das war ein guter Plan! Sie versuchten zu spielen, aber sie konnten sich nicht recht einig werden und das Spiel kam nicht in Fluss. Nach kurzer Zeit saßen alle wieder auf den steinernen Stufen und warteten. Und dann kam Momo.

Hoch rauschte die Bugwelle auf. Das Forschungsschiff »Argo« schwankte leise in der Dünung auf und nieder, während es in ruhiger Fahrt mit voller Kraft voraus in das südliche Korallenmeer vordrang. Seit Menschengedenken hatte kein Schiff es mehr gewagt diese gefährlichen Gewässer zu befahren, denn es wimmelte hier von Untiefen, von Korallenriffen und von unbekannten Seeungeheuern. Und vor allem gab es hier den so genannten »Ewigen Taifun«, einen Wirbelsturm, der niemals zur Ruhe kam. Immer während wanderte er auf diesem Meer umher und suchte nach Beute wie ein lebendiges, ja sogar listiges Wesen. Sein Weg war unberechenbar. Und alles,

Momo

was dieser Orkan einmal in seinen riesenhaften Klauen hatte, das ließ er nicht eher wieder los, als bis er es in streichholzdünne Splitter zertrümmert hatte.

Freilich, das Forschungsschiff »Argo« war in besonderer Weise für eine Begegnung mit diesem »Wandernden Wirbelsturm« ausgerüstet. Es bestand ganz und gar aus blauem Alamont-Stahl, der biegsam und unzerbrechlich war wie eine Degenklinge. Und es war durch ein besonderes Herstellungsverfahren aus einem einzigen Stück gegossen, ohne Naht- und Schweißstelle.

Dennoch hätte wohl schwerlich ein anderer Kapitän und eine andere Mannschaft den Mut gehabt, sich diesen unerhörten Gefahren auszusetzen. Kapitän Gordon jedoch hatte ihn. Stolz blickte er von der Kommandobrücke auf seine Matrosen und Matrosinnen hinunter, die alle erprobte Fachleute auf ihren jeweiligen Spezialgebieten waren.

Neben dem Kapitän stand sein Erster Steuermann, Don Melú, ein Seebär von altem Schrot und Korn, der schon hundertsiebenundzwanzig Orkane überstanden hatte.

Weiter hinten auf dem Sonnendeck sah man Professor Eisenstein, den wissenschaftlichen Leiter der Expedition, mit seinen Assistentinnen Maurin und Sara, die ihm beide mit ihrem enormen Gedächtnis ganze Bibliotheken ersetzten. Alle drei standen über ihre Präzisionsinstrumente gebeugt und beratschlagten leise miteinander in ihrer komplizierten Wissenschaftlersprache.

Ein wenig abseits von ihnen saß die schöne Eingeborene Momosan mit untergeschlagenen Beinen. Ab und zu befragte

Das Michael-Ende-Lesebuch

der Forscher sie wegen besonderer Einzelheiten dieses Meeres und sie antwortete ihm in ihrem wohlklingenden Hula-Dialekt, den nur der Professor verstand.

Ziel der Expedition war es, die Ursache für den »Wandernden Taifun« zu finden und wenn möglich zu beseitigen, damit dieses Meer auch für andere Schiffe wieder befahrbar werden würde. Aber noch war alles ruhig und von dem Sturm war nichts zu spüren.

Plötzlich riss ein Schrei des Mannes im Ausguck den Kapitän aus seinen Gedanken.

»Käpt'n«, rief er durch die hohle Hand herunter, »entweder bin ich verrückt oder ich sehe tatsächlich eine gläserne Insel da vorn!«

Der Kapitän und Don Melú blickten sofort durch ihre Fernrohre. Auch Professor Eisenstein und seine Assistentinnen kamen interessiert herbei. Nur die schöne Eingeborene blieb gelassen sitzen. Die rätselhaften Sitten ihres Volkes verboten es ihr Neugier zu zeigen.

Die gläserne Insel war bald erreicht. Der Professor stieg über die Strickleiter an der Außenwand des Schiffes hinunter und betrat den durchsichtigen Boden. Dieser war außerordentlich glitschig und Professor Eisenstein hatte alle Mühe, sich auf den Beinen zu halten.

Die ganze Insel war kreisrund und hatte schätzungsweise zwanzig Meter Durchmesser. Nach der Mitte zu stieg sie an wie ein Kuppeldach. Als der Professor die höchste Stelle erreicht hatte, konnte er deutlich einen pulsierenden Lichtschein tief im Innern dieser Insel wahrnehmen.

Momo

Er teilte seine Beobachtung den anderen mit, die gespannt wartend an der Reling standen.

»Demnach«, meinte die Assistentin Maurin, »muss es sich wohl um ein Oggelmumpf bistrozinalis handeln.«

»Möglich«, erwiderte die Assistentin Sara, »aber es kann auch ebenso gut eine Schluckula tapetozifera sein.«

Professor Eisenstein richtete sich auf, rückte seine Brille zurecht und rief hinauf: »Nach meiner Ansicht haben wir es hier mit einer Abart des gewöhnlichen Strumpfus quietschinensus zu tun. Aber das können wir erst entscheiden, wenn wir die Sache von unten erforscht haben.«

Daraufhin sprangen drei Matrosinnen, die außerdem weltberühmte Sporttaucherinnen waren und sich in der Zwischenzeit bereits Taucheranzüge angezogen hatten, ins Wasser und verschwanden in der blauen Tiefe.

Eine Weile lang erschienen nur Luftblasen an der Meeresoberfläche, aber dann tauchte plötzlich eines der Mädchen, Sandra mit Namen, auf und rief keuchend: »Es handelt sich um eine Riesenqualle! Die beiden anderen hängen in ihren Fangarmen fest und können sich nicht mehr befreien. Wir müssen ihnen zu Hilfe kommen, ehe es zu spät ist!«

Damit verschwand sie wieder.

Sofort stürzten sich hundert Froschmänner unter der Führung ihres erfahrenen Hauptmannes Franco, genannt der »Delfin«, in die Fluten. Ein ungeheurer Kampf entbrannte unter Wasser, dessen Oberfläche sich mit Schaum bedeckte. Aber es gelang selbst diesen Männern nicht, die beiden Mädchen aus der schrecklichen Umklammerung zu befreien. Zu

371

Das Michael-Ende-Lesebuch

gewaltig war die Kraft dieses riesenhaften Quallentieres! »Irgendetwas«, sagte der Professor mit gerunzelter Stirn zu seinen Assistentinnen, »irgendetwas scheint in diesem Meer eine Art Riesenwachstum zu verursachen. Das ist hochinteressant!«

Inzwischen hatten Kapitän Gordon und sein erster Steuermann Don Melú sich beraten und waren zu einer Entscheidung gekommen.

»Zurück!«, rief Don Melú. »Alle Mann wieder an Bord! Wir werden das Untier in zwei Stücke schneiden, anders können wir die beiden Mädchen nicht befreien.«

Der »Delfin« und seine Froschmänner kletterten an Bord zurück. Die »Argo« fuhr nun zunächst ein wenig rückwärts und dann mit voller Kraft voraus, auf die Riesenqualle zu. Der Bug des stählernen Schiffes war scharf wie ein Rasiermesser. Lautlos und beinahe ohne fühlbare Erschütterung teilte er die Riesenqualle in zwei Hälften.

Das war zwar nicht ganz ungefährlich für die beiden in den Fangarmen festgehaltenen Mädchen, aber der Erste Steuermann Don Melú hatte deren Lage haargenau berechnet und fuhr mitten zwischen ihnen hindurch. Sofort hingen die Fangarme beider Quallenhälften schlaff und kraftlos herunter und die Gefangenen konnten sich herauswinden.

Freudig wurden sie auf dem Schiff empfangen. Professor Eisenstein trat auf die beiden Mädchen zu und sprach: »Es war meine Schuld. Ich hätte euch nicht hinunterschicken dürfen. Verzeiht mir, dass ich euch in Gefahr gebracht habe!«

»Nichts zu verzeihen, Professor«, antwortete das eine

Mädchen und lachte fröhlich, »dazu sind wir schließlich mitgefahren.«

Und das andere Mädchen setzte hinzu: »Die Gefahr ist unser Beruf.«

Zu einem längeren Wortwechsel blieb jedoch keine Zeit mehr. Über den Rettungsarbeiten hatten Kapitän und Besatzung gänzlich vergessen, das Meer zu beobachten. Und so wurden sie erst jetzt, in letzter Minute, gewahr, dass inzwischen der »Wandernde Wirbelsturm« am Horizont aufgetaucht war und sich mit rasender Geschwindigkeit auf die »Argo« zubewegte.

Eine erste gewaltige Sturzwelle packte das stählerne Schiff, riss es in die Höhe, warf es auf die Seite und stürzte es in ein Wellental von gut fünfzig Metern Tiefe hinab. Schon bei diesem ersten Anprall wären weniger erfahrene und tapfere Seeleute als die der »Argo« zweifellos zur einen Hälfte über Bord gespült worden und zur anderen in Ohnmacht gefallen. Kapitän Gordon jedoch stand breitbeinig auf der Kommandobrücke, als sei nichts geschehen, und seine Mannschaft hatte ebenso ungerührt standgehalten. Nur die schöne Eingeborene Momosan, an solche wilden Seefahrten nicht gewöhnt, war in ein Rettungsboot geklettert.

In wenigen Sekunden war der ganze Himmel pechschwarz. Heulend und brüllend warf sich der Wirbelsturm auf das Schiff, schleuderte es turmhoch hinauf und abgrundtief hinunter. Und es war, als steigere sich seine Wut von Minute zu Minute, weil er der stählernen »Argo« nichts anhaben konnte.

Das Michael-Ende-Lesebuch

Mit ruhiger Stimme gab der Kapitän seine Anweisungen, die dann vom Ersten Steuermann laut ausgerufen wurden. Jedermann stand an seinem Platz. Sogar Professor Eisenstein und seine Assistentinnen hatten ihre Instrumente nicht im Stich gelassen. Sie berechneten, wo der innerste Kern des Wirbelsturmes sein musste, denn dorthin sollte die Fahrt ja gehen. Kapitän Gordon bewunderte im Stillen die Kaltblütigkeit dieser Wissenschaftler, die ja nicht wie er und seine Leute mit dem Meer auf Du und Du standen.

Ein erster Blitzstrahl zuckte hernieder und traf das stählerne Schiff, welches daraufhin natürlich ganz und gar elektrisch geladen war. Wo man hinfasste, sprangen einem die Funken entgegen. Aber darauf war jeder an Bord der »Argo« in monatelangen harten Übungen trainiert worden. Es machte keinem mehr etwas aus.

Nur, dass die dünneren Teile des Schiffes, Stahltrossen und Eisenstangen zu glühen begannen, wie der Draht in einer elektrischen Birne, das erschwerte der Besatzung doch etwas die Arbeit, obgleich alle Asbesthandschuhe anzogen. Aber zum Glück wurde diese Glut schnell wieder gelöscht, denn nun stürzte der Regen hernieder, wie ihn noch keiner der Teilnehmer – Don Melú ausgenommen – je erlebt hatte, ein Regen, der so dicht war, dass er bald die ganze Luft zum Atmen verdrängte. Die Besatzung musste Tauchermasken und Atemgeräte anlegen.

Blitz auf Blitz und Donnerschlag auf Donnerschlag! Heulender Sturm! Haushohe Wogen und weißer Schaum!

Meter für Meter kämpfte sich die »Argo«, alle Maschinen

Momo

auf Volldampf, gegen die Urgewalt dieses Taifuns vorwärts. Die Maschinisten und Heizer in der Tiefe der Kesselräume leisteten Übermenschliches. Sie hatten sich mit dicken Tauen festgebunden, um nicht von dem grausamen Schlingern und Stampfen des Schiffes in den offenen Feuerrachen der Dampfkessel geschleudert zu werden.

Und dann endlich war der innerste Kern des Wirbelsturms erreicht. Aber welch ein Anblick bot sich ihnen da!

Auf der Meeresoberfläche, die hier spiegelglatt war, weil alle Wellen einfach von der Gewalt des Sturmes flachgelegt wurden, tanzte ein riesenhaftes Wesen. Es stand auf einem Bein, wurde nach oben immer dicker und sah tatsächlich so aus wie ein Brummkreisel von der Größe eines Berges. Es drehte sich mit solcher Schnelligkeit um sich selbst, dass Einzelheiten nicht auszumachen waren.

»Ein Schum-Schum gummilastikum!«, rief der Professor begeistert und hielt seine Brille fest, die ihm der stürzende Regen immer wieder von der Nase spülte.

»Können Sie uns das vielleicht näher erklären?«, brummte Don Melú. »Wir sind einfache Seeleute und ...«

»Lassen Sie den Professor jetzt ungestört forschen«, fiel ihm die Assistentin Sara ins Wort. »Es ist eine einmalige Gelegenheit. Dieses Kreiselwesen stammt wahrscheinlich noch aus den allerersten Zeiten der Erdentwicklung. Es muss über eine Milliarde Jahre alt sein. Heute gibt es davon nur noch eine mikroskopisch kleine Abart, die man manchmal in Tomatensoße, noch seltener in grüner Tinte findet. Ein Exemplar dieser Größe ist vermutlich das einzige seiner Art, das es noch gibt.«

375

Das Michael-Ende-Lesebuch

»Aber wir sind hier«, rief der Kapitän durch das Heulen des Sturms, »um die Ursache des ›Ewigen Taifuns‹ zu beseitigen. Der Professor soll uns also sagen, wie man dieses Ding da zum Stillstehen bringt!«

»Das«, sagte der Professor, »weiß ich allerdings auch nicht. Die Wissenschaft hat ja noch keine Gelegenheit gehabt es zu erforschen.«

»Gut«, meinte der Kapitän, »wir werden es erst einmal beschießen, dann werden wir ja sehen, was passiert.«

»Es ist ein Jammer!«, klagte der Professor. »Das einzige Exemplar eines Schum-Schum gummilastikum beschießen!«

Aber die Kontrafiktionskanone war bereits auf den Riesenkreisel eingestellt.

»Feuer!«, befahl der Kapitän.

Eine blaue Stichflamme von einem Kilometer Länge schoss aus dem Zwillingsrohr. Zu hören war natürlich nichts, denn eine Kontrafiktionskanone schießt ja bekanntlich mit Proteinen.

Das leuchtende Geschoss flog auf das Schum-Schum zu, wurde aber von dem riesigen Wirbel erfasst und abgelenkt, umkreiste das Gebilde einige Male immer schneller und wurde schließlich in die Höhe gerissen, wo es im Schwarz der Wolken verschwand.

»Es ist zwecklos!«, rief Kapitän Gordon. »Wir müssen unbedingt näher an das Ding heran!«

»Näher kommen wir nicht mehr!«, schrie Don Melú zurück. »Die Maschinen laufen schon auf Volldampf. Aber das

376

Momo

genügt gerade, um vom Sturm nicht zurückgeblasen zu werden.«

»Haben Sie einen Vorschlag, Professor?«, wollte der Kapitän wissen. Aber Professor Eisenstein zuckte nur die Schultern, und auch seine Assistentinnen wussten keinen Rat. Es sah so aus, als müsse man diese Expedition erfolglos abbrechen.

In diesem Augenblick zupfte jemand den Professor am Ärmel. Es war die schöne Eingeborene.

»Malumba!«, sagte sie mit anmutigen Gebärden. »Malumba oisitu sono! Erweini samba insaltu lolobindra. Kramuna heu beni beni sadogau.«

»Babalu?«, fragte der Professor erstaunt. »Didi maha feinosi intu ge doinen malumba?«

Die schöne Eingeborene nickte eifrig und erwiderte: »Dodo um aufu schulamat wawada.«

»Oi-oi«, antwortete der Professor und strich sich gedankenvoll das Kinn.

»Was will sie denn?«, erkundigte sich der Erste Steuermann.

»Sie sagt«, erklärte der Professor, »es gebe in ihrem Volk ein uraltes Lied, das den ›Wandernden Taifun‹ zum Einschlafen bringen könne, falls jemand den Mut hätte, es ihm vorzusingen.«

»Dass ich nicht lache!«, brummte Don Melú. »Ein Schlafliedchen für einen Orkan!«

»Was halten Sie davon, Professor?«, wollte die Assistentin Sara wissen. »Wäre so etwas möglich?«

377

Das Michael-Ende-Lesebuch

»Man darf keine Vorurteile haben«, meinte Professor Eisenstein. »Oft steckt in den Überlieferungen der Eingeborenen ein wahrer Kern. Vielleicht gibt es bestimmte Tonschwingungen, die einen Einfluss auf das Schum-Schum gummilastikum haben. Wir wissen einfach noch zu wenig über dessen Lebensbedingungen.«

»Schaden kann es nichts«, entschied der Kapitän. »Darum sollten wir's einfach versuchen. Sagen Sie ihr, sie soll singen.«

Der Professor wandte sich an die schöne Eingeborene und sagte: »Malumba didi oisafal huna-huna, wawadu?«

Momosan nickte und begann sogleich einen höchst eigentümlichen Gesang, der nur aus wenigen Tönen bestand, die immerfort wiederkehrten:

> »Eni meni allubeni
> wanna tai susura teni!«

Dazu klatschte sie in die Hände und sprang im Takt herum. Die einfache Melodie und die Worte waren leicht zu behalten. Andere stimmten nach und nach ein, und bald sang die ganze Mannschaft, klatschte dazu in die Hände und sprang im Takt herum. Es war ziemlich erstaunlich anzusehen, wie auch der alte Seebär Don Melú und schließlich der Professor sangen und klatschten, als seien sie Kinder auf einem Spielplatz.

Und tatsächlich, was keiner von ihnen geglaubt hatte, geschah! Der riesenhafte Kreisel drehte sich langsamer und

Momo

langsamer, blieb schließlich stehen und begann zu versinken. Donnernd schlossen sich die Wassermassen über ihm. Der Sturm ebbte ganz plötzlich ab, der Regen hörte auf, der Himmel wurde klar und blau und die Wellen des Meeres beruhigten sich. Die »Argo« lag still auf dem glitzernden Wasserspiegel, als sei hier nie etwas anderes gewesen als Ruhe und Frieden.

»Leute«, sagte Kapitän Gordon und blickte jedem Einzelnen anerkennend ins Gesicht, »das hätten wir geschafft!« Er sagte nie viel, das wussten alle. Umso mehr zählte es, dass er diesmal noch hinzufügte: »Ich bin stolz auf euch!«

»Ich glaube«, sagte das Mädchen, das sein kleines Geschwisterchen mitgebracht hatte, »es hat wirklich geregnet. Ich bin jedenfalls patschnass.«

In der Tat war inzwischen das Gewitter niedergegangen. Und vor allem das Mädchen mit dem kleinen Geschwisterchen wunderte sich, dass es ganz vergessen hatte sich vor Blitz und Donner zu fürchten, solange es auf dem stählernen Schiff gewesen war.

Sie sprachen noch eine Weile über das Abenteuer und erzählten sich gegenseitig Einzelheiten, die jeder für sich erlebt hatte. Dann trennten sie sich, um heimzugehen und sich zu trocknen.

Nur einer war mit dem Verlauf des Spiels nicht ganz zufrieden und das war der Junge mit der Brille. Beim Abschied sagte er zu Momo: »Schade ist es doch, dass wir das Schum-Schum gummilastikum einfach versenkt haben. Das letzte

379

Exemplar seiner Art! Ich hätte es wirklich gern noch etwas genauer erforscht.«

Aber über eines waren sich nach wie vor alle einig: So wie bei Momo konnte man sonst nirgends spielen.

Gawa Gawa Usedump
Eine traurige Ballade in Kauderwelsch

Gauschenlada strynd vertoigen,
Gunsd gewach ohs drise Kland.
Unzer afgewysen schloigen
dragomag verduse moigen,
allje Moff, chuntaro fant!

»Usedump«, Gewara sprante,
»Usedump njem drato falp!«
Jedorinzap eschwor glante
meredoll, fjer klam in Brante:
»Usedump – verteuf tsotalb.«

Under Kwaiden, uwy Kwaiden,
sundoch knylink Weretrau!
Gawa, Gawa, mistol schlaiden:
»Were tu, lalamis taiden?
Unlab Kwaiden normastau!«

Inzupf namaschwank gehorten
nemelau, affsjets gehals;
Veretonga schmatz un Storten,
niswitz, angesluk insporten:
Vals geneden – nemevals!

Gawa, Gawa, mistol schlaiden,
uffter Schjebol tifel sgrab;
Oredrama wyrd gewaiden:
»Under Kwaiden, uwy Kwaiden,
Usedump gewadal Slap!«

Michael Ende bei Thienemann

Bilderbücher

Filemon Faltenreich
Der Lindwurm und der Schmetterling
Lirum Larum Willi Warum
Das kleine Lumpenkasperle
Norbert Nackendick
Ophelias Schattentheater
Der Teddy und die Tiere
Tranquilla Trampeltreu
Das Traumfresserchen

Kinder- und Jugendbücher

Jim Knopf und Lukas der Lokomotivführer
Jim Knopf und die Wilde 13
Lenchens Geheimnis
Momo
Der lange Weg nach Santa Cruz
Die Schattennähmaschine
Das Schnurpsenbuch
Die Geschichte von der Schüssel und vom Löffel
Die unendliche Geschichte
Der Wunschpunsch
Die Zauberschule
Die Zauberschule im Wünschelreich

Thienemann Taschenbuch bei OMNIBUS

Kinderbücher
zum
Lesen und Vorlesen,
zum
Sammeln und Verschenken,
zum
Nachdenken und Träumen

Robert Bolt • Michael Bond • Achim Bröger
Michael Ende • Josef Göhlen • Sigrid Heuck • Tanja Kinkel
Max Kruse • Boy Lornsen • Ulrich Mihr
Otfried Preußler • Tor Seidler • Tina Spiegler
Ursula Wölfel • Elisabeth Zöller